新 社会福祉士養成課程対応

ソーシャルワーカー教育シリーズ③

新版 ソーシャルワークの
理論と方法II
【専門編】

監修
相澤　譲治
編集
大和　三重

みらい

新・社会福祉士養成課程対応

ソーシャルワーカー教育シリーズ❸

新版 ソーシャルワークの理論と方法Ⅱ
【専門編】

執筆者一覧

（執筆順）

【監　修】相澤　譲治　神戸学院大学

【編　集】大和　三重　関西学院大学

【執　筆】相澤　譲治　（前出）　　　　　　　　　　本書のねらいと学習内容

片山　弘紀　びわこ学院大学　　　　第1章

米村　美奈　淑徳大学　　　　　　　第2章

岩崎　久志　流通科学大学　　　　　第3章

川島　惠美　関西学院大学　　　　　第4章

高杉　公人　新見公立大学　　　　　第5章

松岡　克尚　関西学院大学　　　　　第6章

九十九綾子　神戸学院大学　　　　　第7章

松本　葉子　田園調布学園大学　　　第8章

大和　三重　（前出）　　　　　　　第9章

保科　寧子　埼玉県立大学　　　　　第10章

鵜浦　直子　大阪市立大学　　　　　第11章

家髙　将明　関西福祉科学大学　　　第12章

まえがき

　現在、日本だけでなく世界中の人々がCOVID-19によるパンデミックに苦しんでいる。国立感染症研究所によると、100年前に起こったスペインインフルエンザ（いわゆるスペインかぜ）の被害は非常に大きく、日本でも約38万人の死者が出たと報告されている（内務省統計）。当時有効なワクチンはなく第三波まで流行があり、世界中で被害を受けなかった地域はほぼなかったとされる。100年前に起こった悪夢のようなパンデミックが再び我々を襲っている。ロックダウンや商業活動の停止により世界経済は大きな打撃を受けている。日本では三度目の緊急事態宣言が東京や大阪等の地域に発出されたところである。外出自粛による人流の削減、商店の営業時間の短縮、大規模なイベントの中止や各種施設の閉鎖など様々な活動を停止することで、何とかCOVID-19感染拡大を封じ込めようというのである。あらゆる世代の人々の日常生活の変容を余儀なくし、これまでの健康で安全な生活様式が奪われてしまった。そして、その影響は社会の周辺に置かれた弱い立場の人々に最も深刻に及んでいる。

　前回のテキスト出版から約10年が経った。この間あらゆる面で社会のグローバル化が進展する一方で、ローカルに起こっている課題がそれぞれグローバルに連関していることが明らかになった。超少子高齢社会は日本だけの課題ではない。ただ、その先頭を突き進む日本では、全ての世代の新たな福祉ニーズに応える必要に迫られている。そのため地域共生社会の実現が不可欠であり、ソーシャルワークの専門職としての役割を担うために、これまで以上に実践能力を身につけた社会福祉士の養成が求められるようになった。それはグローバルなスタンダードに対応するものでもある。その結果2021（令和3）年度から新しい社会福祉士養成カリキュラムがスタートした。新カリキュラムに則した本書は、「ソーシャルワーカー教育シリーズ」三部作の一篇である。事例を通しての学びに重点を置く新カリキュラムに対応し、事例研究とは何かを学習したのち、多様な領域の事例を用いて総合的・包括的なソーシャルワークの支援の実際を理解するように工夫した。

　コロナ禍の影響は、失業、貧困、孤独、格差、DV、虐待、自殺、心の病等、既存の社会問題をさらに増悪させている。このような時代に求められるのが、専門職として問題にともに取り組み支援するソーシャルワーカーである。本書が、100年に一度といわれる難局のなかで、あらゆる世代の多様なニーズに対応できるソーシャルワーカーを育成するための一助となることを切望する。

2021年5月

編者　大和　三重

もくじ

本書のねらいと学習内容

1．本シリーズの編集意図

　2021（令和３）年度からはじまった社会福祉士養成課程のカリキュラムにおいて、ソーシャルワーク専門科目は「ソーシャルワークの基盤と専門職」（共通30時間＋専門30時間）と「ソーシャルワークの理論と方法」（共通60時間＋専門60時間）の２科目である（共通とは精神保健福祉士養成課程の科目と共通であることを指す）。

　伝統的な表現をすれば、ソーシャルワークの方法におけるケースワーク、グループワーク、コミュニティワーク等をふまえた「総合的かつ包括的な支援」、つまり「ジェネリック」（総合的な知識や技術）の視点に基づくクライエント支援の理念と専門的知識、技術について学習する科目として位置づけられている。

　なお、旧カリキュラムでは、下記の「社会福祉士及び介護福祉士法」第２条第１項の社会福祉士の定義に倣い「ソーシャルワーク」は「相談援助」と表記されていたが、新カリキュラムでは、従来から社会福祉の援助技術の総称として使われていた「ソーシャルワーク」と表記するようになった。

> 社会福祉士及び介護福祉士法　第２条
> 　この法律において「社会福祉士」とは、第28条の登録を受け、社会福祉士の名称を用いて、専門的知識及び技術をもつて、身体上若しくは精神上の障害があること又は環境上の理由により日常生活を営むのに支障がある者の福祉に関する相談に応じ、助言、指導、福祉サービスを提供する者又は医師その他の保健医療サービスを提供する者その他の関係者（第47条において「福祉サービス関係者等」という。）との連絡及び調整その他の援助を行うこと（第７条及び第47条の２において「相談援助」という。）を業とする者をいう。

　社会福祉士は、福祉に関する「相談」、「助言」、「指導」および他専門職との「連絡」、「調整」、「その他の援助」の相談援助を含めたソーシャルワークを行う専門職である。また、ソーシャルワーク専門職である社会福祉士の役割については、厚生労働大臣の諮問機関である社会保障審議会において次の３つの内容が示されている[1]。

① 社会福祉士は、高齢者支援、障害児者支援、子ども・子育て支援、生活困窮者支援等の幅広い分野で活用されている。また、社会保障分野のみならず、教育や司法などの分野においてもその活用が期待されている。

② 少子高齢化の進展など、社会経済状況の変化によるニーズの多様化・複雑化に伴い、既存の制度では対応が難しい様々な課題が顕在化してきている。また、子ども・高齢者・障害者など全ての人々が地域、暮らし、生きがいを共に創り、高め合うことができる「地域共生社会」の実現を目指しており、社会福祉士には、ソーシャルワークの機能を発揮し、制度横断的な課題への対応や必要な社会資源の開発といった役割を担うことができる実践能力を身につけることが求められている。

③ 地域共生社会の実現に向けた各地の取組には、社会福祉士が中心となり、地域住民等と協働して地域のニーズを把握し、多職種・多機関との連携を図りながら問題解決に取り組んでいる事例などがある。地域の様々な主体と連携した取組が必要となる中で、社会福祉士には、地域住民の活動支援や関係者との連絡調整などの役割を果たすことが求められている。

　本シリーズでは、上記で示された役割を担う「社会福祉士」の養成を含みつつも、さらに「相談援助」業務に限定されない真のソーシャルワーカーの養成を目標とする内容とした。それは「国際ソーシャルワーカー連盟・国際ソーシャルワーク学校連盟」の「ソーシャルワーク専門職のグローバル定義」をふまえたソーシャルワーカーの養成をしていくことが妥当と考えたからである。

ソーシャルワーク専門職のグローバル定義（2014年）

　ソーシャルワークは、社会変革と社会開発、社会的結束、および人々のエンパワメントと解放を促進する、実践に基づいた専門職であり学問である。社会正義、人権、集団的責任、および多様性尊重の諸原理は、ソーシャルワークの中核をなす。ソーシャルワークの理論、社会科学、人文学、および地域・民族固有の知を基盤として、ソーシャルワークは、生活課題に取り組みウェルビーイングを高めるよう、人々やさまざまな構造に働きかける。

　この定義は、各国および世界の各地域で展開してもよい。

　ソーシャルワークは、人々が主体的に生活課題に取り組みウェルビーイング（人間一人ひとりのしあわせ）を高めるために、多様な人々とともにさまざまな構造に働きかけている実践であり、学問である。そして、ソーシャルワークは人と環境の接点に働きかけることに固有性があり、エコロジカルな視点が前提となる。人と環境との接点およびその双方に働きかける特性をもつ。

以上の基本的視点をふまえて、本シリーズでは「ソーシャルワーク」「ソーシャルワーカー」の表記を使用している。そして、それらの表現を使用し、ソーシャルワークの価値、倫理と専門的知識と技術をふまえ、ソーシャルワーカー養成にこだわったシリーズと章構成としている。また、「ソーシャルワーク教育」ではなく、「ソーシャルワーカー教育」としたのは、専門職者である人材育成を展開する視点から教授内容を検討したからである。

　国民の生活課題がますます多様化・拡大化・複合化しているなかで、ソーシャルワーカーは、より深く、広い専門知識と技能の修得を求められている。したがって生活支援の専門職者であるソーシャルワーカー養成はますます重要視され、高度化していくであろうし、ソーシャルワークを教授する側、学ぶ側双方の真摯な学びが不可欠であるといえる。

2. 本書の目標と学習課題

　ソーシャルワーカー教育シリーズ全3巻のなかで、第2巻と第3巻は社会福祉士養成課程で「ソーシャルワークの理論と方法」に対応している。第2巻は精神保健福祉士との共通科目に対応し、基礎的なソーシャルワークの理論や過程を学ぶ。第3巻の本書は「専門」と位置づけられた科目に対応し、ソーシャルワークのさまざまな技術や方法、実際を学ぶよう構成されている。

　時間数は共通・専門科目ともに60時間で合わせて120時間となり、1週間に1回1コマ（90分授業）であれば2年間（4セメスター）にわたる時間数となる。

　本書が対応する社会福祉士養成カリキュラムにおける専門科目の教育内容のねらいは、次の4項目である。

① 社会福祉士として多様化・複雑化する課題に対応するため、より実践的かつ効果的なソーシャルワークの様々な理論と方法を理解する。

② 支援を必要とする人との援助関係の形成やニーズの掘り起こしを行うための、知識と技術について理解する。

③ 社会資源の活用の意義を踏まえ、地域における社会資源の開発やソーシャルアクションについて理解する。

④ 個別の事例の具体的な解決策及び事例の共通性や一般性を見出すための、事例分析の意義や方法を理解する。

　本シリーズ第2巻において、主に①ソーシャルワークの理論、②ソーシャルワークの実践モデルとアプローチ、③ソーシャルワークのプロセス（過程）について理解した。本書第3巻では、具体的に次の7項目について理解を深めていく。

① ソーシャルワークにおける援助関係の形成
② ソーシャルワークにおける社会資源の活用・調整・開発
③ ネットワークの形成
④ ソーシャルワークに関連する方法
⑤ カンファレンス
⑥ 事例分析
⑦ ソーシャルワークにおける総合的かつ包括的な支援の実際

　いずれも実際にソーシャルワーカーとして従事する際に必要なスキルや方法であり、より幅広く応用展開できるように後半は事例を通しての学習が中心である。

　ソーシャルワークの講義科目に引き続いて学ぶソーシャルワーク演習（相談援助演習）においても具体的なスキルを学習するが、本書において基本的な知識を理解しておくことが必要である。また、ソーシャルワーク実習における学習目標ともなるので、各自しっかりと修得しておくことが望ましいだろう。

　また、本書掲載の事例は、厚生労働省が2016（平成28）年に示した「地域共生社会」の実現に向け、ソーシャルワークが担う総合的かつ包括的な支援の考え方をふまえたものとなっている。さらに、近年わが国で頻発するさまざまな自然災害なども想定した非常時や災害時の支援についても取りあげている。

3．本書を学ぶ際の基本的文献

　本書はソーシャルワークを学んでいくにあたって、必要な項目を体系的に編集して構成したテキストである。したがって、本書での学びを進めていくうちに、もう少し深い内容を学んでみたい、他の研究書も参考にしてみたい、という場合もあるだろう。そこで、本書の学びをより充実するための文献を紹介するので、本書と併せてぜひ一読することをお勧めしたい（※は、本書で引用されている文献）。

① 岡本民夫・平塚良子編著『ソーシャルワークの技能─その概念と実践─』ミネルヴァ書房　2004年
② A.E.アイビィ著、福原眞知子・椙山喜代子・國分久子・楡木満生訳編『マイクロカウンセリング』川島書店　1985年
③ 福原眞知子・A.E.アイビィ・M.B.アイビィ『マイクロカウンセリングの理論と実践』風間書房　2004年（※）
④ 上野谷加代子編著『共生社会創造におけるソーシャルワークの役割─地域福祉実践の挑戦─』ミネルヴァ書房　2020年（※）

⑤　社団法人日本社会福祉士会編『改訂　地域包括支援センターのソーシャルワーク実
　　践』中央法規出版　2012年

【引用文献】
１）社会保障審議会福祉部会福祉人材確保専門委員会「ソーシャルワーク専門職である社
　　会福祉士に求められる役割等について（概要）」2018年３月27日

第1章 | ソーシャルワークにおける援助関係の形成

【学びの目標】

　ソーシャルワーカーが身につけておかなければならない専門的態度と援助関係の形成について、バイステックの7原則と来談者（クライエント）中心療法のセラピストの条件を参考にしながら学んでいく。また、実際の面接場面などを想定し、具体的に理解をしていく。

①　ソーシャルワーカーとクライエントとの関係づくりについて理解する。
②　バイステックの7原則からソーシャルワーカーの態度について理解する。
③　来談者（クライエント）中心療法のセラピストの条件からソーシャルワーカーの態度について理解する。

1．ソーシャルワーカーとクライエントとの関係づくり

　クライエントの問題解決を図るためには、さまざまな援助技術が用いられるが、その前提として、クライエントとの適切な援助関係の形成が必要となる。適切な援助関係とは、クライエントとソーシャルワーカーの間に結ばれる信頼関係のことである。お互いに信頼関係が結ばれなければ、クライエントの問題解決に至ることは困難となるであろう。

　例えば、学生の立場で考えてみると、自分に悩みがあるとする。将来のことや家庭のこと、人間関係などさまざまなことがあるであろう。そのような悩みを抱えたとき、一人で解決することもあるが、多くの人は誰かに相談をするのではないだろうか。それは、家族かもしれないし、友人かもしれない。また、カウンセラーといった専門職かもしれない。そのような人たちと自分とはどのような関係でいるかをふり返ってみると、お互いが信頼関係をもっているのではないだろうか。

　自分の話を聴いてくれ、慰めてくれたり、アドバイスをくれたり、黙って寄

り添ってくれるといった営みのなかで、信頼関係は形成されていく。少なくとも相談する側の話に耳を傾けず、他の話や自分の話ばかりする人との間に信頼関係は生まれない。信頼関係が生まれないところには、どれだけ助言があったところで相手には伝わらず悩みの解決には至らないであろう。このため、相談をする側と相談を受ける側との間には信頼関係といった関係性が形成されている必要がある。

　ソーシャルワークにおいても、ソーシャルワーカーがクライエントとの間に信頼関係を形成していくことで、問題解決に向けた取り組みを行うことができるのである。

　このようにソーシャルワーカーは、クライエントの問題解決を図るために、まずはクライエントとの間に適切な援助関係、つまり信頼関係を形成していくことが重要であり、意義があることなのである。

　では、ソーシャルワーカーが援助場面で適切に信頼関係を形成していくためにはどのような態度や姿勢が必要であろうか。

　そこで、クライエントと信頼関係を形成していくためのソーシャルワーカーの心得を示したバイステックの7原則を次に紹介する。

2. バイステックの7原則と来談者（クライエント）中心療法のセラピストの条件

（1）バイステックの7原則

　バイステックの7原則とは、アメリカの社会福祉研究者であるバイステック（Biestek,F.P.）が示したソーシャルワーカーとクライエントとの間に望ましい援助関係を成立させるために必要なソーシャルワーカーの態度であり、行動原理である。

　その7原則とは、①個別化、②意図的な感情の表出、③統制された情緒的関与、④受容、⑤非審判的態度、⑥クライエントの自己決定、⑦秘密保持である。これらをバイステックの7原則と呼んでいる。

　以下、このバイステックの7原則を引用しながら、事例をもとに説明をする。

1）クライエントを個人としてとらえる（個別化）

　クライエントを個人としてとらえることは、一人ひとりのクライエントがそれぞれに異なる独特な性質をもっていると認め、それを理解することである。また、クライエント一人ひとりがよりよく適応できるよう援助する際には、そ

れぞれのクライエントに合った援助の原則と方法を適切に使い分けることでもある。これは、人は一人の個人として認められるべきであり、単に「一人の人間」としてだけではなく、独自性をもつ「特定の一人の人間」としても対応されるべきであるという人間の権利に基づいた援助原則である[1]。

　個別化とは、クライエントは人間一般として画一的に扱われるのではなく、一個の独立した存在として扱われたいという考え方に基づくものであり、一般的に「こうだから」といって人をひとくくりにして、クライエントを扱わないことが求められる。

　わかりやすい事例でいうと、電車で立っている高齢者に対して席を譲ることがある。高齢者は弱いものだから、立っているのはつらいであろうという考え方から、席を譲る。しかし、席を譲ろうと声をかけたとたんに、「年寄り扱いするな！」といわれたことはないだろうか。まさにこれは高齢者は弱者であるといった画一的な考え方から引き起こされた結果である。我々は知らず知らずにこのような態度をとってしまうことがあるので注意しなければいけない。

[事　例]

> 　80歳のAさんは、一人暮らしで、食事をつくることが困難になってしまったため、配食サービスの利用をしたいと思いやってきた。
> ワーカー：こんにちは。今日はどのようなご相談ですか？
> 　　　　　（ワーカーは耳元で大きな声で発言した）
> Ａ さ ん：（少し驚いたような様子で）配食サービスを利用したいのですが。
> ワーカー：（再び耳元で大きな声で）配食サービスですね。現在、食事をつくることが困難なのですか？
> Ａ さ ん：（少し困惑した様子で）そうなんです。最近、食事をつくることが大変になってきましてね。
> ワーカー：（耳元で大きな声で）いつ頃からでしょうか？　いろいろと話を伺ってもいいですか？
> Ａ さ ん：（首をすぼめながら）もう少し小さな声で話してくれませんか？私は年はいっていますが、声はしっかり聞こえてます。年寄りだからといってひとくくりにしないでください。

　この事例では、高齢者は耳が聞こえにくいものであるといった一般的な理解から起きた問題である。確かに一般的には高齢者は若い人と比べると耳が聞こえにくい人が多いがすべてではない。ワーカーの発言の後のAさんの表情や雰囲気に注意をしてみていれば、何かしらの異変は気づけるはずである。

　このため、ソーシャルワーカーは画一的に対応するのではなく、人によって

さまざまに状況が異なるため、個別的に対応することが必要なのである。

2）クライエントの感情表現を大切にする（意図的な感情の表出）

　クライエントの感情表現を大切にするとは、クライエントが感情を、とりわけ否定的感情を自由に表現したいというニードをもっていると、きちんと認識することである。ソーシャルワーカーは、クライエントの感情表現を妨げたり、非難するのではなく、クライエントの感情表現に援助という目的をもって耳を傾ける必要がある[2]。

　意図的な感情の表出とは、ソーシャルワーカーは、援助という目的をもってクライエントにわき起こる感情（否定的な感情も）を自由に表現することを認め、それを制限したり、制御したりしてはならないという原則である。

　相談場面では、クライエントが怒ったり、泣いたりすることがしばしばある。このようなときにそれを否定し、制御するのではなく、自然とその感情を表現してもらうのである。

[事　例]

　特別養護老人ホームへ入所相談にやってきたBさん。母親と二人暮らしであるが、母親が寝たきりで介護疲れのため、在宅では面倒をみることができないということであった。
ワーカー：今日は、どうされましたか？
Ｂ さ ん：老人ホームに入所したいのですが…。
ワーカー：ホームに入所したいのですね。もう少し詳しくお話を伺えませんか？
Ｂ さ ん：実は、母と私は二人暮らしなのですが、母の介護を私一人がしてきました。しかし、もうどうしようもなくなってしまったので施設に入れたいのです。（そこで急にBさんは涙を流しはじめたため、ワーカーは困惑する）
ワーカー：泣いていてはわかりません。泣くのはよして話を続けてください。
Ｂ さ ん：（涙をこらえながら）5年前に母が寝たきりになって…。
　　　　　私が一人で…。（こういったところで再び泣きはじめた）
ワーカー：（再び困ってしまい）これではどのような事情かわかりません。また落ち着かれましたら、いらしてください。
Ｂ さ ん：すみません、つい、苦しくって…。（と涙を流しながら、Bさんは施設を後にした）
　その後、Bさんは、この施設には二度と相談に来なかった。

　ここまでひどいソーシャルワーカーとはいかなくとも、このような場面はしばしば、相談場面で遭遇する。しかし、新米ワーカーだと、クライエントが泣

き出したことに対して、動揺してしまい、どう対処してよいかわからず、おろおろとしてしまう。もしくは、自分が泣かせてしまったのではないかといった罪悪感を感じてしまうのである。そしてこのような状況から抜け出そうとし、相手の感情表現を制止しようとするのである。

　一方、クライエントが、急に怒りをこちらに向けることがある。入所できない場合、そのいらだちなどをソーシャルワーカーにぶつけることがある。「あなたは力がない」「施設は私を見殺しにするのか」など感情を表出される。これにソーシャルワーカーがとらわれてしまい、無理にクライエントの感情を制止しようとすることもある。しかし、これは一旦、その場ではクライエントの感情がおさまるかもしれないが、クライエントとしては、自分の思いが途中で止められた、抑制された思いがたまり、返って逆効果の場合がある。このため、ソーシャルワーカーはクライエントの感情を自由に表現できるように見守る必要がある。

　このケースの場合、無理に泣いていることを制止するのではなく、Bさんが泣き止むまで見守る必要がある。「ゆっくりお話しください」や「しばらく待っていますので落ち着いたら教えてください」など声かけをすることで、クライエントに感情を表出する機会を与え、話を続けてもらうのである。

　このように相談場面では、クライエントが感情を自由に表現できるようにかかわる姿勢が必要なのである。

3) 援助者は自分の感情を自覚して吟味する（統制された情緒的関与）

　ソーシャルワーカーが自分の感情を自覚して吟味するとは、まずはクライエントの感情に対する感受性をもち、クライエントの感情を理解することである。そして、ソーシャルワーカーが援助という目的を意識しながら、クライエントの感情に、適切な形で反応することである[3]。

　ソーシャルワーカー自身が自分の感情に対して気づいている必要がある。そのことによってクライエントにわき起こる感情に対する感度が高まり、その感情の理解が進むのである。そして、援助という目的をもって、自分の感情を適切にコントロールしながら、クライエントに対処するのである。例えば、クライエントの態度に対して自らの感情のままに腹を立てるのではなく、適度にコントロールしながら対応することなどである。

[事　例]

　　ある日、地域に住むCさんが福祉相談機関にやってきた。Cさんは、食事を一人でつくることができないため、ホームヘルパーを利用したいと窓口にやってきた。

ワーカー：今日はどのような相談でしょうか？

Ｃさん：私は50歳なのですが、妻に先立たれ、食事をつくることができず、困っています。友人に相談するとホームヘルパーさんを利用したらといってくれたので、介護保険を申請したいのですが。

ワーカー：奥様に先立たれて食事をつくることができないのですね。それはお困りですね。ところで、現在、特に身体的に障がいなどをおもちでしょうか？

Ｃさん：別に体は悪いところはないです。

ワーカー：そうですか。50歳で身体的にも問題ないとなると介護保険のサービスは利用できませんね。

Ｃさん：でも、介護保険料は支払っているし、使えないのはおかしい！！なんとかしてくれないか！

ワーカー：そういわれましても、制度上なんともなりません。

Ｃさん：なんだと、なんとかするのがお前の仕事ではないか！！
（Cさんは急に怒りをあらわにし、ワーカーに罵声をあびせはじめた）

ワーカー：（ワーカーはその態度に、怒りを感じ、ムカムカしてきたため、その感情のまま）その態度はなんですか？　使えないものは使えないのです！！

　　ますますCさんは怒りが増幅し、ついに相談機関の扉をけって出ていってしまった。

　このような例も大なり小なり現場では起きうることである。あまりにも理不尽なクライエントの発言にソーシャルワーカーの気持ちが動転し、感情的になってしまうことがある。この場合、ソーシャルワーカー側は自分からわいてくる感情に流されず、しっかりと感情のコントロールをしなければならない。

　しかし、感情は天気のようなものなので、完全にコントロールすることはできない。悲しい、楽しい、つらい、腹立たしいなどという感情をすぐに出したり、引っ込めたりすることは容易ではないが、多少はコントロールすることが可能である。その部分をソーシャルワーカーは意識をすることが求められる。

　一方、感情と比べて、行動はコントロールしやすい。腹が立っていても、ゆっくりと話をすることや笑顔をつくることは可能であろう。それをするかしないかは自分次第で決断できる。感情次第ではない。

　自分のなかからわいてくる感情を大切にしながらも、感情とは別に行動できる自分もいるという専門的態度をもつこともソーシャルワーカーは認識する必

要がある。

4）受けとめる（受容）

クライエントを受けとめるという態度ないし行動は、ソーシャルワーカーが、クライエントの人間としての尊厳と価値を尊重しながら、クライエントの健康さと弱さ、また好感をもてる態度ともてない態度、肯定的感情と否定的感情、あるいは建設的な態度および行動と破壊的な態度および行動などを含め、クライエントを現在のありのままの姿で感知し、クライエントの全体にかかわることである。

しかし、それはクライエントの逸脱した態度や行動を許容あるいは容認することではない。つまり、受けとめるべき対象は、「好ましいもの」（The good）などの価値ではなく、「真なるもの」（The real）であり、ありのままの現実である。

受けとめるという原則の目的は、援助の遂行を助けることである。つまりこの原則は、ソーシャルワーカーがクライエントをありのままの姿で理解し、援助の効果を高め、さらにクライエントが不健康な防衛から自由になるのを助けるものである。このような援助をとおして、クライエントは安全感を確保しはじめ、自分自身を表現したり、自ら自分のありのままの姿を見つめたりできるようになる。また、いっそう現実に即したやり方で、自分の問題や自分自身に対処することができるようになる[4]。

受容とは、クライエントをその状態のまま、つまり、肯定的な感情や否定的な感情なども受けとめることである。そしてクライエントの現実をあるがままの姿で把握し接することで、クライエントが過度な自己防衛をしないように促していく。どんな表現をクライエントがしてきたとしても、この人はこういう人なのかというありのままを受け取る。そこにいい悪いといった判断は入れない。

受容というと、すべてを受け入れなければならないと思いがちではあるが、そうではない。人はすべてを受け入れられることなどできるのであろうか。受け入れることができるときもあれば、受け入れることができないときもある、それが実際ではないだろうか。

受容とは、すべてを鵜呑みにするという理解ではなく、あくまで現状の姿を把握し、接するという態度が必要である。

[事 例]

> 　Dさんは、夫の介護や借金の返済など、多くの問題を抱え福祉相談機関にやってきた。
> Ｄ さ ん：相談したいことがあるのですが…。
> ワーカー：どうされましたか？
> 　　　　　（Dさんは、今抱えている問題を話しているうちに、次のような発言に至った）
> Ｄ さ ん：もう、死にたい。生きていても仕方がない。
> ワーカー：そんなことはありませんよ。死にたいなんて言わずに、前向きに生きていきましょう。
> Ｄ さ ん：もう、いやだ、前向きになんかならない。
> ワーカー：生きていたら何とかなりますから、もっと前向きにいきましょう。

　ここでは、ワーカーはDさんの受容ができていない。Dさんの思いを受けとめることなく、ワーカーの考えを押しつけている。相手をあるがままに受けとめようという姿勢がない。ワーカーは死にたいというDさんの気持ちをまずは受けとめ、その後で、徐々に相手の悩みを引き出していくといった営みが必要である。

5）クライエントを一方的に非難しない（非審判的態度）

　クライエントを一方的に非難しない態度は、ソーシャルワークにおける援助関係を形成するうえで必要な一つの態度である。この態度は以下のいくつかの確信に基づいている。すなわち、ソーシャルワーカーは、クライエントに罪があるのかないのか、あるいはクライエントがもっている問題やニーズに対してクライエントにどのくらい責任があるのかなどを判断すべきではない。しかし、ソーシャルワーカーはクライエントの態度や行動を、あるいは本人がもっている判断基準を、多面的に評価する必要はある[5]。

　非審判的態度とは、クライエントの行動に対して否定や非難はしない態度である。ソーシャルワーカーは、相手がどんな行動をとったとしても、そこに、「これはいい行動だ」とか、「これはだめな行動だ」とかいった裁きをするのではなく理解することが求められる。非難しない態度というのは、法的・道徳的な基準を無視するのではなく、クライエントの態度や価値基準について多面的に関心をもつということである。

[事　例]

　　衣服はぼろぼろで、ひげも伸ばし放題のEさんが相談にやってきた。
　　明らかに異臭がただよっていた。
　Eさん：家で食事ができなくなってしまって、一度家に来てほしいのだけど。
　ワーカー：それは、お困りですね。少しお話を伺わせていただいたうえで、一度
　　　　　　家に訪問しましょう。
　　後日、ワーカーはEさんの家に訪問する。そこで目にしたのは、門から玄関先
　まで一面に広がったゴミの山だった。
　ワーカー：Eさん、このゴミは捨てたほうがいいですよ。
　Eさん：それは困る。すべているものなので捨てられない。
　ワーカー：こんなにゴミがあるから食事ができなくなるのです。ゴミはきちんと
　　　　　　捨てるべきです。

　このケースでは、明らかにワーカーとEさんの価値観が異なっている。この場合、ワーカーの発言には家がゴミで満たされることはよくないといった価値観が反映されている。Eさんにはワーカーがゴミと思った物を家に置いている理由があるはずである。それがないと寂しいとか、なぜか捨てられないといった理由がある。

　まずは、ワーカーの一方的な価値判断はしないことである。つまり、ゴミがあることがいい悪いといった価値判断を一旦置いてから、クライエントの話に関心をもち、聴くという姿勢が求められる。

6）クライエントの自己決定を促して尊重する（クライエントの自己決定）

　クライエントの自己決定を促して尊重するという原則は、ソーシャルワーカーが、クライエントが自ら選択し決定する自由と権利、そしてニードを、具体的に認識することである。また、ソーシャルワーカーはこの権利を尊重し、そのニードを認めるために、クライエントが利用することのできる適切な資源を、地域社会やクライエント自身のなかに発見して活用するよう援助する責務をもっている。さらにソーシャルワーカーは、クライエント自身の潜在的な自己決定能力を自ら活性化するように刺激し、援助する責務ももっている[6]。

　自己決定とは、クライエントの自らの決定を促し、尊重することをいう。ソーシャルワーカーではなくクライエントが自己決定できるようにするのである。しかし、自己決定をすることで他の人の迷惑になったり、クライエント自身の不利益となる可能性があったり、自己決定の能力を欠いている場合には制限を加えることも必要である。

[事　例]

> 　Ｆさんは福祉相談機関にやってきた。
> Ｆ　さ　ん：一人暮らしで、足腰が悪く食事をつくるのも掃除をするのも大変で、
> 　　　　　　何かサービスを受けたいのですが…。
> ワーカー：それはお困りですね、介護保険の申請を早速しましょう。家の掃除や
> 　　　　　　食事づくりなどのサービスをしてくれるホームヘルプという制度があ
> 　　　　　　りますから。配食サービスも利用しましょう。助かりますよ。他に一
> 　　　　　　人でいると寂しいでしょうからデイサービスの利用も検討しましょう
> 　　　　　　か？　では、この用紙に必要なことをお書きくださいね。
> 　Ｆさんは何がなんだかわからないまま、申請書に記入した。

　ここでは、Ｆさんの相談ごとに対して、ワーカーが一方的にサービスの紹介と介護保険の申請を進め、決定までしている。この相談の主体は誰なのかを考えなければいけない。このサービスを利用するのはあくまでＦさん本人である。たとえ、ワーカーとしてこれらのサービスを利用することが適切に思われたとしても、まずはＦさんの思いを聴き、Ｆさんが自ら決定できるように援助をすることが必要である。

　ただし、認知症等で自ら決定することが著しく困難な場合は成年後見制度などを利用し、クライエントに代わり決定をする必要がある。

　高齢者などでソーシャルワーカーにサービスの利用の際の決断を頼む人がいるが、あくまで最後にサービスを利用するのは本人である。ソーシャルワーカーが一方的に判断し、決定をしてはいけない。

7）秘密を保持して信頼感を醸成する（秘密保持）

　秘密を保持して信頼感を醸成するとは、クライエントが専門的援助関係のなかでうち明ける秘密の情報を、ソーシャルワーカーがきちんと保全することである。

　そのような秘密保持は、クライエントの基本的権利に基づくものである。つまり、それはソーシャルワーカーの倫理的な義務でもあり、ソーシャルワーク・サービスの効果を高めるうえで不可欠な要素でもある。しかし、クライエントのもつこの権利は必ずしも絶対的なものではない。クライエントの秘密は同じ社会福祉機関や他機関の専門家にもしばしば共有されることがある。しかし、この場合でも、秘密を保持する義務はこれらすべての専門家を拘束するものである[7]。

　秘密保持とは、知り得た情報や秘密を勝手に第三者に漏らさないことである。

あの人はこういう障害があるとか、あの人の家族構成はこうだとかなどと聴き取った情報を他人に話したりしない。もし、そのようなことをされたクライエントはどのような気持ちになるであろう。とても悲しくつらい気持ちになり、二度とそのソーシャルワーカーに相談はしないであろう。

［事　例］

> 昼休みにソーシャルワーカーが数人で地域の喫茶店で昼食をとっていた。
> ワーカーＡ：ところで、本町の鈴木さんの家はひどかったね。
> ワーカーＢ：そうね。家のなかはとても不潔だったわね。
> ワーカーＡ：ご主人は地域の自治会長をされていて、ずいぶん尊敬はされていたようだけど。
> ワーカーＢ：でも、家のなかがああじゃね。

　この事例では、地域の喫茶店という公の場で、個人名をあげて話をしている。本人たちは気づいていなくとも、隣の席に座っている人や店員に話がつつぬけである。

　誰でも個人的な話、特に知られたくない話はされたくないものである。しかし、ちょっとした会話からついしてしまうことがある。気をつけていてもつい、ということはある。また、個人のケース記録などを外に持ち出し、訪問先のお宅や途中で寄った店などに置き忘れてしまうこともある。このようなうっかりミスは、特に注意をする必要がある。

　以上、バイステックの7原則を引用し、事例に基づいて、ソーシャルワーカーがクライエントと適切な援助関係を形成するための姿勢や態度について見てきた。いずれもソーシャルワーカーの態度として必要なものであり、相談場面において意識することが求められる。
　では次に、ソーシャルワーカーの参考となる態度を、同じ専門職である心理療法のセラピストの態度、とりわけ、来談者（クライエント）中心療法におけるセラピストの3条件から見ていく。

（2）来談者（クライエント）中心療法におけるセラピストの条件

　来談者（クライエント）中心療法とは、1940年代にアメリカのロジャーズ（Rogers,C.）が提唱した心理療法である。
　ロジャーズは心理療法を行うセラピスト（治療者）の要件として、次の3つ

をあげている。それは、①純粋性、自己一致、②無条件の肯定的配慮、③共感的理解である。

　相談場面においてセラピストは、適切な自己理解が行われており、クライエントをありのままに受け入れ尊重し、共感的に理解する態度をもつ必要がある。では、この3条件についてロジャーズの文献を引用しながら説明する。なお、ここではセラピストと表記しているが、同じ対人援助職であるソーシャルワーカーにも活用できる原則である。

1）純粋性、自己一致

　セラピストが職業上の建前や個人的な仮面をまとわず、その関係のなかで自分自身であればあるほど、それだけクライエントが建設的に変化し、成長する可能性が高くなるのである。純粋性とはセラピストが自身の内面でその瞬間瞬間に流れつつある感情や態度に十分に開かれており、ありのままでいるということである。つまり、セラピストの内臓レベルで体験されていることと、セラピストのなかで意識されていること、および、クライエントに向けて表現されていることが、密接に符合し、一致しているということである[8]。

　純粋性、自己一致とは、自分が経験していることに対して自分自身が気づいているということである。自身の内面にわき起こる感情や態度を認識し、ありのままでいるということである。ただし、その感情をすべて表現するということではない。必要なのは、自分自身が自分自身に対して一致しているということである。

　例えば、面接場面で、セラピストがクライエントに対して恐れを感じたとき、それを感じている自分を否定せずに気づいていることである。

2）無条件の肯定的配慮

　クライエントがその瞬間にどういう状態であっても、セラピストがクライエントを肯定的に、非判断的に受容する気持ちを経験しているならば、治療的な動きあるいは変化がより起こりやすくなる。セラピストがクライエントを条件つきでなく、全面的に尊重するとき、前進的な動きが起こりやすい[9]。

　無条件の肯定的配慮とは、クライエントがどのような態度をとったとしてもクライエントを尊重するということである。

　一般的な価値基準や善悪判断といった、選択的に評価する態度ではなく、無条件に受け入れ、評価を加えずに尊重する態度である。

　例えば、クライエントがセラピストに否定的な態度をとったとしても、その気持ちをできる限り理解し、クライエントを否定せず、受け入れるといった態

度である。

3）共感的理解

　クライエントが体験しつつある感情やその個人的な意味づけを、セラピスト
が正確に感じとっており、この受容的な理解をクライエントに伝えるというこ
とである[10]。

　共感的理解とは、クライエントの世界をそれがあたかも、自分自身の世界で
あるかのように感じとることである。また、そのことによって、クライエントの
気持ちを正確に体感的に理解していることを伝えることができる態度である。

　例えば、クライエントの抱える不安や悲しみといった感情を敏感に感じとり、
クライエントとセラピストとの感情の共有化を図る。そして、そのような態度
を通じてクライエントはセラピストに自分の思いが理解されたと感じて、安心
して話を進めることができる。

　以上、ロジャーズの来談者（クライエント）中心療法におけるセラピストの
条件から、セラピストのあるべき態度について見てきた。このような態度は、
セラピストだけでなく、ソーシャルワーカーにもいえることである。相談場面
の多いソーシャルワーカーにとって、正確な自己認識や、ありのまま受容し尊
重する態度、共感的に理解する態度はなくてはならないものである。このよう
な観点もソーシャルワーカーはもち得ることが求められる。

3．ソーシャルワークにおける援助関係の 形成に向けて

　ソーシャルワークの実践においてソーシャルワーカーは、バイステックの7
原則や来談者（クライエント）中心療法のセラピストの条件など、これらを頭
に入れて専門的な態度をとり、クライエントとの適切な援助関係を形成してい
く必要がある。しかし、いつもこのような原則を頭に置きながら仕事をするこ
とは難しい。つい、うっかり、日常的な態度をクライエントに出してしまい、せっ
かく築いた信頼関係を失ってしまうこともある。この失ってしまった信頼を取
り戻すことは、そうたやすいことではない。失敗は避けなければならない。

　しかしながら、人間である以上、失敗はつきものである。はじめからうまく
いくことはない。ソーシャルワーカーになったからといってすぐに専門的な態
度がとれるわけではない。

　だからこそ、失敗体験も含めさまざまな経験を積みながら、ソーシャルワー

カーとしての専門性を向上させ、クライエントとの適切な援助関係である信頼関係を形成し、援助していくセンスを磨いていくことが必要なのである。

　基本から逸れることがあれば、再び基本に立ち返り、援助していく真摯な態度がソーシャルワーカーには求められるのである。

【学びの確認】

①ソーシャルワーカーとクライエントとの関係づくりに必要なことは何でしょうか。

②バイステックの7原則から見るソーシャルワーカーのあるべき態度とはどのようなものでしょうか。

③来談者（クライエント）中心療法のセラピストの条件からみるソーシャルワーカーのあるべき態度とは、どのようなものでしょうか。

【引用文献】

1）F.P.バイステック著、尾崎新・福田俊子・原田和幸訳『ケースワークの原則―援助関係を形成する技法―［新訳改訂版］』誠信書房　2006年　p.36

2）前掲書1）　pp.54-55

3）前掲書1）　p.77

4）前掲書1）　pp.113-114

5）前掲書1）　p.141

6）前掲書1）　p.164

7）前掲書1）　p.190

8）H.カーシェンバウム／V.Lヘンダーソン編、伊東博・村山正治監訳『ロジャーズ選集（上）―カウンセラーなら一度は読んでおきたい厳選33論文―』誠信書房　2001年　p.163

9）前掲書8）　p.163

10）前掲書8）　p.163

【参考文献】

岡田誠監修、植戸貴子・山田和子編『あなたを育てる対人援助の本』久美　2006年

中央法規出版編集部編『六訂　社会福祉用語辞典』中央法規出版　2012年

黒木保博・山辺朗子・倉石哲也編著『福祉キーワードシリーズ　ソーシャルワーク』中央法規出版　2002年

H.カーシェンバウム／V.Lヘンダーソン編、伊東博・村山正治監訳『ロジャーズ選集（下）―カウンセラーなら一度は読んでおきたい厳選33論文―』誠信書房　2001年

カール.R.ロジャーズ・デイビッド.E.ラッセル著、畠瀬直子訳『静かなる革命』誠信書房　2006年

佐治守夫・飯長喜一郎編『ロジャーズ　クライエント中心療法』有斐閣新書　1983年

村瀬孝雄・村瀬嘉代子編『ロジャーズ　クライエント中心療法の現在』日本評論社　2004年

第2章　ソーシャルワーカーの自己覚知と他者理解

【学びの目標】

　ソーシャルワーカーには、援助を提供する自分自身を知り、それを意識化することが求められている。そのことが他者受容、他者理解につながり、専門的援助にとって重要な要素だといわれている。ソーシャルワーカー自身がありのままの姿に気づき、それ自体を受け入れることを自己覚知という。自らを知り自己評価につながることによって、他者理解が進み、受容的関係構築が可能となるのである。これらは、援助活動を展開するにあたってソーシャルワーカーに課された責務ともいえるであろう。

　本章では、そのことを学ぶとともに、自己覚知への障壁となる自分自身のあり方へも注意を向け、どのように自己覚知を進めていくことができるのかということについて、以下の5点を通して具体的に学んでいくことを目標とする。

① 対人援助専門職であるソーシャルワーカーにとっての自己覚知の必要性を理解する。
② 自己覚知において自らを知る際に、他者との関係から考える「他者へ開かれた自己覚知」の視点を理解する。
③ 自己覚知の深め方を理解する。
④ 自己覚知との関連から他者理解のあり方について学ぶ。
⑤ 他者理解に必要なコミュニケーション、対話的関係構築について学ぶ。

1．対人援助の専門職と自己覚知の関連

（1）自己覚知とは

　ソーシャルワークの基本的な原則の一つであるソーシャルワーカーの「自己覚知」（self-awareness）は、対人援助専門職として欠かすことのできない重要な責務である。この「自己覚知」ということの対人援助における意味は、例

えば通常以下のようにいわれ、理解されている。「人間は他人をみるとき自分の価値基準や感情に影響されやすく、しかも、そのことにみずから気づきにくい。もしソーシャルワーカーが、対象者との対人関係に自身の先入観的態度をもち込んだり、自然のままに自分の感情で相手を律するなら、容易に人を受容できないし、正しく理解できない。それゆえソーシャルワーカーは、普段から意識的に自分の心理や行動の特異性について熟知する必要がある。そのためにはスーパービジョンが欠かせない」¹⁾。

このようにソーシャルワーカーが自分自身のことをよく知り、自己理解を促進させ、ありのままの自分自身を受け入れることを含んだそれらを「自己覚知」といい、そのためには、スーパービジョンが有効な方法であるといわれている。これは、いうまでもなくソーシャルワーカー自身の個人的な課題というだけではなく、援助の対象者であるクライエントを理解することが求められる対人援助専門職であるソーシャルワーカーとしての重要な責務となる。

この自己覚知とは、具体的にソーシャルワーカー自身の性格、価値観、考え方、思考のあり方、態度や行動様式などを知るという自己理解にとどまらず、自身が体験、経験したことの感じ方の受けとめ方や反応の仕方などから自己を認識し、その自分がソーシャルワークを遂行していく覚悟をつくっていることをも意識することである。

（2）道具をもたないソーシャルワーカーのあり方

ソーシャルワーカーは、いわゆる道具をもたずに仕事をしており、自分そのものが道具となる。例えば、医師は治療のための道具として精密機器等を使いこなし、その業^{わざ}や知識は専門的であり、一般に高度な専門職として社会に認識されているであろう。

一方、自分自身を道具として使うソーシャルワーカーは、専門性を高めるため、大切な道具そのものである自分を常に磨く必要がある。そのため、スーパービジョンや研修を受講したり、道具である自分の特性を認識し、適切に活用することが求められる。ソーシャルワーカーが援助を行う際、いつ、いかなる場面でも、ソーシャルワーカーとして決まりきった反応を我々は常に取るわけではない。たとえ同じ内容の相談援助場面であっても、その相手により、またソーシャルワーカーの置かれている立場性や経験の積み重ねの状態により、その反応は一定せず、さまざまな要因によってソーシャルワーカーが変化する可能性を秘めている。

したがって、援助に直接影響があり、変化が起こる可能性のあるソーシャル

ワーカーを自分でどのようにコントロールし、活かしていくのかを考えなければならない。その道具である自分自身を活かすために、例えば、以下の2点がその基盤として必要となる。

1）安定した自己評価（尊敬）

　自己覚知の基礎である「ソーシャルワーカーが自分をどう理解するのか」という自己理解は、自己評価が下支えとなっている。この自己評価とは、「自分の価値を実感した尊敬と自信の自覚」である。そして、自己評価は、他者理解を深めるためにソーシャルワーカーとして必要な条件といえる。この点に関して精神療法家のライヒマン（F-Reichmann,F.）は、およそ、以下のように指摘している。「臨床家には、かなり安定した自己評価と自己尊敬が必要である。自己を尊敬する臨床家であってこそ、対象者を尊敬し、互いが平等であるという基盤に立って援助が展開できることになる。臨床家の援助が必要な対象者に基本的な劣等性があるわけではない。また、臨床家は、特別な訓練と経験により、ある面において優れているだけであり、対象者のほうが臨床家よりも優れた個人的資質を持っているかもしれない」[2]と述べている。この文章中の「臨床家」へ「ソーシャルワーカー」を当てはめるとわかりやすい。

　ソーシャルワーカーが安定した自己評価をもつことは、クライエントの自己実現を可能にすることを目標とする限り、対人援助職として基本的に備えておくべき条件である。自己評価の低いソーシャルワーカーがクライエントに向き合い、クライエントの自己評価を高めようとしたところで、それは結果的に無意識であってもクライエントに対する自己の不安定感の解消へと利用してしまっている可能性がある。つまり、クライエントの援助を自己満足として終わらせる事態である。また、援助を求めるクライエントは、自信がなく自己評価の低い不安定なソーシャルワーカーを求めてはいないであろう。

　ソーシャルワーカーが自己を尊敬し評価しているというのは、自分の個性や独自性をあるがままの姿として自分で受けとめているということである。そこで、自己の価値を見出しているか、または、見出し続ける努力をしているということである。ソーシャルワーカーが人間としての生きる意味や価値を見出しているからこそ、自己評価が安定している状態がつくり出される。また、健全で安定した自己評価をもっているからこそ、たとえクライエントからソーシャルワーカーのパーソナリティにかかわるような耳の痛い厳しい指摘をされてもそれを傾聴でき、改善したり受けとめることができるのである[3]。

　そしてまた、ソーシャルワーカーがスーパービジョン等において自己覚知を進める場合、自己評価が安定しているからこそ、スーパーバイザーからの指摘

を受けとめることができ、その結果、自己理解が進み、自己覚知に深みが増すのである。

2）充実した私生活への努力

　　対人援助専門職として質の高い援助を行うためには、業務においてのみならず、プライベートの生活においても充実しているか、または満足し、安定できるように努力しているかという点が問われている[4]。

　　これは先に紹介したライヒマンが、クライエントとの関係で対人援助専門職が満足感を得ようとする行為を厳しく戒めていることと関連する。ソーシャルワーカーがクライエントとともに歩みたいと思うとき、「奉仕の精神」が全くなしに、その仕事に就くことはないであろう。しかし、仕事のうえで善意をむき出しにして援助をするとき、しばしば距離感がなくなり（クライエントへのめり込む等）、結果として、クライエントをソーシャルワーカー自身の満足と安定への欲求に利用する状況となる危険がある。その危険を防ぐことが対人援助専門職として求められているが、自己覚知を進める際の前提条件として、ソーシャルワーカーがまず、私生活においても、自らの生活の充実を図り、満たされた人生を実現していくことが重要なのである。ソーシャルワーカーが自ら望むものを手に入れていないのであれば、その実現への努力を求め、うまくいかない事実があれば、そのうまくいかない事実の理由を理解し、それに対する自らの態度を知り、その自分を受け入れていくことが自己覚知である。この点からいっても、ソーシャルワークの仕事は、ソーシャルワーカー自らの人格、そしてまた自らの生活のあり方にも影響を受ける専門職だということである。

　　また、プライベートを充実させていく努力は、あくまでもソーシャルワーカー自身の幸せのための努力ではないという理解が大切である。ソーシャルワーカーのためにのみ行うのであれば、対人援助専門職に対してプライベートの充実への努力を課す理由がない。これは、プライベートに満足できないソーシャルワーカーの欲求を援助関係のなかで満たそうとする行為から遠ざけるためのものである。ソーシャルワーカーがプライベートを充実させていく努力の姿勢に、課題を抱えたクライエントも生きる希望を見出す可能性もある。

２．ソーシャルワーカーの自己覚知の意味

（１）閉ざされた自己覚知

　ソーシャルワーカーが自己覚知を進める場合の問題は、クライエントとの関係にかかわらず、自己完結によってできる「覚知されている自己」と、その自己に基づく援助関係の実現という、クライエントとの関係性から切り離した自己理解の仕方に陥りやすいことである。その結果、「自己覚知」という体験が単なる自分だけのなかにとどまった自己の内なる反省的思考として受けとめられやすい。確かに、「自己覚知」の意味とその重要性は、ソーシャルワーカー自身が援助場面において、クライエントに対し、どのように反応し、行動するのか、また援助場面における自身のパーソナリティーのあり様がどのように影響しているのか等についての自己の存在の理解にあり、援助関係における専門的自己統制を実現することにある。この「自己覚知」は、クライエントへの援助場面そのものにおいてではなく、もっぱら自己への内なる反省的思考におき、ただひたすら「自分というモノ」への自己凝視として自己理解を進めることである。それは、クライエントとの関係から離れた「閉ざされた自己覚知」でしかないといってもよいであろう。

　そこで次に、そのようなクライエントとの関係のないところでの「自己覚知」ということへの閉ざされた意識に気づき、クライエントとの援助関係のなかでこそ、実は「自己覚知」は深められていくのだという「他者に開かれた自己覚知」の視点を、事例を通して見ていきたい。

[事　例]

①**事例の概要**
　医療機関においてソーシャルワーカーが援助を行った面接の一部を抽出した事例。
②**クライエントのプロフィール**
クライエント：Ａさん　60歳代前半の男性
病　　　名：口腔底悪性腫瘍[*1]
入 院 歴：発病から3年の間に3回の入退院を繰り返している。
生活状況：結婚歴はあるが結婚後すぐに離婚し、その後一人暮らしを続けている。以前、中華料理屋を経営していたが経営不振により廃業した。経営不振となる原因の一つにギャンブルによる問題があった。資産を全く失った後、住み込みで新聞配達をして生計を立てていたが、入院により職とともに住まいも失い、住所不

＊1　口腔底（舌と歯ぐきの間の部分）にできる悪性腫瘍（がん）のこと。がんが進行し潰瘍が大きくなると痛みが出たり、出血したりすることがある。潰瘍が増大すると口が開けづらく、しゃべりにくくなったり、飲み込みにくく食事がとりづらくなったりする。また、がんが転移し、あごの下や首のリンパ節に腫脹をきたすこともある。

定者として生活保護を受給している。家族はＡさんの妹のみで、その妹はかかわりを拒否している。当初から病状は、クライエントへすべて告知されている。

③ソーシャルワークの経過

相談経過：外来受診時、Ａさんからソーシャルワーカーに「医師は入院治療を勧めているが医療費の支払いが心配である」と直接相談を受ける。その後、経済的問題や住宅問題に対する援助を中心に行う。

　数年間治療を継続したが病状は徐々に悪化し、３年目のある日、主治医から「Ａさんの病状が悪い。死期の準備をしてほしい」と連絡を受け、Ａさんのベッドサイドへ行く。このときＡさんから献体の申し出があり、その手続きや症状のつらさの話をした後、以下の対話となる。

Ａ　さ　ん：自分の人生に悔いがない。よい人生だった。

ワーカー：そう、よい人生だったのですね。

Ａ　さ　ん：自分のしたいことは、何でもやってきたからね。

ワーカー：大変な生活の状況もたくさん伺いましたが、楽しい思い出もたくさん
　　　　　ありましたよね。

　　（中略）

ワーカー：病気になってからもう何年にもなりますが、病気になってから何もよ
　　　　　いことはなかったですか？（問いＡ）

Ａ　さ　ん：人に迷惑をかけないことを大切にしてきたけれど、病気をしてみて自
　　　　　分の意識していないところで人に迷惑をかけていることがある、とい
　　　　　うことがわかった。

ワーカー：Ａさんはそのようなことを考えていたのですね。

　　（中略）

ワーカー：もう疲れましたか？

Ａ　さ　ん：そうでもないよ。

ワーカー：ゆっくり休んでください。（と話をして病室を出る）

　その後、２日間ソーシャルワーカーは休暇であったがモヤモヤした気持ちと、（問いＡ）をしたことの後悔が出てきてつらくなった。（問いＡ）は、つらい苦しい治療を続けたＡさんに、その苦しさに報いるものが何か得られないか、何か意味をもたせたいという思いが働いたため出た言葉だった。しかしそれは、無意識のなかでソーシャルワーカー自身が救われたいという思いから出た言葉でもあった。ソーシャルワーカーは、自己の援助欲求のためにＡさんを利用したのではないかと一人で反省した。

　１週間後。

　ソーシャルワーカーは、Ａさんのところへ行きたいと思いながら、勇気がなく、なかなか病室へ行くことができずにいた。しかし、病状も気になり、思い切ってとにかく病室を訪ねることにした。すると少し病状が落ち着いており、Ａさんは積極的な治療を望み続けていた。

> 　Ａ　さ　ん：主治医がもうだめだ（治療の可能性がない）と言っているががんばり
> 　　　　　　　たい。
> 　（中略）
> ワーカー：前回、あのような問いかけ（問いＡ）をしたことを、自己中心的だっ
> 　　　　　たと悩んでいる。
> 　Ａ　さ　ん：あんなこと自分が言って、（悩ませて）悪かったね。私が悪い、あな
> 　　　　　　　たはちっとも悪くないんだよ。
>
> 　　死を目の前にしている人に反省をさせたり、気を遣わせたり、申し訳ないと思
> いつつも、この言葉の優しさを感じるとともに、励まされ勇気づけられているソー
> シャルワーカー自身に気づく。

（2）事例の意味

　事例は、Ａさんとの面接の経過とそのかかわりの一部であるが、次にそのかかわりのプロセスとそこでのソーシャルワーカーとＡさんとの感情の動き等について考え、事例の意味を確認したい。

　これは、Ａさんの終末期の面接場面である。ある日、主治医より病状が悪いため、死期に際しての必要な援助をしてほしいと連絡があり、個室のＡさんのベッドサイドにソーシャルワーカーが赴いた。Ａさんはかなりつらそうな様子であったが、面接のなかでＡさんより献体を希望する意見が出て、その手続きの代行を行った。Ａさんは、声にならない声を絞り出すように、医師や病院に感謝していることや献体を行うＡさん自身の意味を語った。そして、Ａさんは現在の身体のつらさを訴え、話した後、「自分の人生に悔いがない。よい人生だった」としみじみとした口調で語ったのである。それを受けてソーシャルワーカーは、（問いＡ）に記したように、「病気になってから何もよいことはなかったですか？」という問いかけをした。それに対し、Ａさんからは「病気をしてみて自分の意識していないところで人に迷惑をかけることがある、ということがわかった」と返事があった。死期を前にして自分自身を冷静に見つめ直すＡさんのキャパシティの広さがうかがえる。

　この面接を終えた後、ソーシャルワーカーのなかに言葉にならないモヤモヤとした気持ちが生じてきた。ふり返ってみると、（問いＡ）を質問したソーシャルワーカー自身のなかに、「長い期間、つらく苦しい治療を続けたＡさんに対して、その苦しさに報いるものが何か得られないのか、そして、何か意味をもたせたい、また死を目の前にしているＡさんが亡くなったとき、よいかかわりができたと後で思い、自分が満足したい、そしてＡさんとは病気を患ってから

出会ったため、その出会いのなかで意味をもってもらいたい」という気持ちが、実はまぎれもなくあったからである。そうしたソーシャルワーカーのいわば無意識の願望が、そのとき何かモヤモヤとした気持ちと自己嫌悪感を生み出していたのだと自己を省み、自分の援助欲求のためにＡさんを利用したのだと自己を責め、その意識で自分を縛っていた。そうした自分を一人で反省しようとすればするほど、Ａさんに失礼なことをしたという思いからＡさんのところに面会に行くこともできず、かかわりを閉ざしたい気持ちでいっぱいになった。

　そして、その後一週間程面接を中断したが、その間病状が驚くほど落ち着き、目に見えて元気そうになっていたＡさんのベッドサイドを訪問し、「先日、病気になってからよいことはなかったかと聞いたことを反省し、実はそのことに悩んでいる」とソーシャルワーカーは思い切って打ち明けた。そこでＡさんは、「あんなこと自分が言って、（悩ませて）悪かったね。私が悪い、あなたはちっとも悪くないんだよ」と語りかけてくれた。

　そのとき、後悔と自己嫌悪に陥っていたソーシャルワーカーは、そのＡさんの言葉に励まされ、勇気づけられた。それは（問いＡ）を行った後、後悔と自己嫌悪に陥り続け、一人でもがいていたソーシャルワーカーが一歩踏み出し、Ａさんとの関係を生きた結果生まれたものであった。これは、Ａさんとの「関係性」がより明確化されたと実感されるものであった。こうした自分のなかだけで反省し、すべて完結させて終わらせていたとしたらＡさんの優しさや他者を受けとめる深さを知らずじまいであったであろう。しかし、自分を開き、Ａさんとのかかわりを復活させたことで、これまでＡさんに感じたことのないＡさんに出会えた。このことでソーシャルワーカーも新たな感情や援助関係に気づくことができた。

（3）他者に開かれた自己覚知への視点

　先のＡさんとの面接における事例を通して、対人援助とそこでの「自己覚知」の意味について見ておきたい。

　「自己覚知」は「偏見や私情を取り除き、利用者の問題に巻き込まれて感情的反応を示さないよう、利用者を中心にした援助関係を構成するために専心できる状況づくりをすることである」[5]ともいわれる。また「自己覚知の目標は、自己の主体的統合における＜とらわれ＞を自覚し洞察することで、そこから自由になること」[6]などともいわれ、それは専門的な対人援助関係の樹立に不可欠な行為と考えられている。しかし、その援助関係とは、ソーシャルワーカーが一方的につくるものではなく、クライエントとソーシャルワーカーとの相互

関係によって生み出されてくるものである。そして、その基本は援助過程のなかで起こる人間関係の「相互性」においてソーシャルワーカー自身を自己覚知していくことである。他者との関係のなかでこそ、自己が現れるのである。そして、本事例のように援助過程における相互関係のなかでソーシャルワーカー自身が癒されたり、自信をもつなどのさまざまなことが起こり得る。しかしながら、無意識であってもソーシャルワーカーは援助関係のなかで自信や癒しを得ることを援助の目的にすべきではない。そこでは、自己覚知による専門職としての自己コントロールが必要不可欠である。

　そしてまた、覚知する主体であるその「自己」とは常に他者との関係において存在しているに他ならないということを確認しておきたい。例えば、次の指摘はそのことを如実に示している。対人関係において私たちがしばしば経験する自分にとっての「相手の意外な反応は、相手と自分の二人がつくり出した現象だと考え、相手の変な反応は自分にも責任があるのではないかと、自分自身のあり方をふり返ってみると、そこに、以前は気づかなかったことが気づかれてくるということがある。そのことに気づいて、それを次回に口にしてみると、相手はそうしたこちらの変化によって変わっていく」[7]。つまり、自己のあり様に気づくということは、自分自身にのみ関心を寄せる「閉じられた自己」のあり様から、他者とのかかわりに「開かれた自己」のあり様へ関係を転換していることを意味する。

3．自己覚知に必要なスーパービジョン

（1）スーパービジョンの必要性

1）自己覚知とスーパービジョン

　一般に「自己覚知」は、スーパービジョンという継続的な専門教育訓練において進められるものであるといわれる。それは、対人関係における対人的能力や感受性を高め、援助関係における自己のあり様と、そこでの援助行動の適切性を自己洞察していく機能をもつものである。スーパービジョンにおける「スーパーバイザーの特に重要な役割は、ソーシャルワーカーに自分自身についての洞察を深めるように促し、問題解決へ向かうきっかけをソーシャルワーカーが自分自身でつかめるように導くこと」[8]といわれている。スーパーバイザーの援助がなければ、質の高い「自己覚知」を進めることは難しい。しかし、スーパービジョンを受けるに際し、クライエントとの関係性に気づきが必要である。

すなわち、スーパーバイジーの成長の動機づけは、目の前の「今ともにいる」クライエントであるという視点の気づきから生み出されることであり、その気づきが、援助関係をつくり、発展させる基盤ともなる。そしてまた、スーパーバイジーのその視点のあり方がスーパービジョンの質的豊かさを左右する。

2）陥りやすい「良心的エゴイズム」

　次にソーシャルワーカーが陥りやすい臨床的課題を取り上げ、自己覚知を進めるうえでの具体的課題について考えてみたい。

　社会福祉を職業として志す者のなかには、「人の役に立つ仕事」「人とかかわる仕事」をしたいと願い、そうした動機に基づいて社会福祉現場に勤めはじめる場合がある。しかし、対人援助の仕事は自らの業務に対し、真摯に取り組めば取り組むほど、ソーシャルワーカーである自分自身のあり方のみに注意が向く状態を生み出す危険性をはらんでいる。この点については、先の事例において述べた。ここでは、その危険性をはらんでいることを「良心的エゴイズム」という概念を使い、改めて考えてみたい。

　まずはじめに、「良心的エゴイズム」についての定義を確認しておきたい。「『良心的エゴイズム』とは、いうなれば『他者に関心を向けようとしている＜その自分だけ＞にしか意識や関心を向けていない』有り様だといえよう。したがって、そうした良心的エゴイズムにとって他者との人間関係とは、自分は『こうであるべきだ』という信念や態度の確かさを確かめ、自己評価するための大事な手段としてだけ大切なのである」[9]。さらに、「『良心的エゴイズム』に陥っている人にとって『自己』とは、他者との関係において、その他者の気持ちや感情に対して、もっぱら『閉じられた自己』として体験されている」[10] ともいわれている。この定義から明らかなように、ソーシャルワーカーが行う「自己覚知」とは、しばしば「いま、ここでの」クライエントとの援助関係で、自分自身が開かれた存在としての自己覚知を行うのではなく、例えば「ソーシャルワーカーとして自分の言動はどうだったのか」などと自分のことだけに閉ざされた、ひたすら過剰な自意識において自己覚知をしていることの認識が必要である。

　次に、スーパービジョンからの事例を紹介しながらソーシャルワーカーが陥りやすい良心的エゴイズムの状態について考えたい。

3）事例から学ぶ「専門職としての態度」

　ここでは、グループ・スーパービジョンにおいて提出された、あるソーシャルワーカーの事例から、そのソーシャルワーカーの姿を通して、自己覚知の重

要な課題である専門職の態度について考えてみたい。

［事　例］

> 　ある相談機関で、利用者のBさんがソーシャルワーカーに向かって「ソーシャルワーカーの対応が不適切だ！　ひどいソーシャルワーカーだ！」と怒りをあらわにし、怒鳴った。Bさんは、諸手続きがうまくいかないことに対する不満を上記の言葉でソーシャルワーカーにぶつけてきたのであった。真正面から怒りを表し、非難されたソーシャルワーカーは、自分は専門職として不適切であったのかどうかということをその場で何も言えず、後で改めて自らの言動をふり返り反省したという。このグループ・スーパービジョンにおいても謙虚な態度で自らの問題点を明らかにしていこうとするソーシャルワーカーの前向きな姿勢が如実に表れている。

　上記の事例提出者であるスーパーバイジーのソーシャルワーカーは、そのグループ・スーパービジョンにおいて、Bさんとの関係の樹立に困難を感じ、そのふり返りを行うことを事例提出の意図としていた。Bさんの不満は、直接的にソーシャルワーカーに責任がある事柄のものではなかったが、このような怒りがどこから来るものなのか事例全体をふり返りながら、グループにおいてソーシャルワーカーとBさんとの援助関係を中心にメンバーでともに考え、スーパーバイザーからの助言を受けた。その自己理解を事例提出者のソーシャルワーカーが深めていった内容を記した一部分が以下の内容である。

　「Bさんから、怒りや不満の感情、不機嫌さをダイレクトにぶつけられたとき、おろおろしてしまい、せっかくBさんが生の感情をぶつけてきているのに、そうした感情に向き合っていくことができなかった。怒りをぶつけてきたとき、自分が責められることをしてしまったのか、自分の問題にしてしまい、Bさんから遠ざかってしまった。その時点でBさんを切ってしまったというメンバーからの指摘は、本当にハッとさせられた。そんな意識は私には全くなかった。でも、言われてみるとそのとおりだったということが自覚できた。Bさんの怒りの気持ちにそのまま添っていったら、Bさんに近づくことができたのに…」[11]。

　ここでは、事例の直接的な内容そのものよりもソーシャルワーカーのBさんに対するかかわりを通して、グループ・スーパービジョンに臨む姿勢や態度から考えてみたい。

　ソーシャルワーカーは万能であるわけではなく、クライエントから指摘を受けることは十分あり得る。しかし、専門職として援助を行っている以上できれば避けたいし、またクライエントから怒りを直接的に向けられることは非常につらいことである。しかし、この場合怒りを向けられたソーシャルワーカーは

瞬時に、事例のように怒っている目の前のクライエントの気持ち自体よりも、「私は、よいソーシャルワーカーではないのだろうか、私のどこが不適切な対応であったのであろうか」と怒られた自分自身のみに関心が向いている。これは一見誠実なソーシャルワーカーの「自己覚知」への態度として見ることもできるかもしれないが、目の前のクライエントに対しては「閉じられた自己」の態度であるといわざるを得ない。それは、「自己覚知」ということへの閉ざされた意識に陥っていることであり、さらには、自己覚知によってクライエントとの援助関係を閉ざしてしまったことになる。しかし、クライエントとの対人関係のなかでこそ、実は「自己覚知」が深められ、それと同時に援助関係が豊かに広がっていくのだという視点が欠如していることに気づかされる。援助関係の形成において誠実であり、真摯な態度で臨むソーシャルワーカーであればあるほど、この障壁にぶつかる可能性がある。

　そしてこのことに注意を促している視点とその概念が、「良心的エゴイズム」である。したがって、「他者に開かれた態度」が「良心的エゴイズム」を乗り越えようとする基本的態度を意味し、そうした態度を生きることが、クライエントとの「関係を生きる」ことなのであり、そこにおいてはじめて、クライエントとの援助関係に支えられた「自己覚知」が進められるのである。

　ここで求められる「自己覚知」は、（個体としての）自己についての関心や意識に基づく反省的自己理解ではなく、他者との関係における自己のあり様のなかでの臨床的理解につながるものでなければならない。そして、そのような「自己覚知」の認識のうえに立った援助活動が対人援助専門職の専門性の一つだといえる。

（2）自己覚知と援助関係の構築

1）自己覚知に必要な内省の問い

　すでに述べたように、自己覚知には専門的教育訓練であるスーパービジョンが必要とされているが、それが組織として体系化して提供される職場が少ない実情がある。したがって、専門職としてソーシャルワーカーは、自らが積極的に自己覚知を深める意識をもって機会をつくる必要がある。ここでは、自己覚知を深める際の展開を具体的に考えてみたい。

　ソーシャルワークの場面で具体的に考えると、例えば、クライエントとソーシャルワーカーの援助場面において、クライエントがソーシャルワーカーに対していつもと異なる思いがけない態度をとったとする。その思いがけない態度をとるに至った経過やその事実を援助関係のなかで問いかけ合っていく取り組

みそのものが必要となる。その思いがけない態度そのものを問題にするのではなく、その態度が現われた関係を丁寧に見ていく（検証をする）ということである。では、これらはどのようにすれば体得することができるのであろうか。

　このことについて教育哲学者のボルノー（Bollnow,O.F.）は、「人間は問う存在である」[12]と述べ、さらに「世界に開いた存在として、問うことができ、また、自分の問いに答えることによって自分の世界を広げることができます」[13]として、人間は2つの種類の問いを発するとしている。一つは情報を集めて知識を増やす「インフォメーションの問い」、もう一つの問いを「内省の問い」として、それらを区別している。この「内省の問い」は、知識を問うたり、自分で探求して手に入れるようなものではなく、問うなかで自分自身をふり返るものであり、「人間にとって、これまで自明的であったことが疑わしくなったときに成立する問い」[14]だとし、この問いは、孤独な省察と他者との真の対話（人間が最も内奥において動かされるもの）によって解明されていくのだと示唆している。

　このことに関して、先に事例であげたソーシャルワークの援助場面において考えるならば、クライエント（相手）の思いがけない態度を解明していくには、その場面現象そのものを取り上げ、その意味についてソーシャルワーカーだけが考えるのではなく、クライエントと対話することや援助関係のなかで、考え合うことにより、内省の問いが生まれ、その内省の問いがソーシャルワーカーのみならず、クライエントにも起こり得ることでさらに援助関係は深まりを生み出していく。こうした過程をスーパービジョンで取り上げ、検証していくことでソーシャルワーカーに新たな気づきが生まれる。

2）内省の問いから援助関係の構築

　ソーシャルワーカーに援助を希望するクライエントは、社会資源の提供を求める「インフォメーションの問い」に関することを希望するだけではない。何か生活上の大きな話題から「今後、どう生きていけばいいのか」というように、現在生きていながらにして「生」の感覚を失っており、「生きること」そのものに問いを投げかけるような、言葉にするかどうかは別として、「内省の問い」が向けられることがある。また、「内省の問い」のニーズが顕在化されていない場合も、クライエントにとって「内省の問い」が必要であると専門的に判断される際には、クライエントが自分の世界を広げて生きられるような問いを提供することが必要である。先のボルノーは、「内省の問い」は自問自答することによってだけでは解決できないとも述べ、完全に他者に自己を開くことでしか成功は導けないとしている。これこそ、ソーシャルワーカーとの信頼関係が

築かれる可能性のない援助関係ではクライエントの内省の問いは起こり得ず、解決の糸口も見出せないということである。そのことがまさしくソーシャルワーカーがクライエントを内省の問いへ導くような質の高い専門性が求められるゆえんでもある。クライエントにとってもソーシャルワーカーにとっても内省の問いは、自己成長に必要なものである。

　では、なぜソーシャルワーカーはクライエントに対して、それらを成し遂げる可能性があるのだろうか。実存分析療法の創始者の精神科医フランクル（Frankl,V.E.）は、「人間であるということは、常に自分以外の何か、自分以外の誰かといった、満たされるべき意味や出会うべき他者に向かおうとする存在なのである。たとえて言えば、健康な眼が眼それ自体を見ていないのと同じように、人間もまた、自分自身を捧げることによって自己を超越し、我を忘れている時にこそ、みずからの持つ力を最大限に発揮できるのである。我を忘れることが感受性を高めることに役立ち、自己を捧げることが創造性に結びつくのである」[15]と、他者、さらには世界に開かれることによる人間の可能性を力強く述べている。ソーシャルワーカーが、他者がもつ核心に迫るところまで自己を投じようとする態度で臨むことからクライエントとの真の対話が生まれ、この態度や姿勢が土台となって、いわゆる援助技術の生かされる援助が可能となる。ソーシャルワーカーは、このようにして生まれた援助関係を構築することをめざしていくのである。

4．自己覚知と他者理解

（1）他者理解を支える自己覚知

　ソーシャルワークは、相対するクライエント（他者）の理解を真にできるかどうかということが問われる。理解することでアセスメントができ、援助計画が立てられるのである。実際には、ソーシャルワーカーが今まで体験したことのない複雑にからみ合った生活課題を抱えたクライエントに出会い、理解に苦しむことも起こるであろう。しかし、ソーシャルワーカーは、生活課題だけにとらわれず、目の前のクライエントの苦しみ、悲しみそれ自体を理解しようとクライエントの心情のなかへ飛び込み、感情が動くことが大切である。そのソーシャルワーカーの態度が常に実践において問われる。ここで重要なことは、ソーシャルワーカーがどのような態度で相談援助を行っているかということであり、そのあり方を明らかにし、それをソーシャルワーカー自身で認識するこ

とが自己覚知への進展となる。

　しかし、先に述べてきたようにソーシャルワーカーがどうあるべきなのかという一方向的な考え方で問うわけではなく、他者であるクライエントとの関係のなかでふり返りを行う自己覚知の重要性を改めて確認しておきたい。それについて佐藤俊一は、学生の実習場面を例にわかりやすく以下のように述べている。

　「学生が、実習のなかで利用者と真剣に向かい合い、相手をわかろうとしていくとき、そこで体験していることは、自分が主体となって積極的に他者に働きかけることをすることだと思いがちである。（中略）聴くことやありのままの相手を受け入れるなかで、実は、『他者からの働きかけを受けとめながら振る舞う』ということが大切なのがわかる。そして、他者を受けとめるというなかで、『ともにいる』ということが可能となっていくのである。相手の気持ちを感じとることができ、見えるようになったり、話しが聴けるなかで、臨床は成り立っていることがわかろう」[16]。

　このように他者に接したときに、どのように受けとめたかが大切である。同時に、そこではソーシャルワーカーがクライエントを理解するということが行われる。こうした他者理解のなかでクライエントにどのような反応を返したかということが問われ、その反応のあり方からソーシャルワーカーが自らのあり様を理解し、距離を置くようにして自分を見つめてみる。このようにソーシャルワーカーの態度や姿勢を明らかにし、その自己を引き受け、受けとめることが対人援助専門職としての自己覚知だということである。こうしたことが繰り広げられるなかでクライエントの理解を進めていくことになる。

　クライエントを受けとめながらクライエントに働きかけることでクライエントが自由になり、自分の本当の気持ちを吐露したり、誰にも言えなかったことを語ったり、負の感情であっても表現できることが起こる。こうしたことからクライエントのこれまで見えていなかった部分や真の思いが見えてくることで、ソーシャルワーカーの他者理解が深まるのである。

（2）他者理解の意義とその視点

　ソーシャルワークを構成する要素にクライエントが含まれており、そのクライエント個人をソーシャルワークの対象ととらえがちである。しかし、援助対象（個人のみならず、グループや地域等であっても）を取り巻く環境（家族や地域の関係者、サービス機関等）へも働きかけることで課題解決を図っていく。こうしたクライエントを取り巻く環境を含めた働きかけの対象を「クライエン

トシステム」という。この「クライエントシステム」のなかでクライエント（他者）を理解していく視点が社会福祉の特長といえる。

　ここで示す他者理解は、クライエントの心情や願い、置かれた状況を推測し理解することである。その際にクライエントの全体を理解する視点が必要である。その全体とは、宗教哲学者の谷口隆之助がいう三つの次元であらわすことができる。谷口は、人間のあり方を生物的次元、文化的・社会的次元、存在的次元の三つに区別し、それを同時に生きていると述べている[17]。

　生物的次元は、身体維持を示す。そこでの援助は衣食住の確保や資金調達など、基本的な生命維持をめざす。次の文化的・社会的次元とは、生物体として人間が生きながら生活者としての生き方を指す。その援助は、仕事を失った人への収入保障面だけでなく、働く意義を共有しながら職場提供や求職、職業訓練の場の提供も思考する。三つ目の存在的次元は、例えば、何かの理由で家族、仕事や住居を失い、住んでいた地域にも居られない状態でも生きることが運命のように既定された現状がある場合に、どのように生きるかをクライエントとともに考える援助である。何かの理由で家族や社会的役割、地位や名誉、財産を失っても、生きる限り自分は、この「私」でしかなく、この「私」において生きていくしかない。この次元でのソーシャルワークは、クライエントの苦しみや悲しみ、絶望感にある事実を前に「どのように生きるか」をともに考える。すでに起こった自らに対する危機自体を変えることはできない。危機状況への身の置き方そのものに対する援助が必要である。

　この三つの次元が同時に揺らぎ、同時に失われることもある。例えば大規模災害は、突然すべてが失われ、複数の危機が個人、地域、社会に同時に襲いかかる。このようなときソーシャルワーカーには、先の三つの次元すべての視点（全体性：wholeness）をもった援助が求められる。援助のためには、クライエントの全体性を見る視点をもった他者理解が必要である。

　この理解には、クライエント自身の理解と生きている世界の両方がある。その他者理解からクライエントにどのように援助を行うのかが決まる。こうして生まれた他者理解からクライエントへの援助や配慮、かかわり方が明らかになる。言い換えれば、他者理解とそのクライエントに対するかかわり方とは、切り離して考えることはできない。つまり、クライエントにどのような態度で接し、かかわるかというなかに、すでにそのクライエントに対する理解の仕方が含まれている。クライエントの生きている世界をソーシャルワーカーがどのように理解していくのかということと、どのように援助していくのかということは、紙の裏と表のようなものであって、援助者の態度として分けて考えることができない現実がある。このように自己覚知、他者理解と援助そのものの関係

について整理する必要がある。

（3）他者理解におけるコミュニケーション

　コミュニケーションとは、一般的に人と人の間で行われる知覚・感情・思考の伝達を行うことと理解されている。そのなかでも言語を中心にしたコミュニケーションである会話（conversation）には、親しい者同士で関係をうまくつくることを考えて楽しむおしゃべりと、ここで取り上げる対話（dialog）があり、その性格は異なる。

　対話とは、互いに異なる価値観や世界をもつ相手に積極的に接近し、違いを受けとめながら自他が変わる過程のなかで気づきが生まれる営みである。対話において傾聴は、重要な要素である。ソーシャルワークにおいては、クライエントに対する傾聴という行為を援助の土台としている。

　グループワークの研究者であるコノプカ（konopka,G.）は、「ワーカーが学ばなければならない傾聴とは、日常の世界で、我々が人に耳をかすのとは違う種類のものである。日常、我々は、自分の先入観や思考の網を通して人の言葉を聞く。たとえば、社交的な夜の集いでの会話を観察してみると良く分かる。ほとんどの場合、誰もが他の人のいったことなどは全然無視して、ただ自分の考えだけを述べている。したがって、多くの場合、そこでの会話は、思想の交換と相互の考え方の積み重ねとを前提とする、真の＜対話＞ではなしに、とぎれとぎれの＜独白＞にしか過ぎない。＜傾聴＞とは、自分のことだけではなく、他の人のことを真剣に考えるための意識的な自律心を必要とするArtである」[18]と表現している。すなわち傾聴とは、相手をわかろうとする積極的な聴き方であり、聴いたことにより受けとめたことを相手に伝え返す一連の行為である。

　相手の言ったことを確かめることによって、援助者が真剣にかかわる姿勢が相手に伝わる。そこでは、相手の心を感じ取る能力や相手を受けとめたことを返す力が必要とされるのである。反対に言えば、受けとめたことが相手に実感されないと真に聴いた（傾聴）ということが完成したとはいえない。実際は、聴きながら話し、話しながら聴くという行為が繰り返されることになる。こうした援助者の態度として示される「傾聴」には、受容と共感が合わせて実践されることになる。こうした営みのなかで援助者がクライエントの話を聴き、受けとめたことを語ることでクライエントが「自覚していなかったことへの気づき」や「自ら置かれている状況から逃げずに向き合おうとする」ことが起こり得る。傾聴というソーシャルワーカーの態度から援助において生み出されるものの意味は大きい。自分の苦しみは誰にもわかるはずがないと心を閉ざしたク

ライエントにさえも援助者の配慮が伝わり、大切に扱ってくれることに温かさを感じ、課題解決の営みに積極的に関与することが起こりえるのである。こうした援助者とクライエントの関係を「対話的関係」と呼ぶ。こうした対話的関係の構築によって、他者理解が深まり、ソーシャルワークの展開は、一方的な援助ではなく、相互援助関係の構築となっていくのである。

【学びの確認】

①ソーシャルワーカーにとって自己覚知は、どのような意味があるのでしょうか。

②自己覚知は、どのように進めればよいのでしょうか。その方法はどのようなものでしょうか。

③自己覚知と他者理解の関係とはどのようなことでしょうか。

④他者理解に必要な視点や態度とはどのようなものでしょうか。

【引用文献】

1）仲村優一他編『現代社会福祉事典（改訂新版）』全国社会福祉協議会　1988年　p.202

2）フリーダ.フロム＝ライヒマン著、早坂泰次郎訳『人間関係の病理学』誠信書房　1963年　pp.86-87

3）同上書　pp.86-87

4）同上書　pp.77-78

5）福祉士養成講座編集委員会編『社会福祉援助技術総論』中央法規出版　1989年　p.14

6）社会福祉実践理論学会編『社会福祉実践基本用語辞典』川島書店　1989年　p.56

7）早坂泰次郎『看護における人間学』医学書院　1970年　p.141
　　※なお、ここでいう「自己」概念の関係論的考察については、木村敏『自分ということ』（第三文明社　1983年）にも詳しい。

8）岡本民夫監修（ビデオ）『実践！スーパービジョン（第1巻）』中央法規出版　2003年

9）足立叡「ナルシシズムと良心的エゴイズム」早坂泰次郎編著『＜関係性＞の人間学』川島書店　1994年　p.20

10）同上書　p.23

11）医療社会事業従事者講習会報告書No16『医療ソーシャルワークの解決技法』東京都衛生局医療福祉部医療福祉課発行　2000年3月　p.56

12）O.F.ボルノー著、森田孝・大塚恵一訳編『問いへの教育』川島書店　1997年　p.181

13）同上書　p.181

14）同上書　p.184

15）V.E.フランクル著、諸富祥彦監訳『＜生きる意味＞を求めて』春秋社　1999年　p.146

16）佐藤俊一『対人援助の臨床福祉学』中央法規出版　2004年　p.85

17）谷口隆之助『存在としての人間』I.P.R.研究会　1986年　pp.2-3

18）ジゼラ・コノプカ著、前田ケイ訳『ソーシャル・グループ・ワーク—援助の過程—』全国社会福祉協議会　1967年　p.116

【参考文献】

ナサニエル・ブランデン著、手塚郁恵訳『自信を育てる心理学』春秋社　2004年

米村美奈『臨床ソーシャルワークの援助方法論』みらい　2006年

足立叡『臨床社会福祉学の展開』学文社　2015年

第3章 ソーシャルワークにおけるコミュニケーション

【学びの目標】

ソーシャルワークを実践するためにはクライエントやその家族、地域の人びと、そして他領域の専門職や同僚など、さまざまな人とのコミュニケーションを必要とする。そこで本章では、ソーシャルワークに必要なコミュニケーションの意義を理解する。また、ソーシャルワークにおけるコミュニケーション技術の実際を学んでいく。

①　コミュニケーションの意味とは何かを理解する。

②　ソーシャルワークにおけるコミュニケーション技術の目的とは何か。また、ソーシャルワークを実践していく際に、信頼関係（ラポール）の構築をはじめ、どのようなことに注意を払いながらクライエントとのコミュニケーションを図っていくことが重要となるかを学ぶ。

③　ソーシャルワークにおけるコミュニケーション技術のなかで、最も重要となることは何か。また、有効なコミュニケーション技術の実際にはどのようなものがあるかを学ぶ。

1．コミュニケーションの意味

（1）ソーシャルワークとコミュニケーションの関係

一般に、コミュニケーションとは、社会生活を営む人びとの間で行われる知覚・感情・思考の伝達を意味している。また、言語や文字などの視覚・聴覚に訴える各種のものを媒介とし、次の5つの要素から構成されている。それらは、①刺激、②送り手、③メッセージ、④伝達経路、⑤受け手、である[1]。

このように、コミュニケーションという言葉は、意思や情報を「伝達する」という意味で使われることが多い。しかしそれだけではなく、もともとこれは、「共有する」「分かち合う」という意味のラテン語 "communicare" からきた

言葉であり、人間同士のふれあいの過程を通して、そこに交わされているものを「共有化する」という意味でとらえることが重要である。

　通常の対人関係においては、コミュニケーションのメッセージが送り手から受け手へと一方通行的に伝達されるのではなく、両面通行のコミュニケーションが成立している。そこでは、あるメッセージが伝達されるたびに、その返答等がさらに別のメッセージのための刺激となり、交互に送り手と受け手の役割が変わる双方向的なコミュニケーションが成り立つのである。

　実際のコミュニケーションの場面は、「話す」「書く」という情報発信の部分と、「聴く」「読む」という受信の部分で構成されている。したがって、情報を発信する側とそれを受信する側の双方に共同作業の認識がないと、コミュニケーションは機能しない。そこで、発信者のメッセージを積極的に受けとめる聴く力が求められることになる。

　本章では、ソーシャルワークをはじめとする対人援助の基本的な技法として、コミュニケーション技法について述べていく。ただし、ソーシャルワークにおけるコミュニケーションにおいては、技法を使う前に、ソーシャルワーカーの基本姿勢や態度が重要になる。それはすなわち、いかにしてクライエントに寄り添って「聴く」ことができるかということにかかっているのである。

（2）コミュニケーションの種類

　コミュニケーションには、話し言葉による音声言語を中心とする言語的な手段を用いた「言語的コミュニケーション」と、身ぶりや表情、視線、姿勢、服装といった非言語的な手段を用いた「非言語的コミュニケーション」がある。この両者が互いに相補性をもちながら、全体的なコミュニケーションを形成している。

1）言語的（バーバル）コミュニケーション

　言語的コミュニケーションとは、話し言葉や文字などを通したコミュニケーションのことである。私たちは日常生活において、会話や書かれたものによる「言葉」という言語的な情報を媒介として意思疎通を図っている。

　実際、他者との情報交換の多くは、言葉のやりとりによって成立している。また、感情の表現においても言葉は用いられており、内面も含めた事実や現象の大半は、言語的コミュニケーションによって伝達されるといえる。

2）非言語的（ノンバーバル）コミュニケーション

　非言語的コミュニケーションとは、言葉や文字以外によるコミュニケーションのことである。具体的には、身ぶり、手ぶり、表情、動作、視線、姿勢、声の調子、話す速度、位置関係、距離などを意味している。

　アメリカの心理学者、マレービアン（Mehrabian,A.）は、話し手が聞き手に与える影響はどのような要素で形成されるか測定し、「マレービアンの法則」を導き出した。そこでは、話し手の印象を決めるのは、言語情報（言葉・文字）による言語的コミュニケーションの要素は全体のわずか7％に過ぎず、残りは視覚情報（態度）55％、聴覚情報（声の調子）38％という、非言語の要素によって大部分の印象が決まると結論づけている[2]。

　非言語的コミュニケーションは、情緒を伝えたり、相互に心を通わせ、理解し合ったりするのに適している。そして先述のように、言語的コミュニケーションと非言語的コミュニケーションは相互補完的に機能している。したがって、対面では言語と非言語の両方を活かすことにより、はじめてコミュニケーションを図っていくことが可能となるのである。

2. ソーシャルワークにおけるコミュニケーション技術の重要性

（1）ソーシャルワークにおけるコミュニケーション技術の目的

1）信頼関係（ラポール）の構築からはじまる

　初対面の相手と話をするのは、誰でも何がしかの緊張を覚えるものである。相手がどのような考えをもっているのか、性格はどうなのか、私の気持ちを受けとめてくれるのだろうかといった、さまざまな思いが瞬時に心のなかをめぐる。そこでは、お互いに相手の心を探り合いながら、少しずつ共有できる話題を提示し、対話が進んでいく。

　しかしながら、初回面接といった、対人援助における援助者と被援助者（利用者、クライエント）の出会いでは、日常の人間関係のような手順やペースとは異なったプロセスで相手との信頼関係を築いていくことになる。特に援助を受ける側からは、相手は専門家であるという認識による気持ちの保障があるにせよ、出会って間もない見ず知らずの人に自分の悩みや苦しみを打ち明ける際、それなりの決意とエネルギーを要することは想像に難くない。その意味では、対人援助者には、クライエントとの信頼関係を築くためのコミュニケーション・スキル、すなわち高度な聴く技術が備わっていなければならないということに

なる。対人援助の分野では、クライエントとの信頼関係のことを「ラポール」（rapport）と呼んでいる。ラポールを形成するところから、実質的な援助ははじまるといっても過言ではない。

　松山真は、ソーシャルワークやカウンセリングにおける初回面接で、クライエントとのラポールを築くには、最初の15分が勝負であるとしている。15分以内にラポールを築くことができればその後の面接はうまく展開する可能性が高まり、逆に15分経っても十分なラポールが築けなければ、その面接は失敗に終わる可能性が高いということになる[3]。それほど、クライエントとの出会いの段階において信頼関係（ラポール）を取り結ぶことができるかどうかは、援助の成否のカギを握っているということである。

　逆に言えば、クライエントとの最初の出会いの15分間においてラポールを築くことができれば、その後の人間関係やコミュニケーションがうまくいくことにつながり、援助が成功する可能性が高まるということになる。筆者は、必ずしも初回の15分でその後の援助過程のすべてが決まるとは思わないが、一つの重要な目安として、最初の出会いにおけるクライエントとの信頼関係（ラポール）構築がポイントになることは間違いないといえる。

　「あの人とは相性が悪い」などと、普段よく耳にする言い方だが、対人援助の関係においても決して珍しいわけではない。そこには、クライエントとの間に十分な信頼関係（ラポール）が築けていないまま援助を展開しようとする援助者の勇み足の姿勢が垣間見える。やはり、クライエントとの信頼関係（ラポール）をしっかりと築くことが大切となる。

2）クライエントとの信頼関係（ラポール）を築くために

　コミュニケーションは、ソーシャルワーク実践において重要な要素である。援助の過程において、クライエントとソーシャルワーカーの間には、膨大な量のコミュニケーションが交わされ、そのやりとりを通じて、両者の間に信頼関係（ラポール）が築かれていく。そのうえではじめて、効果的な援助プロセスが展開されていくことになる。

　クライエントとの間にしっかりとした信頼関係（ラポール）が築かれなければ、問題解決を図るどころか、クライエントの抱える真のニーズさえ把握することは困難である。したがって、コミュニケーションについての知識と適切なスキルを身につける必要がある。ソーシャルワーカーにとって、コミュニケーションのあり方について学び、効果的なコミュニケーション技術を習得することは不可欠の要件といえる。

　なかでもソーシャルワーカーが、非言語的コミュニケーションを理解し、ソー

シャルワーク実践で活用することによって、クライエントに対する共感性、思いやり、あるいは尊敬の念などを効果的に伝えることが可能となる。

　そこでは、黒木保博も指摘しているように、ソーシャルワーカーは、この人ならばクライエントが本音を訴えられる、語ることができるという雰囲気を提供することが必要である。それはつまり、「この人なら聴いてもらえる」「この人に話せば、わかってもらえる」「この人ならこんな話をしても安心できる」という気持ちをクライエントがもつことを意味する[4]。

3）有効な援助を展開していくために

　ソーシャルワークの実践における援助の基礎となるのは、クライエントの話をしっかり「聴く」ことにある。これは、クライエントが言語的に伝えるものだけではなく、表情、動作、声の調子といった非言語的コミュニケーションにも気を配ることを含む。それらによって、言葉の背後にある感情に気づくことにつながる。

　このようにして得られた理解を、ソーシャルワーカーはクライエントに的確にフィードバックし、両者による相互作用を重ねながら援助のプロセスを展開していくのである。「話し上手は聴き上手」とは、まさによく言ったものである。

　クライエントの話を傾聴するうえで、ソーシャルワーカーは相手の話の背景にある思いや立場にも気持ちを向け、クライエントが抱える感情を理解しようとすることが肝要である。特に感情は、態度や表情といった非言語的な部分で表出されることから、非言語的コミュニケーションの機能もよく認識し、理解しておく必要があるといえる。

　ダンカン（Duncan,S.）は、非言語的コミュニケーションを次のように分類している[5]。

①ジェスチャーや身体の動き。これには顔の表情や眼の動き、それに姿勢などが含まれる。

②音質、訥弁*1、言語外の音声（笑い声、あくびなど）といったもの。

③3人（例えば、クライエント、クライエントの妻、ソーシャルワーカー）による空間の利用法や人が空間を利用して他者にいろいろな情報を伝達する方法など。

④香りや匂いなど嗅覚作用に関するもの。

⑤皮膚接触、もしくは皮膚で触感や温度などを感受するもの。

⑥どのような服装や化粧品などを用いて自己表現しているか。それにより何を伝達しようとするかなど。

　これらのように、非言語的な側面のコミュニケーション臨床場面や相談場面

*1　つかえつかえしゃべる話し方

で応用できるパターンは限りがなく、クライエントとの信頼関係を築いていくうえでも有効な手段となりうる。

（2）伝達と相互理解の促進

1）情報の共通理解

ソーシャルワーカーに限らず、対人援助をはじめ、より広くヒューマンサービスに携わる専門職は、半ば無意識に専門用語や略語を用いることが多い。例えば、先に触れた「ラポール（信頼関係）」や「クライエント（利用者）」「ケアマネ＝ケアマネジャー（介護支援専門員）」といったように、専門職間にしか理解できない用語を日常的に使用している。

しかし、援助者は、クライエントやその家族とコミュニケーションを図る際は、できるだけ専門用語を使うのを控え、誰もが理解できる平易な言葉を用いることを心がけるべきである。

2）インフォームド・コンセント等

近年、医療の領域を中心に、インフォームド・コンセント（informed consent）の概念および実施が重視されるようになってきた。これは、「説明と同意」「十分な説明を受けたうえでの同意」などと訳される。

つまり、患者は事前に医師等から説明を受け、十分な情報を得たうえで治療・検査に参加するか否か、他者から強制されることなく自己決定を行うということである。もちろん、治療・検査の実施後も、結果、病状、予後について十分な説明がなされるべきであることはいうまでもない。

ソーシャルワークにおいても、専門職が正しい情報をクライエント・家族に対してきっちりと伝え、納得のうえで援助に係る合意を得ることが重要であり、その必要性はますます高まってきているといえよう。

インフォームド・コンセントに限らず、重要な伝達を行う際には、行き違いや誤解等を回避するためにも、口頭だけではなく、できるだけ文書を用いて互いに確認しておくことが望ましい。その場合も、誰もが理解できる言葉を用いて、客観的に記述することが専門職には求められる。

３．ソーシャルワークに必要なコミュニケーション技術

（1）傾聴（active listening）

1）3つの「きく」

　ソーシャルワークやカウンセリングなどの対人援助において、例えばケースワークの面接場面では、援助者であるソーシャルワーカーは、どのようにクライエントに寄り添い、そしてクライエントの話を「きいて」いけばよいのだろうか。

　白石大介は、対話における「きく」という漢字には「訊く」「聞く」「聴く」の３つがあるとして、それぞれの意味の違いについて説明している[6]。

　まず、「訊く」という言葉は、言偏がついているように、言葉でいろいろと尋ねるとか質問するということを意味する。しかし、あまり矢継ぎ早に訊きすぎると、クライエントの反感や反発を招きかねないので注意する必要があるとしている。ちなみに「訊く」を英語にすれば、"ask" という単語に訳される。

　次に、「聞く」ということは、クライエントの言っていることを単に耳で聞き、事務的機械的に対応するといった、いわば物理的な反応になっていることを指す。英語では、"hear" に相当する。

　そして、「聴く」という言葉であるが、これは「心」という字が入っているように、相手の言わんとすることを心で受けとめ、心で返すという意味が含まれている。つまり、「からだで受けとめて聴きなさい」などといわれるように、話の知的な理解だけではなく、その背景にある感情を受けとめ理解することが、まさに「聴く」ということの意味になる。英語では、"listen" に相当する。

　上記のように、同じ「きく」という機能にも、実は異なった３種類の言葉があることがわかる。対人援助の面接を推し進めていくうえで、クライエントに質問事項があって、いろいろと尋ねたり訊いたりする必要もあるが、いきなりいろいろなことを質問攻めにしては、クライエントとの信頼関係は決して築けない。また、ときにはクライエントの言うことを聞き流すこともあるかもしれないが、いつも耳だけで反応していたのでは互いに心が開かれた対話にはならない。真の対話とするためには、いかに聴き上手になるか、ということが重要なポイントになるといえる。

　では、対人援助の面接において、援助者は何を「聴く」のだろうか。それは、もちろんクライエントが聴いてほしいと思っていることである。それには、クライエントの表面上の言動にまどわされることなく、冷静にクライエントが真

に望んでいることは一体何なのか、あるいはどうしてほしいと願っているのか
といったことをまずつかむ必要がある。そして、そのクライエントが求めてい
ることに対して、ソーシャルワーカーは専門家として何ができるのかをよく検
討し、見極めていかなければならないのである。

　そのためには、クライエントが話す事柄や主訴のみにとらわれずに、その言
外の意味についてもよく考慮し、言動の背景にある気持ちや感情を理解するよ
うに努めなければならない。

２）上手に聴くための姿勢と態度

　実際にクライエントの話を上手に聴くには、対人援助者として身につけてお
くべき基本的な姿勢がある。それは一般的に、受容、共感などと呼ばれている
態度をいう。そのことと関連するものとして、ソーシャルワークではバイステッ
ク（Biestek,F.P.）の「ケースワークの（７つの）原則」が有名である[7]。す
でに第１章（p.15参照）で述べられているので本章では説明を省略する。また、
これも先の参照箇所で取り上げられているが、改めて、代表的なカウンセリン
グ理論の一つである利用者もしくは来談者（クライエント）中心療法の創始者
ロジャーズ（Rogers,C.）によるクライエントのパーソナリティの変化、すな
わち治療過程が生じる条件のうち、カウンセラー側の要件としてあげられてい
る３つ（中核条件）を以下に紹介しておきたい。

①カウンセラーは、クライエントとの関係のなかでは内的な自己が一致してお
　り、統合されていること（純粋性）。

②クライエントを尊重し、無条件の肯定的な関心を示すこと（無条件の肯定的
　配慮）。

③クライエントへの共感的理解を行うこと（共感的理解）。

　これらのように、あるべき援助者の姿とは、自分の心を開き、クライエント
に対して不合理な防衛的態度で臨むことがなく、真実であり、率直で隠さない
純粋性を有している。そのうえで、クライエントをあるがままに受け入れつつ
関心や思いやりを示す温かさがある。そして、クライエントの立場に立って、
彼（彼女）が思ったり、考えたり、感じたりするように、カウンセラーも思っ
たり、考えたり、感じたりしていくのである。

　また、ロジャーズは、クライエントの話を傾聴する態度を"active listening"
と表現しており、積極的に聴くことの重要性を提唱している。そこでは、ただ
受身的に聴いていればよいということではなく、非言語も活用して積極的に関
心を向けて聴く姿勢で臨むという意味が込められている。ときには話の内容に
応じて適切な質問をはさみながら、専門家として確認する必要のあることもお

さえ、クライエントの気持ちや話の筋道などを適当に整理する機能も有していることが求められるのである。

（2）有効なコミュニケーション技法の実際

1）マイクロカウンセリングの「かかわり技法」に学ぶ

　対人援助における有効なコミュニケーション技法として、ここではアイビィ（Ivey,A.E.）が開発した、面接を中心とするコミュニケーション方法の体系であるマイクロカウンセリングを取り上げる。

　これは、カウンセリングという名前が付けられているが、それだけではなく、ソーシャルワークや教育、さらにはある種のビジネスも含めた、いろいろなヒューマンサービスに共通する基礎的な技法論として応用できる。そして、マイクロカウンセリングでは、非言語的コミュニケーションを活用した技法が重視されている。

　マイクロカウンセリングの基本的な枠組みは、カウンセリングで活用される技法を構造的に説明している。具体的には第4章「ソーシャルワークにおける面接技術」で解説しているが、図4－1（p.68参照）のように、三角形の階層図の下位部分が基本的傾聴の技法、中位部分が積極的なかかわりの技法、上位部分が統合的・応用的な技法として体系化されている。

　これらのうち、「かかわり行動」は、対人援助技術の基盤となる部分とみなされている。また、ソーシャルワークの援助場面や相談・面接に限らず、広く他者の話を受けとめて聴くときの基本的なルールともいえる。

　そして、聴き手であるソーシャルワーカーが最も注意を払わなければならないのが、クライエントの感情が表現された「重要語」をキャッチすることであろう。話が進むなかで、クライエントはさまざまな重要語を言葉にする。重要語はクライエントの主訴に関係が深いことが多く、その人の内的な感情表現を意味するととらえられる。例えば「つらい」「しんどい」といった言葉には、クライエントの悩みの核心部分につながる喜怒哀楽や不安といった種々の思いが込められていることが多い。

　ソーシャルワーカーが、話の展開のなかでこのような重要語をキャッチし、その言葉をつぶやくように繰り返せば、クライエントは自らの内面とかかわりながら会話が進んでいることをおぼろげに感じるようになる。さらに、クライエントに新たな気づきや洞察をもたらすきっかけを生むことにもつながるのである。

　重要語の反復と同様に、ソーシャルワーカーがクライエントの気持ちを理解

し、クライエントが抱いている感情を言葉にして返す（感情の反映）、さらにクライエントがはっきりと意識できていない複雑な思いを言葉で表す（感情の明確化）と、クライエントの気持ちは癒され、感情の浄化作用が促される。その結果、クライエントが抱える問題を解決するために必要な力が生まれることが期待されるのである。

2）非言語の表現に注目する「対決」技法

　次章の図4-1（p.68参照）の中位部分の「積極的なかかわりの技法」のなかで、ここでは一つだけ、「対決」の技法に触れておきたい。この技法が、コミュニケーションの言語と非言語の両側面と密接に関連する内容を有しているからである。

　面接等において、クライエントが話す内容（言語表現）と感情・態度・行動等（非言語表現）との間に、矛盾や不一致が見られることがある。例えば、クライエントが家族との死別の話題を語りながらも、表情に笑みを浮かべていることがある。また、楽しい思い出話をしていながら、その内容とは裏腹に視線に冷たさが感じられ、表情が曇っているといったことなどである。

　このような場合、ソーシャルワーカーは傾聴の態度を基本としながらも、クライエントの言動の矛盾や不一致を指摘して、フィードバックを重ねていくことがある。それによって、クライエント自身が現実の姿を認識し、自己理解を深めていく。そこでは、ソーシャルワーカーはクライエントが自らのなかにある矛盾や非一貫性を整理していく過程を支持しながら、問題解決に向けた援助を展開していくことになる。

　ただし、クライエントとの信頼関係（ラポール）が十分に構築されていない状況で「対決」の技法を安易に用いると、批判や人格の否定として受け取られてしまうことがあり、クライエントの衝動的な行動や面接の中断（drop out）を招いてしまうこともある。したがって、「対決」技法は慎重に用いるべきであり、状況によってはクライエントの矛盾や不一致をあえて指摘しないままクライエントの気づきを促す、あるいは待つという判断も必要となる。「対決」の技法が、マイクロカウンセリングにおいて「基本的傾聴の技法」よりも上位の「積極的なかかわりの技法」として位置づけられているゆえんである。

3）沈黙の意義と対処法

　ソーシャルワークのプロセスでは、クライエントとの面接等において沈黙の場面が訪れることがある。会話がとぎれて沈黙が続くと、往々にして気まずい雰囲気になるものである。また、その雰囲気がお互いの重圧となって援助関係

を必要以上に重いものにしてしまうことがある。

　しかし、専門的な援助関係においては、沈黙は否定的なものとはとらえない。むしろ沈黙とは、単に語られないということではなく、積極的で充実した存在として理解されるべきものである。したがって、沈黙とは、それをどのように活用するかによって援助の効果も変わってくると考えられる。

　一般に、面接場面での沈黙の意味は、クライエントが不安や緊張を感じている、話すことへの抵抗やソーシャルワーカーへの攻撃的感情を抱いている、自分の内面を洞察している、何を話せばいいのか当惑している、などと考えられている。ソーシャルワーカーが沈黙と向き合うためには、沈黙の意味を理解し、それに応じたかかわりを模索する必要がある。

　クライエントが不安や抵抗を感じている場合、ソーシャルワーカーは抵抗が生じるのは普通のことであると理解し、クライエントの態度を受容することが求められる。クライエントが自らの考えを整理し洞察を行っていると思われる場合の沈黙は、少し時間をかけて待ち、それでも続く場合は、沈黙になる直前の話題に戻り、話を再開させるのも一つの対処法といえる。

　ただし、ソーシャルワーカーの言葉や質問の仕方が不十分なため、クライエントが理解できていないこともある。そのときは、クライエントはどう答えていいのかわからず、沈黙が生じてしまう場合がある。このような状況は援助にとって有意義な沈黙とはいえないので、ソーシャルワーカーは自らの言動が相手にどう伝わっているかを十分に配慮する必要がある。

　いずれにしても、沈黙を尊重し、その意味を探りながらクライエントの話に寄り添う傾聴の態度が重要となるのである。

4）ボディランゲージを活用したソーシャルワーク実践

　ボディランゲージ（body language）は、非言語的コミュニケーションの一種であり、「身体言語」とも訳されている。言語以外の身ぶり・手ぶり、ジェスチャー等を用いて相手に意思を伝える方法であり、比較的接近した距離から親近感を示す手段としてとても有効とされている。

　ソーシャルワークの実践においては、何気なく身体接触等を用いて、感情や認知に関する情報を伝えるためのボディランゲージを用いる場面がしばしばある。ソーシャルワーカーが、意識的あるいは無意識のうちに行っているボディランゲージを、クライエントは接触している身体の状態からとても敏感に感じ取っているものである。

　たとえ同じボディランゲージで対応しても、受け取り方が異なることもある。また、立花直樹が指摘するように、ボディランゲージを特定のクライエントだ

けに実施することで、被差別意識や嫉妬を生み出すこともあるため、周囲の状況に配慮して用いることが不可欠である[8]。さらに、ボディランゲージを実践する場合は、セクシャルハラスメントと受け取られることもあるので、実践には信頼関係の確立が大前提になるといえよう。

【学びの確認】

①コミュニケーションの種類とその特徴にはどのようなものがあるでしょうか。
②コミュニケーションにおけるラポールの意義とは何でしょうか。
③ソーシャルワークにおける重要なコミュニケーション技術にはどのようなものがあるでしょうか。

【引用文献】

1）黒木保博「コミュニケーション技法」社会福祉教育方法・教材開発研究会編『新社会福祉援助技術演習』中央法規出版　2001年　pp.50-55
2）A.マレービアン著、西田司他共訳『非言語コミュニケーション』聖文社　1986年
3）松山真監修・指導『ビデオ　信頼関係を結ぶ面接技術　第1巻　初回面接での信頼関係の確立』ジェムコ出版　2003年
4）前掲書1）p.60
5）Duncan, S. Non-verbal Communication, *Psychological Bulletin*, Vol.72, No2,　1969年　pp.118-137
6）白石大介『対人援助技術の実際―面接技法を中心に―』創元社　1988年　pp.50-60
7）F.P.バイステック著、尾崎新・福田俊子・原田和幸訳『ケースワークの原則―援助関係を形成する技法―［新訳改訂版］』誠信書房　2006年
8）立花直樹「コミュニケーションの基礎」西尾祐吾・末廣貴生子編『社会福祉援助技術―保育・介護を学ぶ人々のために―』晃洋書房　2008年　p.54

【参考文献】

岩崎久志『対人援助に活かすカウンセリング―チーム支援、多職種連携に必要なコミュニケーション技術―』晃洋書房　2020年
黒木保博・山辺朗子・倉石哲也編著『福祉キーワードシリーズ　ソーシャルワーク』中央法規出版　2002年
佐治守夫・飯長喜一郎編『ロジャーズ　クライエント中心療法〔新版〕』有斐閣　2011年
諏訪茂樹『対人援助とコミュニケーション　第2版―主体的に学び、感性を磨く―』中央法規出版　2010年
相談援助演習研究会編『はじめての相談援助演習』ミネルヴァ書房　2015年
福原眞知子監修『マイクロカウンセリング技法―事例場面から学ぶ―』風間書房　2007年

第4章 ソーシャルワークにおける面接技術

【学びの目標】

　ソーシャルワークにおける面接とは、日常的な会話とは異なり、一定の目的をもってなされる意図的で構造的なコミュニケーションの一種である。ソーシャルワーカーが、クライエント（個人、家族、集団など）との援助関係を取り結び、アセスメントや問題解決という目的に向けて対話をし、ニーズを引き出し、また効果的な介入を行っていくために必要な技術（スキル）が面接技術である。ソーシャルワーク実践を具体化していくために、面接技術は非常に重要であり、面接についての知識が不足していたり、面接技術が未熟であれば、対人援助の取り組みは非常に難しいものになる。本章では、ソーシャルワークにおける面接の意義、スキルについての理解を進めることを目標とする。
① ソーシャルワークにおける面接の意義を理解する。
② ソーシャルワーク面接の技術（スキル）について理解する。
③ 面接技術を身につけることの意味を理解する。

1．ソーシャルワークにおける面接の意義

　ソーシャルワークにおける面接は、一定の要件のもとに、ソーシャルワーカーとクライエントの間に結ばれる援助関係を基軸として展開される専門的な援助活動の一つである。このような実践を行うときに忘れてはならないことは、援助活動というものが、価値・知識・技術をかけあわせたものであるということである。この3つのいずれが欠けても、その実践は不十分なものになる。したがって面接技術も、単に技術を身につければよいのではなく、援助の理念、思想としての価値に裏打ちされた技術を身につける必要がある。本節では、このようなソーシャルワークにおける面接について知っておくべき基本的な事項として、面接を行う際の心構えと、面接の構造について述べる。

（1）ソーシャルワーク面接の基本と心構え

1）面接の目的を明確にすること

　面接は、日常会話や単なるおしゃべりではなく、ソーシャルワーカーとクライエントが、お互いに確認し合った目的に沿って行われる意図的で対等なコミュニケーションである。ソーシャルワーク面接の目的とは、大きく分けて①援助関係の醸成、②情報収集、③問題解決に向けた介入、④援助関係の終結、の4つに大別することができる。クライエントとよりよい援助関係をつくり、何がどのように問題となっており、解決すべきことは何かを明確にし、具体的な対応策を講じていくすべてのプロセスにおいて、そこにかかわるソーシャルワーカーとクライエント、そしてすべての関係者との間で交わされるコミュニケーションは、この4つの目的に向けてなされる必要がある。これは援助者としてのアカウンタビリティ（説明責任）につながるものでもある。

2）短時間でくつろいだ援助関係がつくれること

　問題をもって相談を求めるクライエントは、援助や面接に対してさまざまな感情を抱いている。援助場面に限らず、はじめて人と出会うときは、相手がどんな人で、果たして自分のことを理解してくれるのだろうかといった不安や懸念を誰しも感じるものである。また、自分の力が及ばず、やむを得ず援助を求めるという状況では、無力感や屈辱感といった感情を抱くのは自然なことである。さらに、自分の意思に反して相談せざるを得ない状況であれば、援助者に対する抵抗を感じることもあるだろう。このようなクライエントが抱くさまざまな感情を理解し、受けとめ、クライエントが安心して問題解決に取り組んでいけるような専門的な人間関係を、早い段階で構築することが求められる。

3）状況を正確にアセスメントする必要があること

　クライエントの「ニーズ」には、クライエント自身が感じ、表現している「フェルトニーズ」、クライエントの抱えている課題に対してどのような支援が必要なのか援助者の知識を活用してとらえる「ノーマティブニーズ」、さらに、それらに基づいて現実に支援を必要とする援助目標としての「リアルニーズ」の3段階があるといわれている[1]。

　この3段階が相互に関連し合いながら面接プロセスが進んでいくことになる。こうしたニーズは、クライエントが置かれている状況を正確にアセスメントすることによって自ずと引き出されてくる。そのためには、面接のなかで「事実」と「感情」の両面についてクライエントから引き出し、受けとめ、解析し、

さらに必要なことを引き出し統合しながら進めていく必要がある。

4）傾聴すること

　クライエントとの援助関係を醸成し、アセスメントに必要な情報を得るための基本的な技術が「傾聴」することである。傾聴とは、ただ「ふん、ふん」と一方的また表面的に言葉を聞くということではなく、面接場面において援助者が五感をフルに活用して相手の言語的および非言語的な反応を受けとめ、それらが意味するものを積極的に聴きにいく、というスタンスである。本当に聴いてもらえたと感じる経験は、クライエントの不安や問題を軽くすることができるともいわれている。

5）情報提供・助言の仕方とタイミングを考えること

　相談面接の場面においてクライエントは何らかの問題を抱えている。そのために、当然「どうすればいいのか」という問いが発せられることになる。もちろん、問いに対する的確な答えを与えること、また必要な情報を提供することは、クライエントにとって不安や問題の軽減に役立つことになる。

　しかしながら、安易に答えやアドバイスを与えてしまうことによって、クライエントのソーシャルワーカーに対する依存が助長されることになったり、また、解決策を受け入れる準備が整っていないような場合は、本来ならば必要であったはずの援助が受け入れられなくなってしまうなど、結果的に援助が長引きうまくいかなくなることも多い。そのために、ソーシャルワーカーは、提供する情報や助言が、今、この時点でクライエントに必要であり、また受け入れられるのかということを見極めたうえで行う必要がある。そのためには、前述した傾聴のスキルを活用して、クライエントの状況を正確につかむことが必要となる。

6）何らかの結果があること

　それぞれの面接が終わった時点で、その面接のなかで、少なくとも何らかの結果、安心感、希望といったプラスのものをクライエントに渡せることが大切である。いわば、面接にやってきた甲斐があったとクライエントが感じることができるかどうかということだともいえる。1回や2回の面接では具体的に何も動かなかったとしても、クライエントにとって自分が受容されており、このソーシャルワーカーに相談することで、この先に何らかの光明が見出せるのではないか、と感じることができれば、それは十分に面接を継続する動機づけとなっていく。

（2）ソーシャルワーク面接の構造

　ソーシャルワーク面接には目的があり、その目的達成のために傾聴しつつ援助関係を醸成し、そのやりとりのなかで的確にアセスメントや情報提供、助言を行うことが基本であることを述べてきた。本項では、具体的に面接を展開する場合のソーシャルワーク面接の構造について述べる。

1）面接の時間

　面接を行う際に、一定の時間と空間を設定することは、ソーシャルワーカーとクライエント双方にとって一つの枠組みを与えることになり、これは援助構造として大切な要素である。こうした枠組みを設定することにより、お互いがその時間のなかで集中して対話をすることが可能になる。

　例えば、「今から面接をはじめます」といわれても、それが15分程度なのか、1時間続くのかわからない状況であれば、何をどこまで話せばよいのか迷ってしまう。また、クライエントとソーシャルワーカーの間で、時間の設定にずれがある場合、結果的に「自分の話をちゃんと聞いてもらえなかった」という不全感を残すことになる。したがって、今から行う面接が、どの程度の時間行われるのかということを前もって両者が了解することからはじめる必要がある。

　面接に必要な時間がどのくらいかということは、それぞれの面接状況によって差がある。通常、人が集中して会話できる時間は長くて1時間程度だといわれている。したがって、面接時間の一つの目安としては、1時間以内で終えることが望ましい。もちろん、クライエントがソーシャルワーカーのもとに相談にやってくる物理的、あるいは身体的な条件によって、何度も面接の機会をもつことができないような場合には、必要な情報を収集するために長めに時間を使うこともあるだろう。また、最初に設定した面接時間を途中で延長する必要が生じた場合も、ずるずると長引かせるのではなく、クライエントの疲労度に配慮して相互に確認して延長することが大切である。

　面接の進め方としては、週に1回とか月に1回といった定期的なインターバルで面接の回数や期間を約束しておく定時面接、また予約や決まった回数などにこだわらず、臨機応変に必要に応じて面接を行う随時面接とに分けられる。面接の目的が、援助関係の醸成やアセスメントのための情報収集である場合は、一定の時間を設定して落ち着いて面接を行えるため定時面接が有効であろう。ある程度援助関係ができ、問題解決の段階に入っている場合は、緊急性やタイミングによって随時面接を利用することでスムーズな展開が可能になる。

2）面接の空間

　面接を行う場所としては、まず、いわゆる面接室といわれる専用の部屋があげられる。クライエントのプライバシーが守られ、また適度な明るさ、快適な室温、適度な距離が保たれる椅子や机の配置などによって、落ち着いた気分で話に集中できる場であり、面接には欠かせない空間である。

　また、面接は、面接室以外の場所でも行われる。特に最近では、ソーシャルワーカーの方からクライエントの生活圏に出向いていくアウトリーチが重要視されており、クライエントの自宅や居室などを訪れて面接をする「生活場面面接」も重要な形態として位置づけられている。面接室は落ち着いた場所ではあるが、はじめて利用する者にとっては、緊張や不安を感じることも考えられる。しかし、自宅や居室など、クライエントの日常生活が営まれている慣れた場所での面接では、クライエントのペースで話ができたり、クライエントの生活の一端を垣間みることが可能となり、面接室という特別な場所では得られないクライエントの生活に関する重要な情報を得ることができるというメリットがある。逆に、クライエントが自分のプライバシーを侵されるような不安を抱くことも考えられるため、そうしたことへの配慮を欠かしてはいけない。

　もう一つの面接形態として、電話によるものがある。面接場面に足を運ぶ手間や物理的な負担が少ないということ、直接対面ではないことによって話しにくい内容でも伝えやすいということがメリットとなる反面、表情や態度が見えないこと、電話を切ってしまうことで一方的にコミュニケーションが断たれてしまうというデメリットもあり、こうした側面を十分に理解して対応する必要がある。

3）面接の過程

　ソーシャルワーク面接は、一定の目的をもって進められていく。その目的や内容によって面接の流れはさまざまであるが、いわゆる面接の起承転結[2]として次のような枠組みをもっておくと、今、面接がどのような状況にあるのかをつかみやすいだろう。

①導入と場面設定

　面接を行う場所が面接室であっても、生活場面であっても、まず最初に、ソーシャルワーカーとクライエントの座る場所や位置取りなどを決め、配慮して面接への導入を行うことからはじめる。そのときのクライエントの様子や立ち居振る舞い、座る場所、家族など複数である場合、誰がどこに座るかといったことなどを観察することからもすでに情報収集がはじまる。

　ソーシャルワーカーは、自己紹介をするが、そこには、自身の所属する機関

の機能や提供できるサービス、自分の役割などのわかりやすい説明が含まれている必要がある。次に、クライエントが、自らの意思で来たのか、あるいは誰かに紹介されて来たのかなど、どのような経緯で何を求めて来談したかを確認する。このような導入は速やかに次の情報収集へと移行される。

②情報収集と状況把握

ソーシャルワーカーは、クライエントの言語的および非言語的コミュニケーションの両方について傾聴し、また観察することを通して、基本的なクライエントの主訴、問題状況をつかんでいく。このとき、話をするクライエントに焦点を当て、彼らのストーリーを聴き、明確に表現されていること、隠されていること、現実に起こっている事実、クライエントの内面的な感情などフェルトニーズを理解することに努め、必要な情報を収集する。

状況を把握しながら、クライエントやその家族などがもっている強み、個人的な資源にも目を向け、単に情報収集をするだけではなく、ここまで頑張ってきたクライエントに対する支持や保証、タイミングとして必要であるならば情報提供や助言といったアクティブなかかわりも行う。こうしたかかわり方は、面接の各段階で必要とされる。

③ターニングポイントの把握と展開

ある程度情報収集が行われたら、中核となる問題と周辺的な問題を明確にし、クライエントとすり合わせつつ、そこで表されたノーマティブニーズについて共通認識をもつ。通常、問題が単一である場合は少ないので、対応するニーズの優先順位を決め、問題解決に向けた援助や目標、援助の方法、介入の方法やタイミングなどを設定して展開していく。ここで大切なことは、クライエントの自己決定を尊重することである。

定期的な面接を行って継続していく場合には、モニタリングを行い、課題達成の進展にしたがって評価をし、必要に応じて軌道修正する作業をクライエントとともに行っていくことになる。

④支持的終結

面接が1回で終結されることになる場合は、保留になっている問題がないかどうかを明らかにし、将来予測される問題が起こったときに、どのように対応するかを話し合っておく。定期的に面接を組んでいく必要がある場合には、その頻度や期間、今後の援助計画について確認をする。

援助活動において、終結をすることは大切な側面である。援助の終わりが近づいてきたとき、クライエントの分離不安が高まって、問題が再燃するようなこともある。そうしたことも配慮しながら、クライエントとともに問題解決のプロセスや、その過程におけるクライエントの強みを確認するなど、クライエ

ントが独り立ちできることを保証し、関係をうまく終結できるように働きかける必要がある。

2．ソーシャルワーク面接の技法

　前節で述べたようなソーシャルワーク面接を展開していくために、具体的にどのような技法を用いればよいのだろうか。第3章（p.49参照）で述べられているように、対人コミュニケーションには非言語的なものと言語的なものの両方があり、このいずれもがそこでの関係性にさまざまな影響を与える。ここでは、この非言語的および言語的な技法について具体的に説明していく。

（1）非言語的な技法

1）対人空間
　誰でも、自分の身体の周囲に、強度の異なる同心円の空間の層をもっているといわれている。周囲50センチ位の親密な領域、1メートル前後の個人的な領域、それ以上の社会的、公的な領域があり、他者がその領域のどこかに入ってくることで両者の行動に影響が現れる[3]。面接場面で対話するときは、お互いに自然な、ある一定の距離をあけて位置することになるが、座る位置、お互いの目の高さ、対面する角度などによって落ち着いて話せる場合もあれば、逆に緊張感が高まったりすることがある。このような対人空間は、コミュニケーションにおける非言語的な要素として大きな影響を与える。こうした要素について、ソーシャルワーカー自身のもつ対人空間の特徴と、それが相手に与えるであろう影響を十分に認識しておく必要がある。

2）かかわり行動
　カウンセリングや面接の技法を習得する方法として、アメリカのアイビィ（Ivey,A.E.）によって開発された「マイクロカウンセリング」では、さまざまな援助の場面において必要とされるスキルを、小さなステップに分け、それらをマイクロ技法と呼ばれる細かいレベルに分けて示し（図4－1）、ステップを踏んでそれぞれのレベルを訓練することによって総合的な面接技法が習得できると考えられている。このなかでも、特に、基本となる「かかわり行動」と呼ばれるスキルについては、専門的な援助場面ばかりではなく、教育、医療、ビジネスなどの場面においても、円滑なコミュニケーションや人間関係をつく

るために必要とされる非常に基本的な非言語レベルのスキルだとされている。

　かかわり行動とは、英語の "attending behavior" を訳したものであり、クライエントに対して、「この人は自分の方を向いてくれている、自分の存在や感情を受け止め尊重してくれているということが伝わる行動」を意味する。具体的には、5つの非言語的スキルをもってそれを伝えることになる（表4－1）。

図4－1　マイクロ技法の階層表

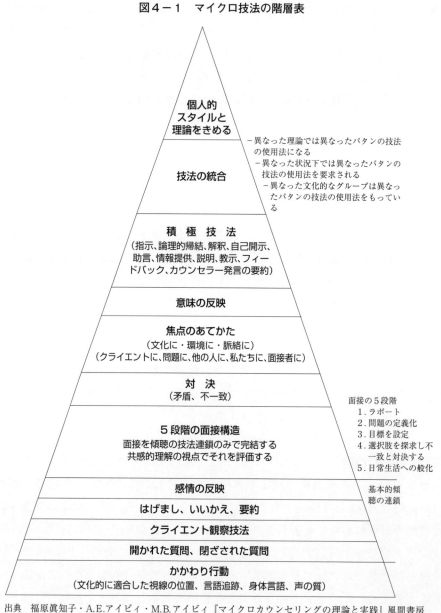

個人的
スタイルと
理論をきめる

－異なった理論では異なったパタンの技法
　の使用法になる
－異なった状況下では異なったパタンの
　技法の使用法を要求される
－異なった文化的なグループは異なっ
　たパタンの技法の使用法をもってい
　る

技法の統合

積　極　技　法
（指示、論理的帰結、解釈、自己開示、
助言、情報提供、説明、教示、フィー
ドバック、カウンセラー発言の要約）

意味の反映

焦点のあてかた
（文化に・環境に・脈絡に）
（クライエントに、問題に、他の人に、私たちに、面接者に）

対　決
（矛盾、不一致）

面接の5段階
1．ラポート
2．問題の定義化
3．目標を設定
4．選択肢を探求し不
　　一致と対決する
5．日常生活への般化

5段階の面接構造
面接を傾聴の技法連鎖のみで完結する
共感的理解の視点でそれを評価する

感情の反映

基本的傾
聴の連鎖

はげまし、いいかえ、要約

クライエント観察技法

開かれた質問、閉ざされた質問

かかわり行動
（文化的に適合した視線の位置、言語追跡、身体言語、声の質）

出典　福原眞知子・A.E.アイビィ・M.B.アイビィ『マイクロカウンセリングの理論と実践』風間書房
　　　2004年　p.19

表4－1　かかわり行動（Attending Behavior）

	かかわりを促進する	かかわりを阻害する
視　線	・相手を見る ・内容や状況に応じた自然な視線	・視線がはずれる ・キョロキョロする ・凝視する
表　情	・やわらかい自然な表情 ・自然な微笑み	・こわばった顔つき ・無表情
身体言語	・自然にリラックスしたポーズや動作 ・相手の方に向き、わずかに上体を傾ける ・自然なうなずき	・固い姿勢 ・大げさなジェスチャー ・自己接触行動や反復行動
声の調子	・暖かみのあるやや低めの声 ・自然なゆったりした話し方 ・状況にふさわしい言葉遣い	・ためらいがちな話し方 ・甲高いトーン ・事務的な口調
応　答	・相手の話に関心を向ける ・相手の反応に合わせた応答	・早合点な応答 ・話をそらしたり誘導したりする ・沈黙に耐えかねる

出典　福原眞知子・A.E.アイビィ・M.B.アイビィ『マイクロカウンセリングの理論と実践』風間書房　2004年
　　　に基づき筆者作成

①視　線

「目は口ほどに物を言う」ということわざもあるように、相手に関心を向けることはすなわち相手を見ること、相手の方を向くことである。視線を合わせないとか、よそ見をすれば無関心ととられるかもしれない。かといって凝視すれば脅威や不安を生じることにもなる。話の内容や相手の状況に応じてふさわしい視線を向ける（場合によっては自然にはずす）ことで、相手に対する関心を伝えることができる。

②表　情

固くこわばった顔つきは相手に緊張を与え、また無表情では何を考えているかわからず不安になる。相手に安心感や信頼感をもってもらうためには、自然でやわらかい表情がふさわしい。自然な微笑みは大切だが、例えば悲しい体験などが語られているような場面では、その話題にふさわしい真剣な表情であることで相手への理解が伝わる。

③身体言語

表情と同じく、身体の向きや姿勢、ジェスチャーなどによって非常に多くのものが伝わってしまう。緊張や固さがなく、自然な体勢で真摯に向き合う姿勢

を示すことで、クライエントにとってソーシャルワーカーが権威者ではなく対等な存在であることが伝わるであろう。身体言語に関しては、緊張や不安が高まると出やすい自己接触行動や反復行動（具体的には、顔や髪などを触る、指や手による反復行動、足を揺するなどの身体の動き、ボタン・服・ハンカチなどを弄ぶといった、いわゆる癖と呼ばれる一連の行動）について十分気づいておく必要がある。

④声の調子

何を話すかという内容（コンテンツ）に関しては、頭で考えるために意識に上りやすいが、声の大きさ、スピード、抑揚など、どのように話すか（プロセス）ということは意識されにくい。早口で事務的に対応されるとせかされる感じがし、間延びしていたり、ためらいがちな口調であれば、自分が尊重されているとは感じにくい。相手の状況や話題に合わせた声の調子、自然な話し方をすることによって落ち着いて話しやすい雰囲気がもたらされる。

⑤応答の仕方

原則的に、クライエントによってもたらされた話題や状況に基づいて応答をしていくことである。言い換えると、クライエントの話している内容に注意を払い、その動作や表情から手がかりを得るように努めることによって、クライエントは自分の言動に関心が向けられている、自分の存在や、自分の問題が大切に扱われていると感じることができる。逆にソーシャルワーカー主導で一方的に話したり、話題を誘導したりすると相手は自分の主体性がもてず依存的な関係性になってしまうことにもなりかねない。

（2）言語的な技法

面接において、前項で述べた非言語的な要素は重要なものであるが、基本的に面接は言語を媒介として行われる。言語的な技法としては、クライエントとのコミュニケーションを促進し、クライエントのもっている情報、内面的な感情など、クライエントの枠組みによるストーリーとして語ってもらうためのスキルがある。また、より積極的に、ソーシャルワーカーの枠組みを用いてかかわり面接を展開していくための技法がある。前者のクライエントのなかにあるものを引き出す技法を「傾聴反応」と呼び、また後者の積極的にかかわる技法を「アクション反応」と呼ぶ[4]。

1）コミュニケーションを促進し、引き出す技法（傾聴反応）
①話すことを促す

　あいづちをうつ、「えぇ」「それで？」「もう少し詳しく…」「どんなことでも、話しやすいことからはじめていただいていいですよ」などの促し、またクライエントが話した言葉の最後の数語をそっくりそのまま繰り返す、相手が話し出すまで待つ沈黙など、ソーシャルワーカーがしっかり聴いているということを伝え、さらに相手が話を続けやすいように促す技法である。相手にとってのキーワードを繰り返すだけでも、さらにそのテーマについての話が進めやすくなるし、「えぇ」という短いあいづち一つでも、そのトーンや声の大きさ、スピードなどによって何種類にも使い分けることができる。

②内容を明確にする

　相手の話の内容に積極的に焦点を当て明確にする反応のことである。相手の話の内容の前後関係などが不明確で、そのまま話を続けていくと、その内容が理解しにくいようなときに、相手の話の腰を折らないように注意して認知確認を行うことである。適切な明確化をすることによって、理解されていること、聴いてもらえているということが伝わる。またクライエントが自分の話を整理して話しやすくなることにもつながるし、聞き手の知覚の正確さをチェックすることにもつながる。

③繰り返す

　クライエントが話したなかで重要だと思われる言葉を、否定、肯定、解釈など一切入れないで繰り返すことである。繰り返しは、クライエントの述べた言葉の内容を確認したり、言葉の意味合いやそこに込められた感情をじっくりとかみしめることである。それによってクライエントは、落ち着いて自分の状況を受けとめることができ、クライエントの自己洞察が促進されるという効果ももつ。

④言い換える

　クライエントが伝えたことの内容を、その基本的な意味合いを変えずに、他の表現でより簡潔に伝え返すことである。適切な言い換えをするためには、クライエントの語る内容とその意図を正確に理解する必要がある。言いたいことはあるのだが、自分ではうまく伝えきれなかったことを、より適切に表現しなおしてもらえたときに、相手に理解してもらえたと感じることができる。

　うまく言い換えられず、クライエントにそうではないと応答される場合もあるが、その場合は、ソーシャルワーカーの理解が十分ではなかったことを謝罪とともに伝え、正確に理解するための対応を行うようにすることで、ソーシャルワーカーの理解しようとする姿勢を伝えることができる。

⑤共感的に反応する

　認知確認が、どちらかといえば認知的な側面での理解を伝える技法だとすれば、共感的な反応は情緒的、感情的な側面でのクライエントの状況の理解を伝える技法である。これは共感性を高めるために重要な技法である。クライエント自身が明に暗にもっている感情についての理解が伝わると、安心感や信頼感が増し、より自己開示的になり問題解決への勇気が与えられる。

　具体的には「○○さんは悲しい（または悔しい、不安な等）お気持ちでいっぱいなのですね」というように感情を指摘し、混乱したり矛盾している感情があれば、質問や明確化の技法を利用してクライエント自身が自分のなかに起こっていることを理解しやすくする。ただし、ここでのソーシャルワーカーの関心は、クライエントの気持ちを言い当てたかどうかということよりも、クライエントの気持ちを大切にしたい、わかりたいということを伝えることにある。同時に、クライエントの年齢、文化的な背景や性格などによって感情の表現を避けようとする人もいるということを理解しておくことも大切である。その場合は、より間接的な表現を使ったり、感情表現を強要しないよう注意する必要がある。

⑥要約する

　クライエントがある程度の時間をかけて話した量の内容をまとめて伝え返すことである。面接の終わりに、全体をまとめたり、面接の途中で話の内容が変わったり混乱してきたときなどに、整理をするために要約をする。要約を行うことによって、面接の構造化が可能になったり、またソーシャルワーカーが正確にクライエントの言いたかったことをとらえているかどうかを確認することができる。

⑦質問をする

　質問には大きく分けて閉ざされた質問と開かれた質問がある。閉ざされた質問とは「はい」「いいえ」などの形で答える、特定の必要な情報を引き出すための限定された質問である。閉ざされた質問は、ソーシャルワーカーにとって必要な情報を得るのに有効であるが、クライエントにとって話の自由度は低くなる。そのために閉ざされた質問が続くと「ソーシャルワーカーが質問役でクライエントが答え役」というパターンに陥り、クライエントが自ら発言しにくくなったり、会話が途切れてしまったり、次々と質問されることで、まるで尋問を受けているような気持ちになったりする。

　開かれた質問とは「何」「どのように」「どのような」という問いかけが入った質問や「そのことについてもう少し詳しく（具体的に・どんな感じだったか・何があったか等）話してもらえますか」などの依頼文を使って、クライエント

が自分の言葉で自由に答えることができる質問である。開かれた質問を効果的に使うことによって、閉ざされた質問よりもはるかに多くの情報を得ることが可能になり、面接の流れが変化し深まってくる。ただし、クライエントの面接への動機づけが高くない場合、あるいは、クライエントが話しにくい状況にあることなどで、まだ十分に信頼関係がとれていない段階では、答える側にとっての自由度が高い分、自分がしっかり話さなければという負担感を与えることにもなりかねない。そのようなときには閉ざされた質問を適切に組み合わせながら、クライエントが話したいことを話せるように対応していく。

　開かれた質問の形をとるもののなかで「なぜ？」という理由を問うものがあるが、これはとらえ方によって「なぜしなかったのですか（すればよかったのに）」のように批判的なニュアンスが伝わってしまい、責められているような感情を抱かせることにもなりかねない。何よりも、問題状況におけるさまざまな理由がクライエントにとって明白なのであれば、相談を求めてくる必要はないわけであり、こうした意味でも理由を問うことには注意が必要である。理由を尋ねる必要がある場合には、「～されたことの理由について話していただけませんか」という依頼の形にすることが望ましい。

２）援助者側の枠組みを用い面接を発展させる技法（アクション反応）

　クライエントの考えや感情を引き出す技法に加えて、ソーシャルワーカーの枠組みを利用してより積極的にかかわるための技法がある。面接では、クライエントが話すことが中心であり、これらのアクション反応と呼ばれる技法は、あくまでもクライエントにとって、また援助を進めていくうえで、こうした技法を用いることが適切で、なおかつ必要であると判断されたときに用いなければならない。この場合に必要なことは、特定性、具体性、クライエントの参画であり、ソーシャルワーカーが積極的にかかわることがクライエントにどのように認知されているのか、反応を確かめながら使っていくことが求められる。

①支持・是認する

　支持・是認とは、ソーシャルワーカーが、クライエントの行動や感情を励ましたり、勇気づけたり、それでよいと保証したりする応答である。失望や不安といった感情をもつクライエントをサポートするこの応答は、クライエントに力を与えるものになり得る。こうした応答をするときに、気をつけなければならないのは、励ましや勇気づけが口先だけの言葉であったり、単なる気休めになっていないかどうかということである。例えば、日常的な場面においても、困っている人に対して「大丈夫ですよ」という言葉をかけることがあるが、根拠もなく単にそう言われるだけでは、励ましになるよりも「この人は何もわかっ

ていない」という感情を抱かせることになってしまう。したがって、安易に支持、是認をするのではなく、クライエントの訴えを十分に聴き、ソーシャルワーカーが支持・是認することに明確な根拠がある場合に、その具体的な内容の説明と併せて表現することが望ましい。

②情報提供する

　クライエントに対して、必要な情報を伝えることである。すでに、1．（1）5）で述べたように、援助の場面において情報提供を行うときには、その情報が、今、本当に必要なものであり、クライエントがそれを受けとめることができるか、情報を利用することができる状態にあるのかどうかというタイミングを見計らって行うことが大切である。

③提案・助言をする

　相談援助という場面においては、具体的な提案、助言、いわゆるアドバイスが必要な場面は多い。当然ながら、ソーシャルワーカーの側は専門職として、クライエントよりも、何をどのようにすればよいのかという情報やアイデアなどの資源、またさまざまな経験則をもち合わせている。しかし、クライエントが十分にそのアイデアを受けとめる準備ができていない状況でアドバイスをした場合、それが「大きなお世話」や「一方的な押しつけ」ととられ、サービス拒否などにつながってしまう場合もある。そうなると、本来ならば必要だったかもしれない提案内容が、タイミングがずれたために有効な方法ではなくなってしまうことになる。

　このようなことが起こらないようにするためには、話し合いのなかでクライエントの状況をしっかり受けとめて理解し、その提案や助言が、現在のクライエントにとってどのような意味をもつのかを認識したうえで行う必要がある。また、クライエントに対しては、「〜しましょう」と一方的に伝えるのではなく、「〜してみることについてはいかがでしょうか」という提案の形をとる、もしくは、提案について相手がどう思うか考えを聞きながら進めていく方法をとることが望ましい。

④解釈・説明をする

　解釈・説明とは、クライエントが話した事項について、クライエント自身ではとらえきれずにいる漠然とした内容や心の動きなどを、ソーシャルワーカーが言語化して解釈することである。自分では不明確だったことについて新たな気づきや視点が得られて問題の理解が深まり、援助のプロセスを進めることが可能になる。しかし反面、その内容が的確でなかったり、クライエントがその解釈を受けとめられる状況にないタイミングで行われると、クライエントを混乱させたり、ソーシャルワーカーに対する抵抗や反感につながったりして逆効

果になってしまうこともある。この技法も、援助関係の深まり、クライエントの状況などを十分に理解したうえで、タイミングを見計らって行う必要がある。

３．面接技法を身につけるために

（１）自己覚知の重要性

　ソーシャルワークの面接場面で用いられるさまざまな技法は、日常的なコミュニケーションの延長線上にあるものである。例えば面接場面のみで用いられる特殊な技法は、それらを身につければ誰でも、誰とでも効果的な面接ができるようになるというものではなく、言い換えれば、多かれ少なかれ自分自身のコミュニケーションパターンは、専門的な援助面接の場面にも影響を与えることになる。

　一見よく似た問題や状況であっても、クライエントや彼らの問題は一人ひとり異なっているという個別化の原則があるように、面接場面における一人ひとりのクライエントとの望ましいコミュニケーションのあり方というものも、その場を構成するクライエントとソーシャルワーカーの関係性、クライエント、ソーシャルワーカーそれぞれの個人がもつ特性、さらには、そこで解決されるべき問題の性質によっても変化する。面接場面でなされる応答にも決まった答えがあるわけではなく、いくつもの応答が援助の可能性を広げたり、また狭めたりするということを理解する必要がある。

　一人ひとり異なるクライエントと、効果的な面接を展開できるように面接技法を学ぶということは、特定の技法を身につけるというだけではなく、面接場面、クライエント、そして自分自身に対する感受性を磨き、今、この場で起こっていることを的確につかみ、それに応じて適切に対応することができる柔軟性を身につけることも重要である。そのためには、まず自分自身のコミュニケーションのあり方、特徴、どのような場面でどのような反応をするのか、それは自分のなかのどこから出てくるのかに気づくことであり、同時に、そのような自分のもつコミュニケーションが、他者に対してどのような影響を与えうる可能性があるのか、ということを十分に知っておくことであり、このことは自己覚知をするということに他ならない。

（2）実践の重要性

　以上に述べたように、効果的な面接技法を身につけるということは、簡単にできることではない。援助専門職として実践を行っていくうえで、日々意識しながら磨いていかなければならないスキルである。技法というものは、その技法について知識として熟知していたとしても、それだけでは意味があるものではなく、実践に活かしてこそ役立つものである。それぞれの面接場面に適切なスキルが使えているかどうかについては、個々のスキルの意味と機能を十分に理解できているかどうかを絶えず確認する必要があるだろうし、また、実際にロールプレイングを行って逐語録を作成したり、面接場面の録画や録音を通じて、より客観的に自分の面接のあり方をフィードバックすることで学び続ける必要があるだろう。そのような努力を続けるなかで、その人なりの面接スタイルというものが確立されていくのである。

【学びの確認】

① ソーシャルワーク面接を行う際に、基本としてもっておくべき心構えと面接の枠組みとは何でしょうか。
② 非言語的および言語的な面接スキルを使っていくときに、心得ておくべきことはどのようなことでしょうか。
③ 面接スキルを身につけるということの意味はどのようなことでしょうか。

【引用文献】

1）小西加保留「保健医療領域における対人援助技術—「面接技法」と「アセスメント」を中心に—」『桃山学院大学総合研究所紀要』30（2）　桃山学院大学総合研究所　2004年　p.33
2）奥川幸子『身体知と言語』中央法規出版　2007年　pp.xxxiv-xxxv
3）津村俊充・星野欣生『Creative Human Relations Vol.Ⅱ』プレスタイム　1996年　p.279
4）渡部律子『高齢者援助における相談面接の理論と実際』医歯薬出版　1999年　pp.172-173

【参考文献】

井上深幸・趙敏延・谷口敏代・谷川和昭『みえるわかる対人援助の基本と面接技術』日総研出版　2004年
岩間伸之『逐語で学ぶ21の技法　対人援助のための相談面接技術』中央法規出版　2008年
奥川幸子『身体知と言語』中央法規出版　2007年
黒木保博・山辺朗子・倉石哲也編著『福祉キーワードシリーズ　ソーシャルワーク』中央法規出版　2002年
M.ハーセン・V.B.ヴァンハッセル編、深澤道子監訳『臨床面接のすすめ方　—初心者の

ための13章—』日本評論社　2001年

福原眞知子・A.E.アイビィ・M.B.アイビィ『マイクロカウンセリングの理論と実践』風
間書房　2004年

松田美幸『ケア・コミュニケーション』ウィ・ネット　2008年

渡部律子『高齢者援助における相談面接の理論と実際』医歯薬出版　1999年

<table>
<tr><td>

第5章

</td><td>

ソーシャルワークにおける
社会資源の活用・調整・開発

</td></tr>
</table>

【学びの目標】

　社会資源とは、ソーシャルワーカーが問題解決を行うために活用する個人・家族・集団・組織・地域のあらゆる物的・人的資源である。また社会資源には、情報資源や社会制度資源も含まれる。そしてソーシャルワーカーは、対象者のニーズを満たすために社会資源の活用を行うことが求められている。本章では、ソーシャルワーク実践に欠かせない社会資源について、その意味や範囲を理解したうえで、その活用・調整・開発方法について学んでいく。

① 　社会資源の活用・調整・開発の意義、目的、方法、留意点について学ぶ。
② 　社会資源の活用・調整・開発にともなうニーズ把握、提言、計画策定、実施、評価の実施プロセスについて学ぶ。
③ 　ソーシャルアクションの意義、目的、方法、留意点について学ぶ。

1．ソーシャルワークと社会資源

　ソーシャルワークにおいて、対象者のニーズを充足するためにさまざまな社会資源に結びつける「媒介機能」を果たすことは最も基礎的な支援方法といえる。つまり、対象者が抱える生活上の問題を解決するために「つなげる先」が社会資源なのである。ソーシャルワーカーは対象者が抱える多様で複雑なニーズに対応するために、あらゆる種類の社会資源についての知識を有しておかなければならない。

　『現代社会福祉事典』によると、社会資源は「ソーシャル・ニーズを充足するために動員される施設・設備、資金や物資、さらに集団や個人の有する知識や技能の総称」であると定義されている[1]。つまり社会資源とは、ソーシャルワーカーが対象者のニーズに沿った問題解決を行うために動員するあらゆる物的あるいは人的資源である。また、社会資源のなかには、不可視的な情報資源や社会制度資源も含まれる。そしてソーシャルワーカーは個人・家族・集団・

組織・地域に対する支援実践において、対象者のニーズを満たすために迅速かつ効果的に社会資源の活用を行うことが求められている。社会資源の活用とは、単に個々の対象者に対して必要な社会資源を仲介するにとどまらず、その社会資源が効果的に提供されるための調整、必要な社会資源が存在しない場合の開発や創造も含まれる。したがって本章においては、ソーシャルワーク実践における社会資源の活用・調整・開発の方法についてトータルに論じることとする。

　残念ながら、日本では社会資源をテーマにした実践研究の数自体が少なく、ソーシャルワークの実践において社会資源の活用・調整・開発の方法論についてはいまだに発展途上であるといわざるを得ない。その一方で、ソーシャルワーカーが現場において社会資源の活用・調整・開発を行う必要のあるケースは確実に増加している。白澤政和はその理由として、①社会福祉の動向が、従来の施設福祉中心の福祉から対象者の居住している地域社会を基礎とした福祉への重点移行、②社会福祉援助対象者の生活上のニーズの多様化・高度化、③高齢化社会におけるインフォーマルサポートとフォーマルサービスの連携と役割分担を明確化する必要性の高まり、④個人の援助レベル、地域での組織化レベル、政策レベルにおけるそれぞれが関連する社会資源の総体的ネットワークづくりへのニーズの高まり、⑤環境についての社会福祉援助方法の枠組構築への関心の高まり、⑥ケアマネジメントにおける個人のニーズと社会資源コーディネートの普及、⑦緊縮財源のなかでの社会資源の効率的かつ効果的利用の必要性の高まり、という7つをあげている[2]。

　このように、日本における社会情勢の変化によって地域を中心とした包括的な支援の必要性が高まり、それにともなって、社会資源の活用・調整・開発の実践に対する必要性が向上している。ソーシャルワーカーが支援する対象者が抱える課題も多様化・複雑化しており、医療や保健はもちろんのこと、まちづくり、災害、教育、文化、娯楽、スポーツ、就労、環境等の対象者の生活を支えるあらゆる社会資源につなげることが重要となる。もちろんこれらすべての社会資源を一人のソーシャルワーカーが活用しようとするのではなく、インフォーマルおよびフォーマルな支援者を仲介して社会資源につなげることが重要となる。

2．ソーシャルワークの実践理論と社会資源

　多くのソーシャルワーク実践理論において、社会資源の活用・調整・開発は最も基礎的で重要な構成要素の一つとして位置づけられている。例えば、ソー

シャルワークを専門職たらしめる象徴的理論ともいわれる「生態学的アプローチ」においても、社会資源の活用・調整・開発は中心的な実践理論として説明されている。生態学的アプローチを提唱した最も有名な人物であるジャーメイン（Germain,C.）は、ソーシャルワーカーは人と環境が織りなす相互作用の複合性を理解しつつ、人と環境の均衡ある調和を求めることをめざすとしており、人が環境における適切な資源にアクセスし、それを調整・活用することにより均衡のある調和が生じると説明している。また、生態学的アプローチとともに有名な「システム理論」においても同様に社会資源について言及されており、提唱者であるピンカスとミナハン（Pincus,A. and Minahan,A.）は、ソーシャルワーク実践において、人びとと資源システムとの連結や相互作用に焦点を置いて全体のシステムを機能させる重要性について言及している[3]。

　生態学的アプローチやシステム理論の影響を強く受けて統合的に発展したジェネラリスト・ソーシャルワーク・アプローチについても、社会資源の活用・調整・開発が当然重視される。ジェネラリスト・ソーシャルワーク・アプローチは、クライエントシステムを包括的にとらえる視座から、接近対象（ミクロ・メゾ・マクロ）に応じて柔軟に援助計画を実施、評価することのできる能力、発想力、想像力を有するソーシャルワーカーの変容を促すアプローチである[4]。

　特に2007（平成19）年度の社会福祉士及び介護福祉士法改正を受けて、社会福祉士（ソーシャルワーカー）養成においてはジェネラリストとしての実践的な価値・知識・技術の増進がテーマとされ、社会資源の活用・調整・開発も教育カリキュラムに明確に言及されることとなった。そのため、ジェネラリスト・ソーシャルワーク・アプローチをふまえた、領域に限定されない包括的な支援実践をめざした社会資源の活用・調整・開発の理論的枠組みが必要とされるようになった。

　さらに、2021（令和3）年の社会福祉士及び精神保健福祉士のカリキュラム改正においては、近年発生している孤立死やひきこもりなどの社会的孤立の問題、経済的困窮や低所得の問題、虐待や悪質商法といった権利擁護の問題など、複雑化・深刻化した生活課題を抱えた人々を支えるために、元来の領域や職域を超えた総合的かつ包括的な支援が展開できる社会福祉士（ソーシャルワーカー）養成が求められるようになった。ジェネラリスト・ソーシャルワークの視点からの社会資源の活用・調整・開発は、その支援方法の基盤として教育カリキュラムに位置づけられたのである。

　本書では、ジェネラリスト・ソーシャルワークの視点からの社会資源の活用・調整・開発において、デュボワとマイリー（Brenda DuBois＆Karla K. Miley）が構築した「資源マネジメント」の枠組みを実践理論として位置づける[5]。デュ

図5−1　資源マネジメント

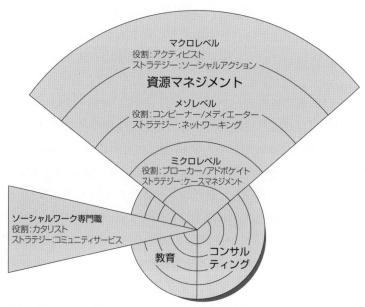

マクロレベル
役割：アクティビスト
ストラテジー：ソーシャルアクション

資源マネジメント

メゾレベル
役割：コンビーナー/メディエーター
ストラテジー：ネットワーキング

ミクロレベル
役割：ブローカー/アドボケイト
ストラテジー：ケースマネジメント

ソーシャルワーク専門職
役割：カタリスト
ストラテジー：コミュニティサービス

教育　コンサルティング

出典　ブレンダ・デュボワ&カーラ・K・マイリー著、北島英治監訳、上田洋介訳『ソーシャルワーク　人々をエンパワメントする専門職』明石書店　2017年　p.310

ボワとマイリーは、エンパワメントベースのジェネラリスト・ソーシャルワーク・アプローチの3つの機能として、「コンサルティング機能」「教育機能」そして社会資源の活用・調整・開発の方法論である「資源マネジメント」をあげた。さらに、資源マネジメントを実践するソーシャルワーカーは、図5−1に示すようにミクロレベルではケースマネジメント*1の手法を用いてブローカーおよびアドボケイトの役割を果たし、メゾレベルではネットワーキングの方法を実践しコンビーナーおよびメディエーターの役割を遂行し、マクロレベルではソーシャルアクションを実践し、アクティビストの役割を果たすと説明した。

*1　日本では介護保険導入後に「ケースマネジメント」を「ケアマネジメント」として統一して使用している。しかし、デュボワとマイリーの資源マネジメントの説明で「ケースマネジメント」が使用されていることから、ここではそのまま使用することにする。これ以後の文章では「ケアマネジメント」とする。

3．社会資源の活用・調整・開発の実践方法

（1）ジェネラリスト・ソーシャルワーク・アプローチに基づく　社会資源の活用・調整・開発の実践モデル

この資源マネジメントの考え方を社会資源の活用・調整・開発の枠組みに当てはめると図5−2のようになる。ソーシャルワーカーは対象者の生活課題に対して、個別および地域アセスメントを実施して課題やニーズを把握し資源マ

図5－2　ソーシャルワーカーによる社会資源の活用・調整・開発

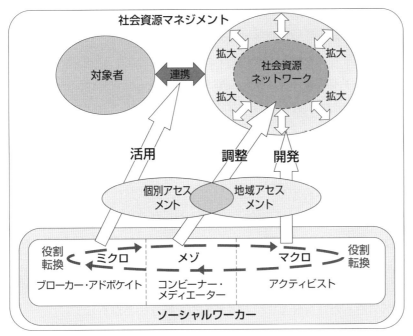

出典　高杉公人「ソーシャルワークと社会資源の活用・調整・開発の方法」相澤譲治監修、大和
三重編『ソーシャルワークの理論と方法Ⅱ』みらい　2010年　p.134を一部改変

ネジメントを実施する。そのためには対象者のニーズに合わせて、ミクロ（ニーズに合わせて社会資源につなぐブローカー、利用者の権利を擁護するアドボケイト）・メゾ（施設・機関内外の人や団体を場に集めるコンビーナー、施設・機関内外の人や団体同士の間をつなぐメディエーター）・マクロ（社会変革をめざした活動を行うアクティビスト）それぞれのレベルでの役割を臨機応変に演じることが求められる。

　そのうえで、ソーシャルワーカーは対象者のニーズに合わせて、フォーマル・インフォーマル、物的・人的な社会資源につなげて活用できるようにする「社会資源の活用」、そしてアセスメントの結果に基づき、対象者のニーズに沿った社会資源ネットワークを構築する「社会資源の調整」、そして地域において利用できる社会資源が存在しない場合には、社会資源を開発してつくりだす、あるいは機能していない資源を再資源化する「社会資源の開発」を実施するのである。

（2）ケアマネジメントの実践による社会資源の活用

　個人や家族などのミクロレベルにおける社会資源マネジメントにおいて、

ソーシャルワーカーはクライエントが社会資源に関する知識が乏しく、社会資源を使いこなす能力を必ずしも備えていない場合に、適切な社会資源にアクセスがしやすくなるよう支援する必要がある。山井理恵は、クライエントは社会資源に関して限られた情報しか得られないのに対して、ソーシャルワーカーは社会資源に関する情報を多く有しており、情報の「非対称性」が生じやすいことから、ソーシャルワーカーはクライエントに対してブローカーとして適切な社会資源の情報を提供することが重要であると述べている[6]。しかし、このような情報提供だけでは社会資源を自力で活用するのが困難な対象者も多い。その場合には、ソーシャルワーカーが教育や指導的支援を提供し、資源の活用をプラン化する必要がある。

　また、ソーシャルワーカーは、さまざまな生活に関するニーズを抱えているにもかかわらず、ニーズに気づいていない、もしくは自らSOSを発することのできない人々の権利を擁護し代弁する「アドボケイト」（代弁者）としても活動する。障害者や外国人等の声をあげにくい人々の潜在的ニーズを把握し、そのニーズに沿った社会資源につなげて支援を行う必要がある。

図5−3　ケアマネジメントの実践による社会資源の活用

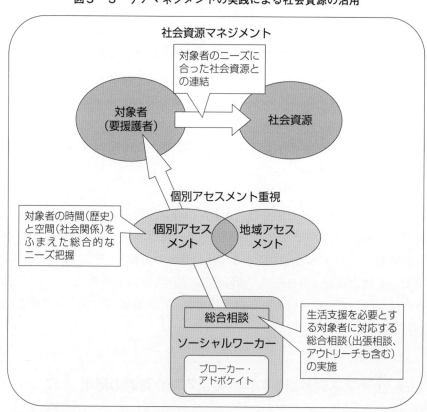

出典　筆者作成

　このような場合に、ソーシャルワーカーは「ケアマネジメント」を中心とした支援を展開する必要がある。ケアマネジメントとは、対象者の生活課題を解決するために、制度・非制度のサービスが効果的かつ合理的に提供されるよう調整・コーディネートする支援を意味する。

　ソーシャルワーカーは、生活支援を必要とする対象者に対応する総合相談（出張相談、アウトリーチも含む）を実施する。そして、個別アセスメントにより対象者の時間（歴史）と空間（社会関係）をふまえた総合的な生活課題の把握を行い、ニーズを満たすためにフォーマルおよびインフォーマルな社会資源に連結させて個別支援計画を立てるケアマネジメントを展開するのである（図5-3）。

　また、ケアマネジメントをストラテジーとして用いた社会資源の活用における、具体的なソーシャルワーク実践の場面例を表5-1に示しておく。

表5-1　社会資源の活用に関連するソーシャルワーク実践例（ケアマネジメント）

資源マネジメント	ストラテジー	ソーシャルワーク実践の場面例
社会資源の活用	ケアマネジメント	①個別支援計画の対象者を選定する ②対象者との信頼関係（ラポール）を構築する ③施設・機関が実施している権利擁護の取り組みを参考に対象者の尊厳を守る ④対象者に対してさまざまな専門職が行ったアセスメントの内容を確認する ⑤対象者の時間（歴史）と空間（社会関係）を意識したアセスメントを実施してニーズを把握する ⑥施設・機関が関係する社会資源および対象者の生活環境内の社会資源の役割や機能を確認する ⑦対象者のニーズに合ったあらゆる社会資源と連結させて個別支援計画を作成する ⑧作成した個別支援計画に対して、スーパーバイザーや他の支援者から評価・フィードバックを受ける

出典　筆者作成

（3）ネットワーキングの実践による社会資源の調整

　社会資源の調整を展開するうえで、ソーシャルワーカーは「コンビーナー」（招集者）として社会資源同士の関係を調整する。複雑で難しい生活課題を抱えた人々を支援するために、専門職や地域の支援者を招集してケース検討を行うことは、ソーシャルワーカーにとって重要な役割となる。さらに、地域全体で福祉課題を解決する取り組みを実施するために、さまざまな団体同士の代表者を招集し、会議を実施して組織化することも重要である。

　また、ソーシャルワーカーは「メディエーター」（媒介者）として、集団や

組織に介在してグループや組織を強化し、連携を促進する働きかけを行う。集団や組織同士の衝突が発生して対象者に提供するサービス低下を招かないように、集団や団体の間に入って調整役を担うのである。

　ソーシャルワーク実践において、社会資源の調整につながる支援方法の基盤となるのは「ネットワーキング」である。ネットワーキングとは、地域で生活をしている個人や団体、組織同士をつなげて有機的に機能させる支援プロセスのことを指す。ソーシャルワーカーが実践するネットワーキングは2種類ある。地域で生活課題を抱えた個人・家族のサポートをする人々をつなぎ合わせて機能化させた「個別支援ネットワーク」と、地域支援を行う専門職や非専門職の集団・組織が地域全体の課題に取り組めるように組織化する「地域支援ネットワーク」である。

　「個別支援ネットワーク」は、ソーシャルワーカーが総合相談を実施し、個別アセスメントで対象者のインフォーマルおよびフォーマルな支援者（人的資源）のネットワークの状況把握を行い、対象者の生活ニーズを総合的にサポートできる「ソーシャルサポートネットワーク」を構築することが必要となる（図

図5－4　ネットワーキングの実践による社会資源の調整（個別支援ネットワーク）

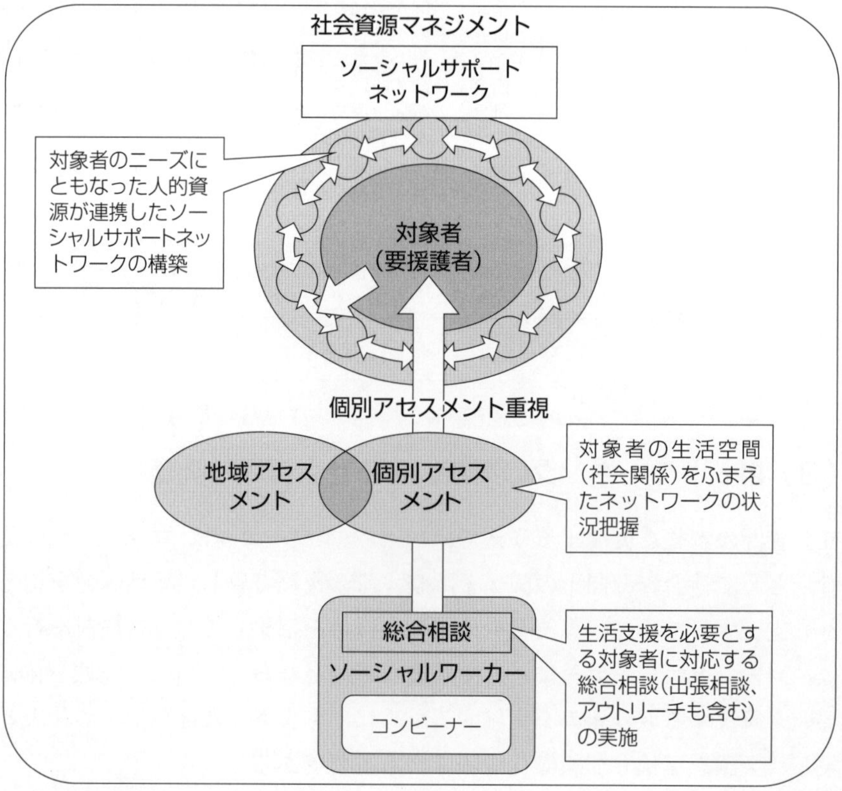

出典　筆者作成

5 - 4）。

　「地域支援ネットワーク」については、ソーシャルワーカーが対象者にアセスメントを行い、コレクティブニーズを把握する。そしてコレクティブニーズに沿って地域の支援団体（地縁組織、ボランティア、ＮＰＯ等）に働きかけて団体同士を組織化し、ニーズ解決に向けたアクションに取り組む土台づくりを行う（図5 - 5）。

　また、ネットワーキングをストラテジーとして用いた社会資源の調整に関する具体的なソーシャルワーク実践の場面例は、表5 - 2に示しておく。

図5－5　ネットワーキングの実践による社会資源の調整（地域支援ネットワーク）

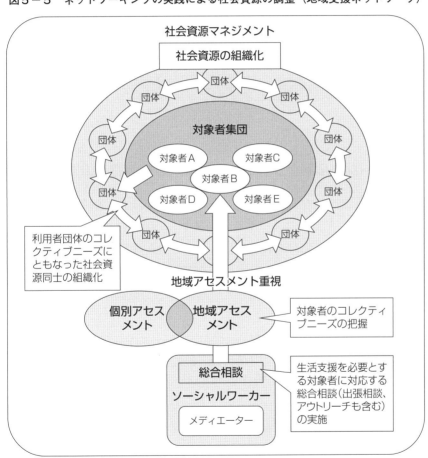

出典　筆者作成

表5−2　社会資源の調整に関連するソーシャルワーク実践例（ネットワーキング）

資源マネジメント	ストラテジー		ソーシャルワーク実践の場面例
社会資源の調整	ネットワーキング	個別支援	①施設・機関の組織内で行われる職員会議・委員会・事例検討について説明を受け、その意義や目的を理解する ②施設・機関の組織内で行われる職員会議・委員会で、専門職の連携と役割分担を確認する ③対象者の支援について話し合うケース検討会議に同席し、専門職および支援者の連携と役割分担を確認する ④地域ケア会議や支援調整会議等に出席し、専門職および支援者の連携と役割分担を確認する
		地域支援	①地域に存在する人的資源の役割や機能等について、社会資源マップや地域カルテ等に整理する ②地域の集団や団体の長が集まる代表者会議に同席し、その意義と機能について理解する ③地域の集団や団体等が連携を強化するネットワーク会議に同席し、その意義と機能について理解する ④地域の当事者団体が集まる会議に同席し、当事者組織化のプロセスを学ぶ ⑤地域住民の誰でも参加できる住民座談会等に参加し、地域組織化のプロセスを学ぶ

出典　筆者作成

（4）ソーシャルアクションの実践による社会資源の開発

　地域や支援システムを対象とするマクロレベルにおける資源マネジメントでは、ソーシャルワーカーは「アクティビスト」（活動者）として、社会的に弱い立場に置かれて声をあげられず生活にさまざまな課題を抱えている人々の声を代弁し、社会や政治に働きかけて改革や変革をめざした活動を行う。その一つの方法となるのが、地域に不足している、もしくは存在しない社会資源を開発する働きかけである。

　ソーシャルワーカーは、地域に対してインフォーマルな社会資源の量的拡大・質的充実の働きかけを行う。具体的には、地域に存在する社会資源の情報を把握し、利用できる社会資源が存在しない場合には、社会資源を開発してつくりだす、あるいは機能していない資源を「再資源化」する（図5−6）。例えば、地域の人々に住民座談会等の集まる場をつくり、地域住民の声をアドボケイト（代弁）して地域ニーズとしてまとめ、地域ニーズにともなった新しい活動を地域福祉計画や地域福祉活動計画等の事業として位置づける仕掛けを行う。福祉施設や機関については、社会福祉法人の「地域における公益的な取り組み」として、施設の社会貢献活動を促進する手助けを行うなどの方法がある。

　また、ソーシャルアクションをストラテジーとして用いた社会資源の開発における具体的なソーシャルワーク実践の場面例は、表5−3に示しておく。

図5－6　ソーシャルアクションの実践による社会資源の開発

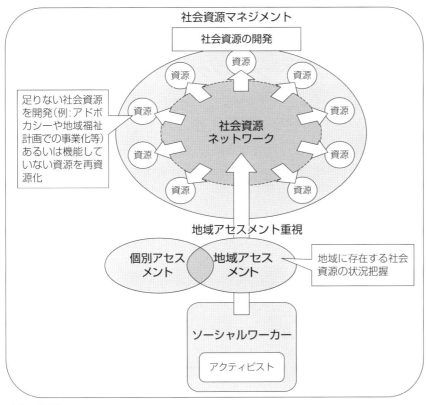

出典　筆者作成

表5－3　社会資源の開発に関連するソーシャルワーク実践例（ソーシャルアクション）

資源マネジメント	ストラテジー	ソーシャルワーク実践の場面例
社会資源開発	ソーシャルアクション（協働型）	①施設・機関が属する地域で不足あるいは機能していない社会資源について調べる ②地域アセスメントを行い施設・機関のある地域の社会資源を調べる ③地域福祉計画や地域福祉活動計画に関係する住民座談会に参加し、住民の声を聞いて地域のニーズと社会資源の照らし合わせを行う ④施設・機関が行っている社会福祉法人による地域における公益的な取り組みの実施状況を確認する ⑤地域で不足している社会資源を考案し、機能していない社会資源を再資源化する地域支援計画を作成する ⑥地域住民を招いて地域支援計画を披露し、参加者からフィードバック・評価をもらう ⑦地域支援計画で提案した社会資源について、地域福祉計画、地域福祉活動計画、地域における公益的な取り組みの事業に取り入れてもらうよう働きかける

出典　筆者作成

4．ソーシャルアクションの意義と目的

（1）日本におけるソーシャルアクションの位置づけの変化

　日本におけるソーシャルアクションは「社会活動法」とも呼ばれて、1950年代からソーシャルワークの間接援助技術の一つとして位置づけられてきた。そして、1960年代に入り、アメリカからロスマン（Rothman,J.）のコミュニティ・オーガニゼーション実践の３つのモデル（小地域開発モデル、社会計画モデル、ソーシャルアクションモデル）において、コミュニティ・オーガニゼーションの機能の一つとして位置づけられたことで、日本におけるコミュニティワーク（地域援助技術）の一つとしてとらえられることとなった。しかし、定藤丈弘によると「ソーシャルアクションはコミュニティワークの機能の一つであると同時に、従来のコミュニティワークには包含しえないソーシャルワークの実践方法論であり、かつコミュニティワークの類似概念である」としており、専門的援助としての位置づけはそれほど明確ではなかった[7]。

　1987（昭和62）年に日本で「社会福祉士及び介護福祉士法」が制定され、国家資格としての社会福祉士養成教育がスタートしたが、その教育カリキュラムのなかにソーシャルアクションは明確に位置づけられてはいなかった。それが、2009（平成21）年のカリキュラム改正において、ジェネラリスト・ソーシャルワークの視点が強調されるようになり、社会資源の活用・調整・開発や当事者組織化と関連づけたソーシャルアクションが取り上げられるようになった。しかし、カリキュラム上の位置づけは、ソーシャルワークの方法論の一つではなく、あくまで関連する活動の紹介にとどまるものであった。

　一方、2021（令和３）年の社会福祉士養成課程新カリキュラムでは、厚生労働省社会・援護局が示した「社会福祉士養成課程のカリキュラム（案）」において、ソーシャルワークの理論と方法（専門）の「教育のねらい（目標）」として「社会資源の活用の意義を踏まえ、地域における社会資源の開発やソーシャルアクションについて理解する」が位置づけられ、ソーシャルアクションがソーシャルワークの方法論として初めて明文化された[8]。今まで、国家資格である社会福祉士の養成において、国家への意義申し立ての側面をもつソーシャルアクションの明確な位置づけを行うことは難しいと考えられていたが、この結果に至ったのは、日本の急激な社会の変化と、それに対応するための社会福祉法制度の変化によるものと考えられる。

　近代日本では、新自由主義やグローバリゼーションの急激な広がりにより、

従来の高齢、障害、児童といった社会福祉制度による対象者の枠が拡大し、ひきこもりや新たな貧困に苦しむ生活困窮者、刑余者、外国人やLGBTQ等のさまざまな人々を支援対象とする必要が生じている。また、ダブルケアや8050問題といった複合化・複雑化した生活課題を抱えた人々も増加しており、従来型の対象者を限定した法制度では対応が難しくなっている。その一方で超少子高齢化の進行にともない、社会保障や社会福祉制度をこれ以上拡大することは難しく、制度中心の社会福祉支援では対応できないことは明確である。

　このような現状に対して、厚生労働省は「地域共生社会の実現」を目標に掲げて社会福祉制度の仕組みを根本からつくり変えている。従来の福祉サービスの対象にならない対象者や、複合的で難しい生活課題を抱えた人々を丸ごとサポートして自立に向かわせ、地域全体でそのような人々を支えるしくみをつくることを目標に掲げている。

　そして地域共生社会の実現に向けて、社会福祉士がソーシャルワーク機能を発揮することが期待されている。2017年（平成29年）2月に第9回厚生労働省社会保障審議会の福祉人材確保専門委員会は、「ソーシャルワークに対する期待について」そして同年3月に「ソーシャルワーク専門職である社会福祉士に求められる役割等について」を示し、「総合的な支援体制の構築」および「住民主体の地域課題解決を試みる体制づくり」を行うソーシャルワーク機能について言及した[9]。つまり、社会福祉士は、アウトリーチを行ってさまざまな人々の複合化・複雑化したニーズを把握して丸ごと対応する必要性を示すと同時に、社会福祉制度内のフォーマルな社会資源につなげる支援だけでなく、インフォーマルな社会資源の活用に加えて、地域住民の意識に働きかけて専門職と非専門職を組織化し、地域に必要な新たな社会資源開発を働きかけることへの期待が示されたのである。

（2）社会資源開発とソーシャルアクション

　先述したように、社会資源開発はソーシャルアクションと強い結びつきがある。ソーシャルワーカーはアクティビストとして地域に働きかけ、地域の社会資源の状況を把握し、不足している社会資源を開発し、機能していない社会資源を再資源化する役割を果たす必要がある。この社会資源開発の取り組みは、ソーシャルワーカーが地域と協働して行うソーシャルアクションの一環として位置づけられるが、それがソーシャルアクション機能のすべてとはいえない。

　髙良麻子は、社会福祉士や社会福祉協議会のコミュニティ・ソーシャルワーカーへのソーシャルアクションに関する実証的研究の結果を元に、「ソーシャ

ルワークにおけるソーシャルアクションとは、生活問題やニーズの未充足の原因が社会福祉関連法制度等の社会構造の課題にあるとの認識の元、社会的に不利な立場に置かれている人々のニーズの充足と権利の実現を目的に、それらを可能にする法制度の創設や改廃等の社会構造の変革を目指し、国や地方自治体等の権限・権力保有者に直接働きかける一連の組織的かつ計画的活動およびその方法・技術である。その主なモデルには、デモ、署名、陳情、請願、訴訟等で世論を喚起しながら集団圧力によって立法的・行政的措置を要求する闘争モデルと、多様な主体の協働による非営利部門サービス等の開発とその制度化に向けた活動によって法制度等の創造や関係等の構造の変革を目指す協働モデルがある」としている[10]。つまり、ソーシャルワークにおけるソーシャルアクションとは、サービスが届きづらい人々の声をアドボケイト（代弁）して集団行動を起こして世論に働きかけを行い、社会変革を行うことで福祉制度・政策の改廃や創設をめざす「闘争モデル」と、ソーシャルワーカーが地域住民と協働してアクションを起こし、インフォーマル資源の開発や制度としての位置づけをめざす「協働モデル」があり、社会資源開発はその後者に近いソーシャルワーク技術・方法といえる。

　類似したソーシャルアクションの概念整理として、室田信一はアメリカの経営学者フォレット（Follett,M.P.）が唱えた組織マネジメントのパワー（権力）を分析する視点を用いて、「ソーシャルアクションにおけるパワー・オーバーとは、当事者及びその関係者、協力者がある変化を求めるにもかかわらず、その変化を起こす力を自分たちが保持していないときに、その変化を起こすことができる権力者との間に成立する関係性を指しており、ロスマンの整理におけるソーシャルアクションの実践に当てはめることが出来る。また、パワー・ウィズとは、権力の抵抗ではなく自分たちの力を蓄える協同（co-operative）の取り組みの中に生じる力関係であり、ロスマンの整理における小地域開発に当てはまる概念である」とソーシャルアクションの考え方を説明している[11]。この考え方においても、パワー・ウィズの概念がすでに紹介した社会資源開発の実践方法に極めて近く、パワー・オーバーは社会的弱者が参加する社会運動により社会にインパクトを与えて、権力者に立ち向かうことで社会変革や権利体制そのものの変革をめざす対決型のソーシャルアクションといえる。

　ソーシャルアクションにおける「闘争モデル」や「パワー・オーバー」の実践については、国家資格にあたる社会福祉士が実践することは容易ではない。しかし、日本にも戦前から展開されてきた救護法制定運動のような社会運動が存在しており、現代の新たな貧困のように極めて解決が難しい社会問題に取り組むには、根本的に社会システムをつくり変える社会変革を重視したアプロー

チが不可欠であると考えられる。そのため、ここではあえて「闘争モデル」や「パワー・オーバー」を含めたソーシャルアクションの実践プロセスを示すものとする。

（3）ソーシャルアクションの実践プロセス

　ソーシャルワーカーによるソーシャルアクションは、図5－7に示す6つの局面を経て実践される。

①問題と要求の明確化
　ソーシャルワーカーは、社会福祉法制度やしくみから排除されていたり、制度の対象に当てはまらない人々が存在するという問題が発生したときに、その問題に対して何が問題なのか調査や学習会の実施により明らかにする必要がある。

②運動体の形成
　ソーシャルワーカーは問題提起を行い、活動を起こす運動体を組織化する。問題にかかわる当事者やその家族や関係者、そして問題意識を抱いて中心的に活動を行ってくれるキーパーソン等を集め、活動始動に向けて話し合いを行う。

③行動計画と対策案の策定
　コアとなる運動体が形成された後に、問題について理解を深めるために弁護士や専門家等を招いて専門知識を集め、丁寧に話し合いを重ねて課題の本質を見極め、具体的にどう行動するかについて合意形成を図る。

④広報・啓発活動
　ソーシャルワーカーが行うソーシャルアクションは、運動に対する世間の理解を促進し、支持層をいかに多く獲得できるかが成功のカギとなる。そのためには、さまざまな手段の広報・宣伝活動を行い、世論を味方にする活動が必要となる。
　宣伝チラシや街頭演説のような活動に加えて、マスコミに取り上げてもらえやすいキャッチコピーやパフォーマンスもときには必要となる。さらに、SNS等の効果的な活用も現代では必須である。

⑤具体的な要求活動
　議会や行政機関のような権限保持者に対して、社会福祉制度やしくみの問題を提示し、署名、陳情、請願や裁判闘争等を通じて団体交渉を行い、改善に向けた要求を行う。その際には、できるだけ交渉を可視化するために、具体的な交渉内容について記録を残しておくことも重要である。

⑥総括・評価
　ソーシャルワーカーは、運動体が今まで行ってきた活動を総括し、要求した

社会福祉制度の改善・創出や対応システムの構築が進んだかどうかを評価する。その結果、新たな課題が生じたり、改革が十分達成されないと判断されれば、新たなソーシャルアクションの課題を提議する必要がある。特に裁判闘争の場合は、判決の結果を受けて、当事者関係者の感情をくんだうえで、運動体としての要求がどれだけ受け入れられたか等を総合的に判断し、上告するか終結するかの判断を行うことになる。

図5-7　ソーシャルアクションの展開プロセス

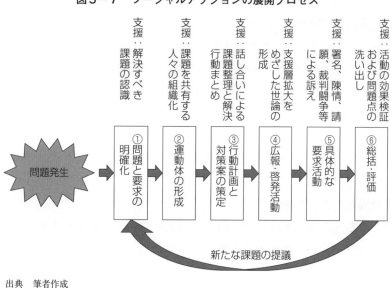

出典　筆者作成

5．社会資源の活用・調整・開発・ソーシャルアクションの実践で使用するアセスメント技法

　ソーシャルワーカーとして社会資源の活用・調整・開発やソーシャルアクションの実践にかかわる際にアセスメントは非常に重要になる。ソーシャルワーカーは図5-2（p.83）にあるように対象者の生活課題に対してアセスメントを実施し、課題やニーズに合わせて社会資源の活用・調整・開発を実践するが、その際に個別アセスメントと地域アセスメントの両方の視点をもって包括的に実施することができなければ、適切な資源マネジメントを実践することは不可能である。ここでは、ソーシャルワーカーが社会資源の活用・調整・開発・ソーシャルアクションの実践に携わる際に活用できる技法を紹介する。その際にソーシャルワーカーは、個別アセスメントと地域アセスメントの分析技法を、支援の方向に合わせてバランスよく選択して実施する必要がある。

（1）個別アセスメントの技法

　個別アセスメントは、ソーシャルワーカーが対象者の抱える生活課題やニーズを把握し、それを解決するために適切に社会資源を活用・調整・開発する際に重要となる援助技術である。その際にポイントとなるのは以下の３点である。
①対象者が抱える生活課題・ニーズを心理社会的（個人の問題、地域の問題、個人と地域との相互作用による問題）にとらえられているか。
②対象者の生活課題・ニーズを時間軸（ライフステージのプロセス）に沿ってとらえられているか。
③対象者の関係・ネットワークを空間軸（家族や地域住民との関係性や生活空間の状況）に沿ってとらえられているか。
　この３点をふまえて実施する個別アセスメントの分析技法を以下に紹介する。

1）エコマップ法

　支援の対象者と生活環境においてかかわっている人々や社会資源との関係性を図や線で表したものがエコマップである。ソーシャルワーク実践の現場においても、エコマップは最も広く活用されている技法の一つである。エコマップには中心に対象者のジェノグラム（３世代までの世代間の関係を図式化したもの）を描き、対象者の生活環境でかかわるさまざまな人々や利用可能な福祉サービス等をその周辺に描いて、関係性を線で示すことが一般的である。しかしながら、ソーシャルワーカーのアセスメントが不十分である場合、非常に限られた人間関係やフォーマルな福祉サービスのみが描かれることも少なくない。これを避けるために、人との関係性も家族のみならず親族や友人、サポートしてくれる地域住民も含めて広くとらえ、関係する福祉サービスも制度化されたものだけではなく制度外のサービスも含めて描くことが重要となる。

2）ライフヒストリー法

　ソーシャルワーカーが対象者の抱える生活課題を把握する際、課題が発生している現状だけではなく、その課題が発生した人生の経緯をとらえるために、対象者が今まで生きてきた人生を語りそれを記録する手法をライフヒストリー法という。ソーシャルワーカーは、対象者が現在抱えている生活課題に過去の人々とのかかわりや育った環境等が影響している可能性を鑑みて、人生全体の時間的経過をたどったデータを分析する必要がある。ライフヒストリー法を実践することで、現在の対象者の性格や価値観、人との関係形成の仕方等をより深く理解でき、支援を考える際につなげる社会資源の選定もしやすくなる。

3）ソーシャルサポートネットワーク分析

　地域で生活に関する課題を抱えた人々が自立した生活を送るためには、他者からのサポートが必要である。しかし、サポートはあくまで本人の意思が尊重され、自己決定によってなされるものでなければならない。このように、人々が日常生活を送るうえで、自己決定を尊重して主体的な「受援力」を高める機能を発揮する他者からのサポートを「ソーシャルサポート」と呼ぶ。そして、専門職と非専門職が連携・協働してソーシャルサポートが提供される支援体制を「ソーシャルサポートネットワーク」という。

　ソーシャルワーカーは、支援の対象者に対してソーシャルサポートネットワークを機能化させることが重要となる。ソーシャルサポートを提供する人々を「人的資源」としてとらえると、対象者の人的資源を調整して有機的なネットワーク形成を支援する必要がある。そのためには、アセスメントにおいてソーシャルサポートネットワークの状況を確認することは極めて重要となる。

　河野聖夫は、支援対象者の意思決定支援を促進させるためのソーシャルサ

図5-8　ソーシャルサポートネットワーク分析マップ

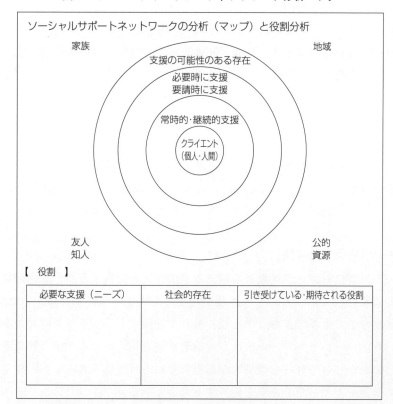

出典　河野聖夫「ソーシャルサポートネットワークの分析（アセスメント）とマップの活用」
　　　公益社団法人日本社会福祉士会編『意思決定支援実践ハンドブック―「意思決定支
　　　援のためのツール」活用と「本人情報シート」作成―』民事法研究会　2019年　p.58

ポートネットワークの分析マップを図5－8のようにつくり上げ、ソーシャルワーカーによる積極的な活用を推奨している[12]。支援対象者の個人を中心に置き、フォーマルな公的資源だけでなく家族、友人・知人そして地域のインフォーマルな人的資源を同心円状に配置し、ニーズに対してどのようなソーシャルサポートを提供しているのかを図式化して表すものである。簡単に使えるツールとなっており、ソーシャルワークの社会資源の調整においての活用が望まれる。

（2）地域アセスメントの技法

ソーシャルワーカーは、対象者の生活する地域のアセスメントを行い、社会資源の状況を調べ、地域ニーズ解決に向けて社会資源の活用・調整・開発を総合的に行う必要がある。その際にポイントとなるのは以下の4点である。
①地域の概況、歴史、文化を把握できているか。
②地域における統計的な特徴がとらえられているか。
③地域に存在する社会資源（人的資源、物的資源、制度資源、財源・予算、情報資源等）を把握できているか。
④地域の支援者や団体同士の組織ネットワークの状況が把握できているか。
　これらをふまえた地域アセスメントの分析技法を以下に紹介する。

1）社会資源リスト

ソーシャルワーカーは、利用者に対して新しく適切な情報提供を行うために情報を整理しておく必要がある。また、整理した情報を適切に保管し、必要なときに速やかに利用できるようにしておかなければならない。そのためには図5－9のような社会資源リストを作成しておくことを推奨する。

ソーシャルワーカーは常に社会資源に関する情報収集のアンテナを張り巡らし、情報を得たときに速やかに整理するよう努めるべきである。現代社会においては、ソーシャルワーカーが利用できる社会資源に関する情報ソースは多く存在する。市区町村の自治体が発行する「福祉の手引き」や社会福祉協議会等が地域の社会資源をまとめた「福祉マップ」など、すでに社会資源リストとして利用可能なものは常に自分の机上の手が届く範囲に置いておくことが望ましい。また、地域のソーシャルワーカー同士が集まる会合や研修などで交換した名刺やパンフレット等も大切に保管して図5－9のようにまとめてリスト化し、領域別にファイリングして使いやすいようにしておくことが重要である。

また収集した社会資源に関する情報はデータとして保管し、さらに発展させてデータベース化しておけば、情報更新が容易になり、情報検索時間の大幅な

図5-9　社会資源リスト（例）

法人名
施設・団体名
住所
電話番号
コンタクトパーソン
役職　　　　　　　　名前
提供するサービス
備考
情報源

出典　相澤譲治監修、大和三重編『ソーシャルワークの理論と方法Ⅱ』みらい　2010年
　　　p.139

短縮が可能になる等の多くのメリットを得ることができる。今後のソーシャル
ワークにおける社会資源の活用・調整機能の発展には、社会資源データベース
構築に向けた情報テクノロジーの活用は大きな一つのポイントである。

2）地域カルテ

　地域の概況を表す統計データや存在する社会資源、地域活動を行う組織団体
等をまとめて地域特性を把握する方法を「地域診断」と呼び、それをまとめた
ものが地域カルテである。ソーシャルワーカーが地域アセスメントを行ううえ
で、最も一般的に使われている。

　ソーシャルワーカーは自分の担当する地域の特徴を把握するために地域カル
テをつくっておくことが推奨される。基礎データを市役所のホームページ等で
集めるだけでなく、実際に市役所の福祉課や市町村社会福祉協議会を訪れて情

報を集めておく。地域カルテで集める統計データの範囲は、市レベルおよび自分のフィールドとなる地区レベルの両方を調べておくことが望ましい。

3) ステークホルダー分析

　ステークホルダー分析は、企業の経営戦略で広く使われている方法で、事業計画を立てる際に影響力をもつ「ステークホルダー」（利害関係者）とどのように連携・協働していくのかのアプローチ戦略を立てるために用いられる。ソーシャルワークにおいては、地域アセスメントにより地域のキーパーソンとなる人物を把握し、地域で新たな事業や取り組みに協力してもらうためのアプローチの仕方を考える際に有効である。また、社会福祉法人の各事業所が連携して実施する地域における公益的な取り組みを考える際に、各事業所の施設長や影響力のある職員を巻き込んで、ソーシャルワーカーがそれぞれの関心や影響力に合った協力の仕方をお願いする際にも用いることができる。

　ステークホルダー分析は、事業計画への関心度や影響力に合わせて図式化し、縦軸と横軸を描いてマトリックスで示す方法や、図5−10のように一覧で表す方法が用いられることが多い。

図5−10　ステークホルダー分析（一覧表タイプ）

氏名	影響力	関心度	ニーズ	アプローチ戦略

出典　筆者作成

4) SWOT分析

　SWOT分析とは、事業やプロジェクトの実施戦略を立てる際に、それを行う組織の強み（Strength）、弱み（Weakness）、機会（Opportunity）、脅威（Threat）の4つの視点から現状をマトリックスに書き入れて対策を考える方法である（図5−11）。SWOT分析では、組織の内部環境にある社会資源について、現

状での「強み」と「弱み」を自己分析し、将来的に発生が予測される外部環境としての「機会」を活かし「脅威」を回避するために社会資源をいかに活用するのかを考えることが重要となる。

　ソーシャルワークの現場では、施設・機関が新たな事業やサービスを展開する戦略を立てる際、現在存在する社会資源の強みや弱みを分析し、機会を膨らませて脅威を避けるための方法を考案する際に有効となる手法である。ソーシャルワーカーが提案する計画の実施シミュレーションをSWOT分析の手法を用いて行うことも推奨される。

図5−11　SWOT分析のマトリックス

外部環境 内部環境	機会 (OPPORTUNITY)	脅威 (THREAT)
強み (STRENGTH)	強み×機会 強みを活かした機会は？	強み×脅威 強みでどう脅威を 回避するか？
弱み (WEAKNESS)	弱み×機会 弱みで機会を失うのを どう避けるか？	弱み×脅威 最悪の事態を どう回避するか？

出典　筆者作成

5）ロジック・モデル

　アメリカスタンフォード大学の学生が立ち上げたシンクタンクであるアーバンインスティチュートが開発し、参加者が事業計画を立てる際にインプット（投入資源）からアウトプット（産出）までの戦略を考え、それからもたらされる効果を予測する技法をロジック・モデルと呼ぶ。この方法を用いることで、参加者が小グループになり、図5−12にあるフローチャートの内容を自由討議して考える参加型の計画づくりが可能になると同時に、参加者が計画のプロセスを確認し、課題や目標を実現可能なものに調整できる特徴がある。

　この方法は、ソーシャルワーカーが考える社会資源開発やソーシャルアクションの方向性がある程度固まっており、より計画を実施可能なものにする場面での活用が適している。また、多少プランニングのテクニックが必要となるため、地域住民が自由に集まる住民座談会よりも施設・機関の職員とのグループワークに向いている。

図5－12　ロジック・モデル

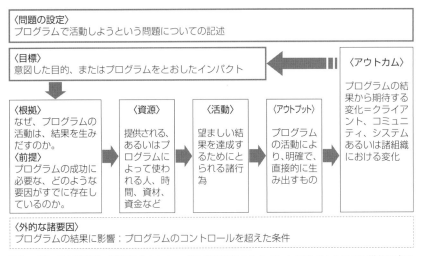

〈問題の設定〉
プログラムで活動しようという問題についての記述

〈目標〉
意図した目的、またはプログラムをとおしたインパクト

〈アウトカム〉
プログラムの結果から期待する変化＝クライアント、コミュニティ、システムあるいは諸組織における変化

〈根拠〉
なぜ、プログラムの活動は、結果を生みだすのか。
〈前提〉
プログラムの成功に必要な、どのような要因がすでに存在しているのか。

〈資源〉
提供される、あるいはプログラムによって使われる人、時間、資材、資金など

〈活動〉
望ましい結果を達成するためにとられる諸行為

〈アウトプット〉
プログラムの活動により、明確で、直接的に生み出すもの

〈外的な諸要因〉
プログラムの結果に影響：プログラムのコントロールを超えた条件

出典　認知症介護研究・研修仙台センター『地域高齢者の生きがいと健康づくりモデル構築に向けた自助・互助機能活用とソーシャルキャピタル指標開発の研究事業報告書』認知症介護研究・研修仙台センター　2011年　p.178を一部改変

【学びの確認】

①クライエントのニーズに沿った社会資源の活用・調整方法とはどのようなものでしょうか。

②どのような場合に社会資源を組織化する必要がありますか。また、社会資源を組織化・開発するのに有効な手段はどのようなものでしょうか。

③社会資源の開発の方法にかかわるジェネラリスト・ソーシャルワークの実践理論と社会資源開発の実践プロセスとはどのようなものでしょうか。

④ソーシャルワーカーが現代社会においてソーシャルアクションを実践する意義とはどのようなものでしょうか。

【引用文献】

1 ）仲村優一・岡村重夫・阿部志郎・三浦文夫・柴田善守・嶋田啓一郎編『現代社会福祉事典』全国社会福祉協議会　1996年　p.225

2 ）北島英治・白澤政和・米本秀仁編『社会福祉援助技術論（上)』ミネルヴァ書房　2002年　pp.33-34

3 ）Pincus, A. & Minahan, A., *Social Work Practice: Model and Method*, F. E. PeacockPublishers, 1973, p.15

4 ）仲村優一・一番ヶ瀬康子・右田紀久恵監修『エンサイクロペディア　社会福祉学』中央法規出版　2007年　p.668

5 ）ブレンダ・デュボワ＆カーラ・K・マイリー著、北島英治監訳、上田洋介訳『ソーシャルワーク　人々をエンパワメントする専門職』明石書店　2017年　pp.295-310

6 ）山井理恵「ソーシャルワークにおける社会資源の活用に関する検討（1）―ジェネラ

リスト・ソーシャルワークの視点から─」『明星大学社会学研究紀要（24）』明星大学
人文学部社会学科　2004年　p.62

7）定藤丈弘「資源の動員とソーシャル・アクション」高森敬久・高田真治・加納恵
　　子・定藤丈弘『コミュニティ・ワーク─地域福祉の理論と方法─』海声社　1989年
　　pp.149-157

8）厚生労働省社会・援護局「社会福祉士養成課程のカリキュラム（案）」2019年　p.21

9）厚生労働省社会保障審議会福祉部会福祉人材確保専門委員会「ソーシャルワークに対
　　する期待について」「ソーシャルワーク専門職である社会福祉士に求められる役割等に
　　ついて」2017年

10）髙良麻子『日本におけるソーシャルアクションの実践モデル─「制度からの排除」へ
　　の対処』中央法規出版　2017年　p.183

11）室田信一「社会福祉におけるソーシャルアクションの位置づけ」『社会福祉研究第129号』
　　公益財団法人鉄道弘済会　2017年　pp.23-32

12）河野聖夫「ソーシャルサポートネットワークの分析（アセスメント）とマップの活用」
　　公益社団法人日本社会福祉士会編『意思決定支援実践ハンドブック─「意思決定支援
　　のためのツール」活用と「本人情報シート」作成─』民事法研究会　2019年　p.58

【参考文献】

　阪口春彦「社会福祉分野における「社会資源の整備方法」─その概念と研究の必要性─」
　『社会問題研究第47巻第2号』大阪府立大学社会福祉学部　1998年
　坂田周一『社会福祉における資源配分の研究』立教大学出版会　2003年
　杉本照子・森野郁子監修、大本和子・笹岡真弓・高山恵理子編著『ソーシャルワークの
　業務マニュアル　実践に役立つエッセンスとノウハウ』川島書店　1996年
　社会福祉士養成講座編集委員会編『新・社会福祉士養成講座9　地域福祉の理論と方法
　─地域福祉論』中央法規出版　2009年
　高橋種昭・畠山龍郎編『社会福祉施設実践講座3　施設処遇と社会資源　施設処遇の社
　会化をめざして』東京書籍　1985年
　福富昌城「第5章　相談援助における社会資源の活用・調整・開発」社会福祉士養成講
　座編集委員会編『新・社会福祉士養成講座8　相談援助の理論と方法Ⅱ　第3版』中央
　法規出版　2015年　pp.106-126
　宮岡京子「社会資源へのアクセシビリティ」『ソーシャルワーク研究』Vol.16 No.2　相
　川書房　1990年　pp.99-104
　山井理恵「ケアマネジメントにおける社会資源供給者選択のキー要因─在宅介護支援セ
　ンターにおけるケアマネジャーを対象とした質的研究─」『日本の地域福祉18』日本地域
　福祉学会　2004年　pp.90-99
　山本美香編『地域福祉の理論と方法─地域福祉─』弘文堂　2008年
　Payne, Malcom. *Modern Social Work Theory 2nd Edition.* McMillan Press LTD, 1998
　Kirst-Ashman, K.K., & Grafton H.H., Jr. *Understanding Generalist Practice.* Nelson-
　HallPublishers, Chicago, 1994
　Netting, F.E, Kettner, P.M., & McMurtry, S.L. *Social Work Macro Practice 3rd Edition.*
　Allyn and Bacon, Pearson Education, Inc. 2004

第6章 ソーシャルワークにおける ネットワーキング

【学びの目標】

　ソーシャルワークにおいて、さまざまな「つながり」を活用しながら実践を展開していくことは当たり前になっている。伝統的に、ソーシャルワーカーはこうした関係を土台にして実践してきた。しかし、それまではサービス利用者との間の二者関係に注目されがちであり、それ以外のさまざまな「つながり」については、意識はしつつも、それらを効果的なものにしていく取り組みは十分ではなかった。この「つながり」に焦点を当てたネットワーキングという分野に日が当たるようになったのは、ようやく1980年代に入ってからである。

　近年では、さまざまな「つながり」なくしてはソーシャルワークの実践は成り立たないという点が共通認識になり、ネットワーキングに関する知識は、ソーシャルワーカーの常識になっている。ここでは、この「つながり」づくりの方法である、ネットワーキングについての基礎知識の習得をめざす。また、「つながり」のデジタル化・オンライン化が及ぼす影響について各自が考える契機にしたい。

① ネットワーキングと類似語であるネットワークの意味と分類を把握する。
② ミクロ・メゾ・マクロ各レベルでのネットワーキングの意義とそれらの重層的展開の必要性を理解する。
③ ネットワーキングをコーディネートする意味とその内容を学ぶ。

1．ネットワーキングの目的と意義

（1）ネットワーキングとは

1）ソーシャル・ネットワーキング・サービス（SNS）

　今日の社会生活においては、電子通信技術の発展にともない、仮想空間を介して各種のサービスを利用することが当たり前のようになっている。ネット通

販に代表されるような各種の物品の購入のみならず、公共サービスの利用や各種の申請手続きなども、自宅に居ながら、あるいは街中や移動中の電車のなかからでも可能になっている。

こうした仮想空間を介したサービスの一つとして、さまざまな人たちとつながり、コミュニケーションを可能とするアプリが利用されている。これらのツールの特徴は、そのツールの会員に限定されたサービスであり、言い換えれば会員の間であればバーチャルなつながりが構築できるという点であろう。Facebook、TwitterやLINEなどがその代表的なものとされているが、それらは総称してソーシャル・ネットワーキング・サービス（SNS）と呼ばれている。近年では、こうしたSNSを活用して、その加入者に対する公的なPRや広告も行われるぐらい広く普及し、単なる趣味的、プライベートな仮想空間と軽視することはできなくなっている。

ソーシャルワークでは、大雑把に言って何らかのつながりを構築していくことをネットワーキングと称しているが、今日では先のSNSのイメージもあってか、ネットワーキングといえばこうした意味、つまり仮想空間上のものとしてこの言葉をとらえる人が多い。しかし、ソーシャルワークのなかでは仮想空間ではなく、リアルな空間のなかでの人々のつながりを構築していく意味で、これまでこの言葉が使われてきた。ただし、実際のところ、そのつながりといっても、電話、メールや手紙でのつながりに終始していたり、あるいはそれこそSNSを介してつながっていたりしており、必ずしも対面でつながった関係に限定されなくなってきている。

2020年にはじまったコロナ禍のなかで、多くの人々がオンラインでつながるという体験をすることになった。もとからテレビ電話などの技術やサービスは存在していたのだが、これほど爆発的に利用が急増したのはコロナ禍が契機になってからであろう。ここにも、つながることが必ずしも対面に限定されたものではないこと、今後の電子通信技術の発展にともない、その影響をより強く受けていくことは容易に想像できる。ソーシャルワークのなかで使われるネットワーキングもまた、その具体的な内容や方法はそうした時代の変化に合わせて変わっていくものであることに留意すべきであろう。今後はネットワーキングのデジタル化は必須になってくると考えたい。

2）ネットワーキングの定義

上記のとおり、ソーシャルワークのなかでは、さまざまな人々の関係を構築していくことをネットワーキングと呼んでいるのであるが、ここではさらに学術的な定義を確認しておきたい。

　まず英語ではネットワーキング（Networking）とは動名詞になるので、それが何かの動作や行為を示していることが理解できる。つまり端的にいえば、ネットワークをつくることであり、そこから構築されたネットワークそのものをネットワーキングと称することもある。したがって、ネットワーキングの意味を確認するためには、まずネットワークについて触れる必要がある。

　ネットワークという用語は非常に多義的である。さまざまな分野でも用いられており、交通整理が必要な言葉であろう。先に述べた情報通信の世界では、LANなどのコンピュータ・ネットワークや通信ネットワークという意味であり、あるいはテレビやラジオでは放送網という意味で用いられている。また、電気回路をそう呼ぶこともあるし、医学や生物学では神経組織のあり様をネットワークと称している。組織社会学や経営学では企業や組織のつながりという意味でネットワークが使われているが、ソーシャルワークのなかでも、対人関係のみならず、組織同士のつながりを扱うこともあり、やはりそれらもネットワークと呼んでいる。

　このようにネットワークとはさまざまな分野で使われていて、使用者によって何を意味しているのかも異なってくるだけに混乱が起こるのであるが、ただ、いずれにも共通しているのは「関係の網」ということであろう。分野によって、この意味でのネットワークを構成している要素の一つであるノード*1はさまざまであるが、ソーシャルワークでのノードとは、人または組織、機関、集団、団体ということになる。そして、こうした単位からなるネットワークを構築していくこと、これがソーシャルワークにおけるネットワーキングの意味になる。

　ネットワーキングの概念自体は、社会学や経営学など多彩なルーツを有しているが、なかでも社会運動論の系譜からの影響が大きい。その概念形成に強い影響を与えたリプナック（Lipnack,J.）とスタンプス（Stamps,J.）は、1982年に「ネットワーキングとは、他人とのつながりを形成するプロセスである」[1]と述べ、アメリカにおけるさまざまな社会運動の事例を紹介している。ソーシャルワークにおけるネットワーキング概念も基本的にこのリプナックとスタンプスの考え方の影響を受けつつ、それ以外に社会学などのネットワーク論の流れもそこに合流する形で発展してきたものである。

3）ネットワークの種類―中心点（エゴ）あり

　ネットワークの構成要素であるノードが人、組織などに大別されるのであれば、当然、ネットワーキングもそれに応じた種類があることになる。また、ネットワークという場合は、その関係網の中心点（エゴ、核）のある・なしで区別され得る。そこで、先にネットワークの種類から見ていくことにしたい。ネッ

*1　ノード（Nodes）
リンクと並んでネットワークの構成要素の一つ。ネットワークは、図6-1（p.106）のように、点（円）と線によって描かれるが、この点にあたるものをグラフ理論でノード（接点）と呼んでいる。Vertexともいう。最も単純なネットワークは、二つのノードとその間に結ばれた線（リンク、エッジとも）から構成される。

トワーキングの意味も、このネットワークの種類に対応して分類されることになる。

　まず、中心点のある・なしについて見ていきたい。中心点がある場合はエゴありネットワーク、それがない場合はエゴなしネットワークと称される。前者でいうエゴとは、すなわちそのネットワークの持ち主であり、通常、そのネットワークは、中心点からリンク（タイ）[*2]が伸びたスター状に描かれる。またエゴがない場合は、ネットワークというその言葉どおりに複雑な網状で描写される。ゆえにネットワーキングとは、これら2種類のネットワークづくりという行動を意味し、それぞれに分類できる（図6−1）。

図6−1　2種類のネットワーク

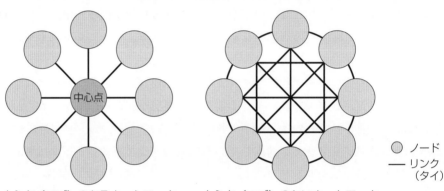

中心点（エゴ）のあるネットワーク　　中心点（エゴ）のないネットワーク

出典　筆者作成

　次に、中心点のあるネットワークの場合は、その中心点が誰なのか、人、それとも組織や団体などなのかによって種類が異なってくる。中心点が人であり、そのネットワークを構成する他のノードもまた人である場合、それは社会学などで社会ネットワークと称されるものとなる。通常、ソーシャルワークのなかで取りあげられてきた社会ネットワークといえば、クライエント（サービス利用者）が有するネットワークである。

　この意味での社会ネットワークにおいて、中心点に位置づけられるクライエントは、その生活に必要なさまざまなサポートを、自ら関係を結んださまざまなノード（相手）から得ている。この様子からクライエントの社会ネットワークは、ソーシャルサポートネットワークとも呼称されてきた。つまりネットワーク（社会ネットワーク）づくりを意味するネットワーキングとは、クライエントのソーシャルサポートネットワークを構築する、あるいは既存の社会ネットワークをよりサポーティブなものに改編していくという意味になってくる。

*2　リンク（Link）
図6-1のように、ノードの間に結ばれた線（リンク）からネットワークは構成されるが、グラフ理論では線を辺（エッジ）と呼ぶ。ノードが人や組織の場合、リンクは「絆」「紐帯」（タイ）として見なせる。この「絆」は、結び合った双方の間で何らかの資源やコストが流れるパイプとしての意味をもつ。

　次に、社会ネットワークでその中心点がソーシャルワーカーである場合は、ソーシャルワーカー個人の対人関係網ということになるが、その構成するノードをソーシャルワーク業務を遂行する過程でつながっていった相手に限定した場合、それは専門職ネットワーク（職種間ネットワークとも）と称される。この場合の専門職ネットワークのノードは、ソーシャルワークを実践するうえで必要な関係を結んださまざまな専門職が多くを占めることになる。このネットワークは、その中心点にある専門職の有能さ（コンピテンス）を、専門的な対人的つながりの豊富さ、種類の多さの形で支えている。ここでいうネットワーキングとは、あるソーシャルワーカーがこうしたネットワークを自ら形成していく、あるいはその構成内容をより充実させていくという意味に他ならない。

　最後に、中心点が福祉サービスを提供する機関・事業者・団体など（以下、福祉サービス提供組織という）の場合は、組織間ネットワークと呼ばれるものになる。このネットワークの場合は、ノードも組織や団体になる。当たり前であるが、組織もまたその目的を果たし、あるいは機能を発揮するために他の組織とつながっていく必要性がある。その結果、形成されたのがこの組織間ネットワークになる。このネットワークもまた、必要に応じて改編、拡張していく必要があるだろう。組織間ネットワークのレベルにおけるネットワーキングとは、この意味で福祉サービス提供組織が自らの組織間ネットワークを構築、再編、拡張をしていくことに他ならない。ただし、組織のつながりといっても、実際は各組織の担当者がつながっているのであり、組織間ネットワークとは、実質的には中心点の組織の担当者を中心とした各組織の担当者のネットワークになる。

　ここまで述べてきたことをまとめると図6－2のようになる。

図6－2　中心点の違いによるネットワークの種類

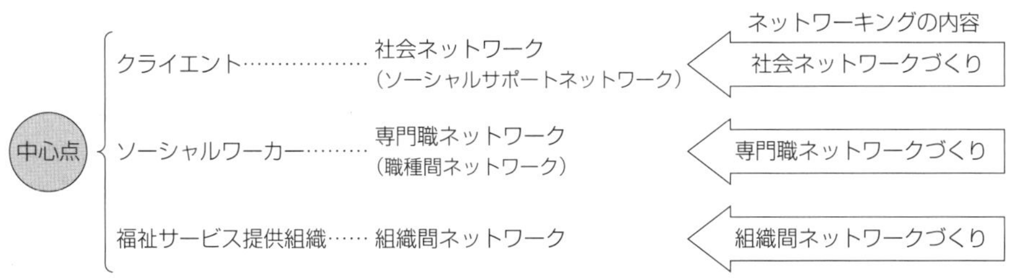

出典　筆者作成

4）ネットワークの種類―中心点（エゴ）なし

　先に中心点のあるケースで、ネットワークの種類とそれに対応したネット

ワーキングの分類を行った。次に、中心点のないネットワークにおけるネットワーキングの意味を見ていくことにしたい。

　中心点のないネットワークとは、そのネットワークに特定の持ち主がいないことを指す。それは文字通りの網状のつながりの総体であり、お互いに関係し合った全体であることから、ノードが人であれば集団、組織などの場合は例えば企業グループなどのイメージに近い。ただし集団は時間と場を共有している人たちの全体のことを意味するが、中心点がない場合のネットワークは必ずしも一同が会することが条件になっておらず、かつそのメンバーシップが緩い点が特徴になる。つまり、直接的な接触がなくても相互に何らかの関係があればよく、また、その関係が特定の目的や関心のために形成されるような緩やかなものである場合、それは中心点のないネットワークということにある。

　特定の目的や関心を有する人の集まりという点では、例えば、セルフヘルプグループなどと同じであるが、それと比べ、中心点のないネットワークは必ずしも実際に毎回集まるとは限らない点や、そのメンバーになるために一定の条件やルールなどが必ずしもあるわけではないこと（言い換えれば、そこから抜け出すハードルも低い）、あっても緩やかである点でやはり異なっている。会合があってもその参加は強制されず、また加入と脱退も自由である。簡単にいえば、何らかの共通目標を有する緩やかな関係網であり、「集団」というほどには凝集性は高くない集まりと見なせるだろう。ただし、この点はあくまでも理論的な区別であり、実際は先のセルフヘルプグループのあり様もさまざまで、それがネットワーキングかどうかはそれほど明確ではない。

　次に、その構成するノードが何であるかに応じて、中心点のないネットワークにもいくつかの種類がある点に注目してみたい。その場合、大きくは構成するノードが人である場合と、組織、機関や団体である場合に大別できる。人である場合は、それが専門職か非専門職かによってさらに分類可能になる。ノードが組織などの場合、実際に関係を築いているのはそれぞれの組織の担当者である。その点に注目すると、特にノードが福祉サービス提供組織の場合は、組織間の中心点のないネットワークといっても、実質的には各組織に所属する専門職同士の中心点のないネットワークと構成が重なってくる。

　以上が、中心点のないネットワークの種類になる。これらの緩やかな関係網を構築していくことが、この場合のネットワーキングという意味になる。そして話が複雑なのは、この中心点のないネットワークそれ自体をネットワーキングと称することがあるためである。そうなると、ソーシャルワークの観点から見てネットワーキングには、以下の3つの意味があることになる。

①ソーシャルワーカーが支援するクライエント、ソーシャルワーカー自身、あるいはソーシャルワーカーが所属する福祉サービス提供組織などが、それぞれが中心点であるネットワークを構築、維持、再編、拡張していくこと。
②クライエント、ソーシャルワーカー自身、あるいは福祉サービス提供組織が、ある目標を共有する相手と中心点のないネットワークという緩やかな関係網を構築、参加、維持、再編、拡張すること。
③②で形成された緩やかな関係網それ自体。

構築：新たにネットワーク（中心点あり、なし）をつくり上げること
維持：構築したネットワークの有用性を維持すること
再編：ネットワークの中身を必要に応じて取り換えること
拡張：必要に応じて新たなノードとのリンクをネットワークに追加すること
参加：既存の中心点のないネットワークに参加すること

　ソーシャルワーカーにとって、どの意味でのネットワーキングも必要な実践であり（①と②）、あるいはその対象や支援の成果（③）でもある。これらさまざまなネットワーキングを駆使しながら、それらをクライエントの支援につなげ、あるいはサービス提供の環境を充実させていくことが大切になってくる。その意味では、ネットワーキングとはそれ自体が直接的にクライエントの問題解決の方法と同等ではないが、問題解決に資するという意味では、サービス環境に働きかける間接援助技術として位置づけられるものである。

（2）ネットワーキングの意義

1）ネットワークの構造的側面と機能的側面

　なぜ、ソーシャルワークにおいてネットワーキングが必要とされるのだろうか。それは、なぜ、さまざまなネットワークを構築し、改編していかなければいけないのか、という問いに置き換えることができるだろう。その答えを探るために、そもそもネットワークにどのような意義があるのかを確認してみたい。
　ネットワークとは、上述したように中心点のある・なしにかかわらず、関係網として定義づけられるものである。この関係網は2つの要素から成り立っている。1つはノード間の関係（リンク、タイ）に表される構造であり、もう1つはその関係をパイプに見立てるとそのなかに流れているものである。後者は、ネットワークの機能的な側面に着目したものと理解することができる。
　前者の構造的な側面では、どれだけの関係（リンク、タイ）が結ばれたのか、どのような相手（ノード）と関係が結ばれたのかという点が評価されるだろう。結ばれたタイの数が多ければ、サイズの大きいネットワークと称される。ま

た、関係を結んだ相手同士が相互に顔見知りである割合が高い場合、そのネットワークは密度が高いことになる。密度が高いネットワークとは、ノードの多様性が乏しいことを意味している。例えば家族以外の知り合いが少ない、あるいは特定の団体やコミュニティの関係者に知り合いが限定されているなどである。これとは逆にさまざまな背景を有する多様なノードとのつながりが多くなれば、ネットワークの密度はその分、低下していく。

　次に機能的な側面であるが、それは個別のリンクを介して得られる資源である。ここでいう資源とは、問題解決やニーズの充足に役立つものすべてを総称したものである。つまり、中心点のあるネットワークの場合、その核であるクライエント、ソーシャルワーカー、あるいは福祉サービス提供組織は、自らのネットワークを介してこうしたさまざまな資源を周囲のつながりから調達しているといえる。ここに、それぞれのネットワークというものの意義が存在しているといえるだろう。この調達する資源は、ネットワークのサイズが大きいほど、密度が低いほど、多様な種類が得られる可能性が高まると考えられる。

　クライエントが中心点にあるネットワークを例にあげれば、クライエントにとっては自分が抱える問題の解決を図るために、適切な資源を自己の社会ネットワークから調達できるよう、自らネットワークを構築し、サイズを大きくし、あるいは内容を再編成していく努力、つまりクライエント自身がネットワーキングを行っていくことが欠かせない。ソーシャルワーカーにとって、このクライエントのネットワーキングを側面的に支援することが重要になる。ミクロ的な意味でネットワーキング介入の意義がここに存在している。ただし忘れてはならないのは、ネットワーキングの主体はあくまでもクライエント本人であるという点である。ミクロ的なネットワーキング介入は、必然的に側面支援という性格を逸脱してはならないことに留意したい。

　同様の観点で、ソーシャルワーカー自身、あるいは自己が所属する福祉サービス提供組織が、多様なクライエントに対して、多様なニーズに対応した資源を調達してくるために、自らの専門職ネットワークや組織間ネットワークを絶えず再編成し、必要に応じてサイズを拡張していく、すなわちネットワーキングが不可欠になる。こちらは、メゾ・マクロ的なネットワーキングということになり、それらを行うことで、クライエントにその成果が及ぶという意味で、文字どおりに間接援助技術としての性格が色濃い。

2）ネットワーキングとコーディネーション
　ネットワーキングを行う際に注意しなければならない点はさまざまあるが、大きくは次の3点である。1つは、必要な資源を調達してくるためにネットワー

クのサイズを大きくし、あるいは多様なノードとのリンクを確保していくことによって資源調達の可能性を高め、調達できる種類の幅を広げることである。しかし「下手な鉄砲も数撃ちゃ当たる」ではないが、むやみにサイズを大きくするというだけでなく、今、必要な資源は何か、それはどこから調達すればよいかをきちんとアセスメントしていく能力が求められてくる。

　2つ目に留意すべき点は、関係を築くとそれを通してその相手から資源を調達できることになるが、同時にそのリンクからはさまざまなマイナスの影響（コスト）も生じ得るということである。関係を結んだ相手との相性、専門性や組織文化の相違などによってストレスがもたらされることもあり得る。関係づくりにはどうしても時間がかかるのもコストの1つであろう。こうしたコストをうまく処理していくことが求められてくる。

　そして3つ目には、ネットワークを維持していくこと自体にも相応のコストが生じるということである。相手との関係維持のメンテナンスを怠ると、その関係が自然消滅してしまうことが起こる。相手組織の担当者が変わるとき、後任者に挨拶をしておかないと相手から自組織の存在を忘れられてしまうかもしれない。この2つ目と3つ目の点があるからこそ、ネットワーキングにはネットワークを維持・メンテナンスしていくためのコスト管理的なスキルが欠かせないことが理解できるだろう。

　この維持・メンテナンスの際に求められるのがネットワークをコーディネートしていくことである。つまり、ネットワークは資源調達の源であると同時にさまざまなストレス発生源やコストがかさむことも生じ得るため、常に「資源調達＞ストレス・コスト」になるように心がけ、あるいはメンテナンス自体にかかるコストを減じるように努める。これがネットワーキングにおけるコーディネートの本質的な意味になる。こうした労力のうえで、ネットワーキングのそもそもの目的が果たされるのである。

　この意味では、ソーシャルワーカーはネットワーキングにおける「調整者」としての役割を果たしていると考えてよい。ただし、クライエントレベルのネットワーキングの場合、あくまでもクライエントによるセルフ・コーディネートが最優先されなければならない。つまり、中心点のある・なしにかかわらず、クライエントによるネットワークづくりという意味では、その主体性はクライエントにある。したがって、ソーシャルワーカーはクライエント自身のコーディネートスキルを高めることを優先しなければならない。その範囲においてソーシャルワーカーによるコーディネートのスキルが補完的に発揮される。それゆえに、この場合はソーシャルワーカーの役割は「調整者の伴走者」という例えがふさわしいだろう。

２．ミクロ・メゾ・マクロの重層的なネットワーキング

（１）ミクロレベルのネットワーキング

　先に、ネットワーキングの種類を述べてみた。ここではその分類をふまえたうえで、ミクロ・メゾ・マクロの各レベルのネットワーキングを例示し、それらが重層的に展開されることの必要性を述べていく。

１）クライエントの中心点のあるネットワーキング

　先の繰り返しになるが、ミクロレベルのネットワーキングについて触れる。まず、中心点のあるネットワークでは、クライエントは自らが構築した周囲との関係の全体（社会ネットワーク）からさまざまな資源を調達して生活を維持している。その資源調達が首尾よく行われている限りにおいて、そのクライエントの生活は支障なく営まれていると見なすことができる。しかし、何らかの理由で資源調達がうまくいかなくなった場合、あるいはこれまでの資源調達では対応しきれない問題が生じた場合に生活が行き詰まってくることになる。新規ケースの場合、この段階でそのクライエントはソーシャルワーカーとつながることになり、ソーシャルワーカーによる支援が開始される。つまり、ソーシャルワーカーという存在も、そのクライエントにとっては、自らの社会ネットワークにつながっているノードの一つに過ぎない、ということを意味している。

　ソーシャルワーカーとつながった（元々つながっている場合も含む）クライエントは、そのリンクから得られる資源を活用して、自分の社会ネットワークを拡張したり、改編したりする。すなわちネットワーキングを自ら行うことで、支障を来した生活の改善や向上をめざしていく。重要な点は、このネットワーキングの主体はあくまでもクライエント自身であり、ソーシャルワーカーはその「伴走者」になるということである。したがって、ソーシャルワーカーが提供する資源とは、クライエント自身のネットワーキングを円滑に進めるうえでの支えになるものでなければならないだろう。

　具体的には、ソーシャルワーカーは情緒的サポートの提供に加えて、クライエントのネットワークに関するアセスメント結果に基づいて、いかなる相手とつながれば良いかについての情報提供や助言、紹介を行い、クライエントが自らのネットワーキングを首尾よく果たしていくことの側面的な支援を行っていく。これがミクロレベルのネットワーキングの基礎となる。

2）クライエントの中心点のないネットワーキング

　ミクロレベルのネットワーキングでもう一つ忘れてはならないのが、クライエントの中心点のないネットワークづくり、という意味でのネットワーキングに加わるということである。こちらは誰が持ち主でもない、網状の緩やかな人々の集まりで、セルフヘルプグループなどがこれに近い。ここで重要なのは、この緩やかな集まり全体を一つのノードと見なし、つながる対象として扱うことができるという点である。つまり、クライエントがそのネットワークの一員になるということ、先のセルフヘルプグループをネットワーキングに見立てると、そのメンバーになることは、言い換えれば、そのクライエントの中心点があるネットワークに、この中心点のないネットワーク（この例でいえばセルフヘルプグループ）が一つのノードとして加わったことを意味する（図6-3）。

図6-3　中心点のないネットワークとあるネットワーク

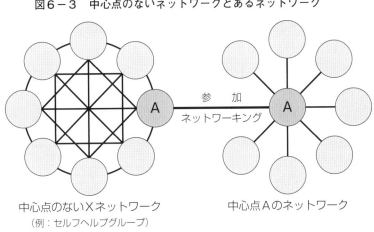

中心点のないXネットワーク　　　　　　中心点Aのネットワーク
（例：セルフヘルプグループ）

出典　筆者作成

　クライエントの社会ネットワーク（中心点のあるネットワーク）の状況をアセスメントした結果、そこに何らかの不足している資源があれば、新たな調達先を見つけ、クライエントがそことつながっていくことが求められる。その際に、この新たな資源調達先の一つとして、中心点のないネットワークの存在がクローズアップされるかもしれない。先の例であったようにセルフヘルプグループのような地域の社会資源を普段から把握しておき、それが必要なクライエントが現れたときにつながっていくことを支援することも、ミクロレベルのネットワーキングの重要な一側面になる。

　もちろん、既存のものがなければ、ゼロからこうした中心点のないネットワークをつくり上げていくことも必要になってくるかもしれない。これは、後

述するように、メゾレベルのネットワーキングになってくる。もちろんその場合の主体はクライエントであり、共通の目標を有している人たち、あるいは同じような問題を抱えている人たちである。そうした人たちが中心点のないネットワークを構築（ネットワーキング）していくための出会いからはじまり、共通目標設定、役割分担、そして実際の活動に至るまでの過程において、そのネットワークを構築する人たちの主体性を損なうことなく、ソーシャルワーカーは側面的な支援を行っていくことになる。

（2）メゾレベルのネットワーキング

1）中心点のある専門職のネットワーキング

　専門職であるソーシャルワーカーが、自らが中心となるネットワーク（専門職ネットワーク）を広げ、充実させていく、という意味でのネットワーキングである。これはソーシャルワーカーが有する支援環境を自ら整備することであり、その支援環境が充実することでソーシャルワーカーとしての力量を高め、結果的にクライエントにさまざまなメリットが及んでいくことにつながっていく。

　ソーシャルワーカーはその業務を遂行するうえで、自分に備わっている資源だけを活用しても、その目的のすべてを果たすことは難しい。必然的に他の専門職や地域の関係者などとのつながりを有効に活用し、それらの相手に散在している資源を利用せざるを得ない。この傾向をネットワーク志向と称すれば、医師や看護師など同じヒューマンサービスに従事する専門職に比較して、ソーシャルワーカーはこの志向性がより強い。ソーシャルワーカーはつながりを活用して実践を行うネットワーク志向の専門職であるといえる。

　それゆえに日常的に、自らの専門職ネットワークを点検し、不足しているものがあれば補充・補完し、弱っているリンクがあればその強化を図る、といったネットワーキングは、そのネットワークの持ち主（中心点）たるソーシャルワーカーにとっては業務の一環といえる。そして、このネットワーキングが果たされていればいるほど、そのソーシャルワーカーにとってのコンピテンスの向上に結びついていく。そして個別支援では、クライエントの状況に応じて特定のリンクから資源を調達し、それをクライエントに届けることになる。

2）中心点のない専門職のネットワーキング

　先述のとおり、クライエントが中心点のないネットワークとつながっていくことは、ミクロレベルのネットワーキングになる。一方で、そうした中心点の

ないネットワークをゼロから構築していくこと、あるいはそれを維持し、強化していくことは、メゾレベルのネットワーキングとして位置づけられるのも先述したとおりである。こうして構築された中心点のないネットワークは、クライエントを取り囲む環境に存在し、クライエントはそことつながることで資源を得るための一つの選択肢になり得る。こうした選択肢を豊富に用意していくことは、メゾレベルのネットワーキングの目的になってくる。

　繰り返しになるが、中心点のないネットワークを構築していくことは、その作業のすべてをソーシャルワーカーがお膳立てするものではないだろう。構成メンバーが自主的に構築していった緩やかな集まりこそが中心点のないネットワークなのであり、ソーシャルワーカーが無理やりつくり上げるものではない。それゆえに、ソーシャルワーカーは、クライエントが自ら必要性に応じて中心点のないネットワークを構築する作業に着手、あるいはその遂行していくことを側面的に支援し、その結果として多くの中心点のないネットワークが豊富に用意されている状態がもたらされることが望ましい。

　メゾレベルのネットワークでもう一つ重要なのは、専門職や地域の関係者からなる中心点のないネットワークを数多く構築、維持、あるいは充実していくことである。それらが総体的に、その地域における福祉的対応のレベルを高めることにつながっていく。実際に、高齢者・児童・障害児者を中心に、こうした意味での関係者による中心点のないネットワークがさまざまに結成され、運営されている。通常、ソーシャルワークにおいてネットワーキングとは、この意味で構築されたネットワークをそのように称していることが多い。例えば、日本社会福祉士会のテキストでは「関係者のつながりによる連携・協働・参画・連帯のための状態及び機能のことである」[2]とネットワークを定義しているが、明らかにそれは中心点のない専門職ネットワーク（専門職ネットワーキング）と重なる。

　ソーシャルワーカーは、こうした中心点のない専門職ネットワークを一つのノードとして、そことつながっていく。それは、そのソーシャルワーカーのコンピテンス向上をもたらす契機になり、波及的にそれはクライエント支援にプラスに働くであろう。

（3）マクロレベルのネットワーキング

1）中心点のある組織間のネットワーキング

　ソーシャルワーカーが所属する福祉サービス提供組織もまた、他の組織とのつながりである組織間ネットワークを用いながら日常の組織的活動を行ってい

る。組織レベルの場合は、法的にある組織とつながりをもたざるを得ないケースも多い。例えば、児童福祉法の下では児童養護施設が児童相談所をはじめとした自治体の各種行政組織とのつながりをもつことは必然的であるし、行政側からしても福祉事務所などは福祉六法の各法の定め上、各種の福祉サービス提供組織との関係なしにその業務の遂行は考えられない。

　社会福祉法第5条では「社会福祉を目的とする事業を経営する者は、その提供する多様な福祉サービスについて、利用者の意向を十分に尊重し、地域福祉の推進に係る取組を行う他の地域住民等との連携を図り、かつ、保健医療サービスその他の関連するサービスとの有機的な連携を図るよう創意工夫を行いつつ、これを総合的に提供することができるようにその事業の実施に努めなければならない」とされており、自治会などの住民組織も含めて、自己の組織間ネットワークを構築していくことは福祉サービス提供組織の義務になっている。

　中心点のある組織間ネットワークにおける個別のリンクは、このようにいわば法定義務的、強制的なものが大きな比重を占めているが、もちろん任意でつながっている組織も少なくない。例えば、地域包括支援センターがその地域にあるNPOやボランティア団体との関係を構築することは、必ずしも法的な義務ではないが、在宅での看取りを支えるNPOとのリンクがあれば、その地域包括支援センターのクライエントにとってホームホスピスの機会を提供できる可能性が得られるだろう。加えて、ホームホスピスに関する各種の情報や知識を得る機会がもたらされ、当該の地域包括支援センターの力量アップにつながる。

　このように義務か任意かを問わず、さまざまな組織とのつながりによって組織間ネットワークが充実していれば、その中心点である福祉サービス提供組織のクライエントにとっても自分が利用できるサービスの幅が広がることになる（これは言い換えれば、クライエントが中心のネットワークにとってリンクを結べる選択肢がそれだけ増えることを意味する）。また、組織としての力量アップによって、そのクライエントがより充実したサービスを受けることを可能とするかもしれない。クライエントレベルでのミクロなネットワーキングを支える環境を充実させる意味でも、組織間レベルのネットワーキングは極めて重要になってくる。

　加えて、福祉サービス提供組織に所属するソーシャルワーカーにとっても、福祉サービス提供組織の組織間ネットワークが豊富なものであれば、当然、他組織に所属する専門職との間で関係づくりが容易になる可能性が広がる。結果的に専門職のネットワーキングにとってもメリットにつながっていく。他組織とつながり、組織の力量が向上すれば、その組織に所属するソーシャルワーカー

のコンピテンスを高めていくことができる。

　このように専門職というメゾレベルでのネットワーキングにとっても、組織間におけるネットワーキングは、その基盤としての意義を有している。ゆえに、ミクロ・メゾの双方に影響を及ぼすマクロレベルでのネットワーキング、ここでは組織間のネットワーキングの必要性を理解できるだろう。

2）中心点のない組織間のネットワーキング

　福祉サービス提供組織もまた中心点のない組織間同士のネットワークを構築していく必要性がある。例えば、児童福祉関係では、地域での児童の見守り活動の観点から、2004（平成16）年の児童福祉法改正によって「要保護児童対策地域協議会」の設置について努力義務が設けられた（児童福祉法第25条の2）。同協議会は、市町村、児童相談所等の関係機関、関係団体および児童福祉に関連する職務に従事する者等により構成されるものとされており、実質的には地域の関係機関から構成される中心点のない組織間ネットワークといえる。その前身は、2000（同12）年度にはじまった「児童虐待防止市町村ネットワーク事業」であるが、こうした例のように組織レベルでは法的、制度的な後押しで展開されるケースが少なくない。

　その他、障害者福祉領域では、障害者総合支援法第89条の3に基づく協議会（地域自立支援協議会）、高齢者福祉領域では、市町村が地域で暮らす高齢者への虐待や社会的孤立を予防する「高齢者見守りネットワーク事業」によるネットワークなどが、こうした意味での中心点のない組織間ネットワークとして見なせるだろう。

　一般に、ソーシャルワークのなかでネットワークやネットワーキングという場合にイメージされるものは、先の中心点のない専門職ネットワーク（ネットワーキング）と、この中心点のない組織間ネットワーク（ネットワーキング）である。後者は組織が構成単位であるが、実際はその組織に所属する専門職が代表で参画しており、その意味では前者との区別がつかない。

　しかし、そうであったとしても、こうしたネットワーキングそれ自体が一つのノードとして、クライエントやソーシャルワーカーがつながる相手になり得るという点には留意したい。例えば高齢者は「高齢者見守りネットワーク」とつながることで、虐待や社会的孤立防止に向けた見守りサービスという資源を調達することが可能になる。またソーシャルワーカーもこのネットワークにかかわることで、自分の専門職ネットワークを豊かなものにし、それが結果的にクライエントにメリットが及ぶ。このように、中心点のない組織間のネットワーキングが展開されることで、ミクロレベルのクライエントのネットワーキング、

メゾレベルでの専門職のネットワーキングの双方にとって間接的な好影響を及ぼすことになる。

　以上、ミクロ・メゾ・マクロのレベルに応じて、クライエント、ソーシャルワーカー、そして福祉サービス提供組織のそれぞれの中心点のあるネットワーキング、中心点のないネットワーキングを解説してきた。重要なのは、上位レベルのネットワーキングの効果が下位レベルのネットワーキングに及んでいくという点である。同時に、クライエントがつながった相手の資源を有効に活用していくことができれば、上位のネットワーキングの有効性を示すことにもなり、その分上位レベルのネットワーキングの活性化にもつながっていく。ここに多層的にネットワーキングを展開していく意義がある。

　なお、日本社会福祉士会のテキストでは、ミクロ・メゾレベルにおける中心点のないネットワーキングについて、①ソーシャルワークの目的を達成する手段、②関係者のつながり、③連携・協働・参画・連帯の遂行（の場）、④以上の①から③によって構成されている「状態」または「機能」という側面を有していると解説されている[3]。

3．ネットワーキングの効果

　ネットワーキングにはさまざまな種類があり、それらを重層的に展開していくことでソーシャルワーカーは支援効果を一層深めていくことができる。それでは、ネットワーキングの効果として何が期待され得るのだろうか。以下に、クライエント、ソーシャルワーカー、そして福祉サービス提供組織にとっての効果に大きく分けて見ていくことにしたい。

（1）クライエントへのネットワーキングの効果

　クライエントの中心点のある・なしのネットワーキングでは、前者がクライエントの有する対人関係全体を調整することになるのに対して、後者はいわば有益なひとかたまりの関係網をつくり上げて、一つのノードとしてそことの間で新たに関係を築くことになる。一見すると両者の効果は全く別になると思われるかもしれないが、いずれもクライエントが自ら社会ネットワーク（中心点のあるネットワーク）をセルフ・コーディネートし、問題解決に必要な資源をネットワークから調達しやすくしていくというところに行き着く。

　さらに中心点のないネットワーキングでは、その運営に参画していくことで、さまざまな資源を得ることができるようになっていくと同時に、参画すること自体でさまざまなスキルを獲得していく。その意味では、こうした2種類のネットワーキングを通してクライエントは生活上の問題や課題を解決し、あるいは自己の生活をより望ましい方向に変えていくというエンパワメントを自ら遂行しているともいえる。「調整の伴走者」としてのソーシャルワーカーは、こうしたクライエントのセルフ・コーディネートを側面的に支援することで、クライエントのエンパワメントの達成をサポートしていくことになる。

　なお、中心点のないネットワーキングをつくり上げることは、新たな社会資源を創出していくことと同義であるので、それは同じような問題を抱える他のクライエントにとっても選択肢が増えることになる。それによってサービス環境を一層充実させていくことにつながることから、クライエントレベルのネットワーキングが、クライエントにとってその環境に影響を波及させるととらえることもできる。つまり、ミクロからメゾへと及んでいく効果である。

（2）ソーシャルワーカー・福祉サービス提供組織への ネットワーキングの効果

　ソーシャルワーカー、あるいは福祉サービス提供組織レベルのネットワーキングにおいても、クライエントレベルと同じく、ネットワーキングは中心点のある・なしによっても共通の効果が期待できる。それは、ソーシャルワーカー、福祉サービス提供組織の有するそれぞれのコンピテンスの向上である。

　ソーシャルワーカーは自らが有する専門職ネットワークをコーディネートすることで、その質と量を一層強化し、それによって専門職ネットワークから調達できる資源を増大させ、もって自らの専門職としてのコンピテンスを高めていくことができるだろう。福祉サービス提供組織においても全く同じことがいえる。そして、こうしたメゾ・マクロレベルにおけるコンピテンスの強化は、当然それらの支援を受けるクライエントにも効果を及ぼしていくことになる。つまり、メゾ・マクロからミクロへの波及効果である。

　中心点のないネットワーキングでも、それを創出し、参加し、運営にかかわっていくということもまた、ソーシャルワーカーや福祉サービス提供組織のコンピテンスの強化に資することになる。こうしたネットワーキングには多様な専門職や組織がかかわっていることが多く、当然、そこで交わされる議論も多様な視点が交差することになるだろう。それは、ソーシャルワーカーや福祉サービス提供組織の見方を広げ、実践の幅を広げ、あるいは一層の柔軟な対応を可

能にしていくことになる。

　この中心点のないネットワーキングの結果、生まれた新たなネットワークはそれ自体が一つの社会資源になり得る。換言すれば、それは新規の社会資源づくりと同義になる。日本社会福祉士会のテキストを参考にして見れば、この社会資源としてのクライエントに対する機能は以下の8つにまとめられるが[4]、そのクライエントレベルへの波及効果は、③を除く残る7つが考えられる。これらの機能が、ネットワーキングによって創出され、あるいは促進、強化されることになる。もちろん③も結果的に、クライエントにそのメリットが及ぶことはいうまでもないだろう。

　① 広範なニーズへの対応
　② クライエントの解決能力の向上
　③ 関係者による連携と協働の強化
　④ 1つの事例を関係全体で支える
　⑤ 見守りや発見による予防的支援
　⑥ 困難支援事例への対応
　⑦ 権利擁護活動
　⑧ ソーシャルアクション

　こうして構築された中心点のないネットワークは、その地域におけるクライエント（潜在的なクライエントも含む）にとってセーフティネットになり得る。それゆえに、ソーシャルワーカーは当該地域において、そうしたネットワークを数多く創出することで、多様なセーフティネットを用意していく必要がある。

　同時に忘れてならないのは、こうしたネットワークはただつくればよいというものではなく、それを運営維持し、その機能や効果を十分に発揮できるようにしていくことが重要になる。すなわち、コーディネーションが欠かせないのである。それなくしては、ネットワークはどのレベルであっても「絵に描いた餅」に終わってしまうことを肝に銘じておくべきであろう。ネットワーキングとは時間と費用もかかるものだという覚悟も必要になる。

4．ネットワーキングの方法と課題

　中心点のないネットワーキングの方法を述べてみる。この場合のネットワーキングは、構成メンバーの結合が緩やかな関係網であり、その意味では集団やチームに近い。それゆえに、小集団を対象とした心理学の知見などがこの場合の参考になる。

　ここでは、古典的ではあるが、心理学者のタックマン（Tuckman,B.）[5]が
提唱した小集団の発展段階について紹介してみたい。タックマンは、小集団に
は以下のような経時的な発展の段階があることを述べている。これがタックマ
ン・モデルと称されているものであるが、ネットワーキングにおいてもその応
用が可能である。

① フォーミング（forming：形成期）

　まだメンバーは出会ったばかりで、相互を深く知らず、共通目標も見えて
　いないので、お互いを知り、共通目標を模索する段階。

② ストーミング（storming：混乱葛藤期）

　次第に共通の目標が形成され、それに向けてのルールや各自の役割と責任
　等についての議論が交わされる。意見の食い違いなどで対立が起こる段階
　でもある。

③ ノーミング（norming：規範形成期）

　議論を繰り返すなかで、規範が形成され、相互に相手の考え方を受けとめ
　たうえで、共通目標と各自の役割について合意が形成され、全体で安定する。

④ パフォーミング（performing：実践期）

　結束力と一体感が生まれ、目標に向かって各自役割を遂行していく。

　そして、上記の④の段階を経て次第に中心点のないネットワークは安定して
いく。さらに、このネットワークに新たなリンクが結ばれると、そのリンクし
た相手との間で、再び①から④のプロセスが繰り返されていく。この繰り返し
のなかで、絶えずネットワークが更新され、新たなものが創出されていくこと
になる。

　なお、タックマン・モデルの②の段階は、異常、病理的な段階ではなくそれ
自体はネットワークの発展に欠かせない必然的なものであり、この段階をくぐ
り抜けていくことが必須になる。しかし、この段階の意義を十分に理解してい
ないと、けんか別れで終わって空中分解してしまいかねない。ネットワーキン
グの場合は、メゾ・マクロレベルにおいて多様な専門職、組織がかかわってく
ることから、専門性や組織文化の相違、作業手順や方法の違いによる対立は必
至であるとも考えたほうがよい。こうした対立を回避して「なあなあ」で済ま
せてしまうと、むしろネットワークの形成は阻害されることになる。ここにも
ソーシャルワーカーのコーディネートが重要な意味をもつことになる。

　この場合、例えば、ネットワークの内部で、安全性を確保し、本音が語れる
雰囲気づくりが欠かせない。そして、時には批判や攻撃もまたネットワーキン
グにとっては肯定的な意味を有していることを理解しておきたい[6]。

今後は、実際に対面的につながるだけではなく、SNSやオンラインなどでのつながりも視野に入れたネットワーキングが欠かせなくなってくるだろう。時代の変化やテクノロジーの発展に応じて、ネットワーキングもまた絶えずそのあり方を見直し、ソーシャルワーカーが有効に活用し得るものにしていく必要がある。

　最後になるが、ネットワーキングの本質はつながりを利用してソーシャルワーク実践の質を高めていくことにある。それは、一人のソーシャルワーカー、単一職種、単一組織ですべてをカバーしようとする従来の実践思考とは相いれない。そうした意味では、さまざまな垣根、境界を越えて、多様なものが相互につながっていくという姿勢なくしては成立しない。この意味での多様性尊重と連帯意識こそが、ネットワーキングを成立させていることに留意したい。

【学びの確認】

①ソーシャルワークで活用されるネットワーキングの種類と特徴をまとめてみましょう。

②ネットワーキングが重層的に展開されることとはどういう意味でしょうか。また、その意義を考えてみましょう。

③ネットワーキングにおいてコーディネートの意味とはどのようなことでしょうか。

【引用文献】

1) Lipnack,J. & Stamps,J., *Networking: The First Report and Directory*, Doubleday, 1982.（ジェシカ・リプナック＆ジェフリー・スタンプス著、社会開発統計研究所訳『ネットワーキング―ヨコ型情報社会への潮流―』プレジデント社　1984年　p.23）
2) 日本社会福祉士会編『ネットワークを活用したソーシャルワーク実践―事例から学ぶ「地域」実践力養成テキスト―』中央法規出版　2013年　p.17
3) 前掲書 2 ）　pp.16-17
4) 前掲書 2 ）　pp.11-13
5) Tuckman,B., Developmental sequence in small groups, *Psychological Bulletin*, 63, 1965, pp.384-399
6) 野中猛『図説ケアチーム』中央法規出版　2007年　p.53

第7章 ソーシャルワークの関連技法

【学びの目標】

　近年、多職種が協働してクライエントに関わるチームアプローチの場面においてソーシャルワーカーの活躍が期待されている。チームアプローチの場面では、さまざまな支援技法のみならず、ソーシャルワークの関連技法の活用が求められる。この章では、ソーシャルワークの関連技法としてネゴシエーション、ファシリテーション、プレゼンテーション、カンファレンスについて理解することをめざす。

① ネゴシエーションの意義と目的、方法を理解する。
② ファシリテーションの意義と目的、方法を理解する。
③ プレゼンテーションの意義と目的、方法を理解する。
④ カンファレンスの意義と目的、方法を理解する。

1．ネゴシエーション

（1）ネゴシエーションとは

　ネゴシエーション（Negotiation）とは交渉とも呼ばれ、コンフリクト（対立）を解決することである。1990年代半ば頃からソーシャルワークスキルの一つとして取り上げられるようになってきた。ソーシャルワーカーとクライエントとの間で援助内容を交渉したり、契約を結んだりといった特定の領域を集中的に取り扱う場合もあれば、多職種連携時にソーシャルワーカーと多職種との間でソーシャルワーカーの役割の具体的内容について交渉したりする場合もある[1][2]。

　ネゴシエーションの意義として、1つ目に、クライエントへの直接的な支援に際して、ネゴシエーションのスキルによって意思決定を共有することとなり、協働する雰囲気を確立できることがあげられる。クライエントとのネゴシエー

ションを通して、クライエントとソーシャルワーカーがどのように問題を理解し、どのように解決していくのかについて、さまざまな観点から検討するなかで共通の合意に至る。このプロセスで、ソーシャルワーカーとクライエントの間に協働する雰囲気が生まれるのである。

2つ目に、サービスに関して、ソーシャルワーカーが所属機関や連携先と交渉する際にネゴシエーションのスキルを用いることによって、限りある社会資源を有効に活用できることがあげられる。社会資源が必ずしも十分にあるとはいえない状況では、専門職者のアカウンタビリティ（説明責任）が重要となり、ソーシャルワーカーが地域における調整役を担うことが求められる。こうした場合、ソーシャルワーカーはネゴシエーションのスキルを活用することによって、クライエントや地域住民、関係機関との間でさまざまな社会資源を調整、活用することとなる。

（2）ネゴシエーションの方法

従来のネゴシエーションの方法として、立場駆け引き型交渉と問題解決型交渉の2つの方法が用いられてきている。立場駆け引き型交渉では、両者が対立する立場をとり、お互いに譲歩しようとしない。この方法は単純な取引の場合に最も効果を発揮するといわれている。例えば、物の売買などのときに双方が価格を設定し、両者の中間あたりの価格で同意に達するといった場面があげられる。しかし、この方法はアイデンティティの問題といった、自分が大事にしていることが危険にさらされているときには成功しない。アイデンティティは意義や記憶、物語という個人的な問題にかかわっているため、それを弱めると本質的な問題に直面することとなるからである。

問題解決型交渉では、根本的な利益のためにそれぞれの立場の裏を見るようにと促し、より深いモチベーションを十分に満足させる取り決めを考えるというものである。しかし、この方法では感情による対立に直面したときに一定の解決策を見出せるものの、新しい対立を一時的に回避しただけにとどまることとなる。

こうした従来の方法とは異なる、新しいネゴシエーションの方法がシャピロ（Shapiro, D. L.）によって提唱されている[3]。コンフリクトを解決するために、アイデンティティの神話を解明する、感情の苦痛を克服する、分野横断的なつながりをつくる、人間関係を再構築するという4つのステップが示されている（図7-1）。ステップ1にあるアイデンティティとは、その個人の根幹に関わる重要なことであり、そこに神話のように存在するコンフリクトの個人的な意

味を解くことからはじまる。そこでまず、双方がコンフリクトにおける関係を
それぞれどのように見なしているかを理解することが重要となる。次に、お互
いの話を聴き、ともに相手に受け入れられたと感じたら、相手と協力して感情
的な苦痛に対処することとなる。このステップでは、お互いの苦痛に気づき、
理解したり、喪失を悼み、記憶したり、許しや謝罪について考える。こうした
プロセスを経て、人間関係が打ち解けたものになるにつれて、本物のつながり
をつくるチャンスが生まれる。このステップでは、分野横断的なつながりをつ
くり、人間関係を強化する。こうした取り組みは相互に肯定的な物語のなかで、
人間関係を見直す基盤を与えてくれる。そして、共存のためのシナリオを思い
描くことが可能となる。これらのステップを進めるうえで重要な点として、目
標は調和のために努力することであり、調和への道はまっすぐではないこと、
過去と未来の両方を含む調和の道であること、調和への道は感情的な変化と構
造的な変化を必要とすることがあげられる。

図7－1　コンフリクトを解決する4ステップ

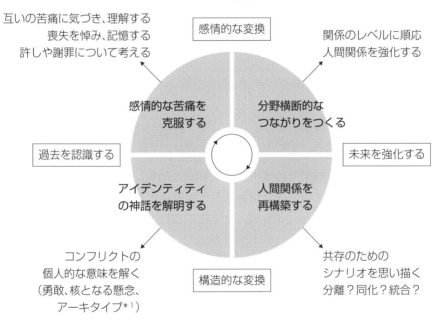

互いの苦痛に気づき、理解する
喪失を悼み、記憶する
許しや謝罪について考える

感情的な変換

関係のレベルに順応
人間関係を強化する

感情的な苦痛を
克服する

分野横断的な
つながりをつくる

過去を認識する

未来を強化する

アイデンティティ
の神話を解明する

人間関係を
再構築する

コンフリクトの
個人的な意味を解く
（勇敢、核となる懸念、
アーキタイプ＊1）

構造的な変換

共存のための
シナリオを思い描く
分離？同化？統合？

出典　ダニエル・L・シャピロ著、田村次朗・隅田浩司監訳『ネゴシエーション3.0—解決不能な対立を心理学
　　　的アプローチで乗り越える—』ダイヤモンド社　2020年　pp.169

＊1　精神科医の
カール・ユングは、
人類が集合的な無意
識を分かち合ってい
ると提案した。集合
的な無意識には、個
人の経験と無関係に
存在する「多くの無
意識のイメージ」が
ある。アーキタイ
プ（元型）として知
られるこういったイ
メージは、人間の原
型的な性質を含んで
いる。

2．ファシリテーション

（1）ファシリテーションとは

ファシリテーション（Facilitation）とは、組織及びチーム内外における関係を調整し、効率的・効果的に合意形成（納得・理解・行動）に向けて働きかけ導いていくことである[4]。メンバーを支援し、その活動を促進していく役割を担う人をファシリテーター（Facilitator）と呼ぶ。ファシリテーションは会議の場で行われるだけでなく、数分程度の立ち話やミーティングであっても、十分効果があるといわれている。

ファシリテーションの意義として、1つ目にファシリテーションを実践することで、部署やチームの活動を円滑に進められることがあげられる。ファシリテーションを実践することによりチームや組織内の関係を調整することとなり、コミュニケーションが強化される。これはチームの円滑な運営に役立つ。合意形成を図る際に対立する場合もあるかもしれないが、その対立こそ関係性を変化させるものであり、議論を通して新たな次元での合意形成に至ることができる。

2つ目に、チームや組織のなかで、一人ひとりの力を引き出すことができる。先にも述べたとおり、チーム内でのコミュニケーションが強化されるため、他のメンバーに対する理解が生まれ、メンバーの能力に応じた働きを促進することにつながる。

3つ目に、質的な負担を減らすことが可能となり、ストレスマネジメント上で効果がみられる。メンバーで協働して問題解決に取り組むことで、一人ひとりの自信が高まり、それは仕事への満足感を高め、ストレスを軽減することにつながる。

4つ目に、問題解決の取り組みを効果的に行うことによってよい結果を得られることが多くなり、専門職としてのモチベーションの向上につながる。これは質の高いサービス提供を可能にし、クライエントの満足度を高めることにつながる。

（2）ファシリテーションの方法

ファシリテーションでは、第1段階で「場をつくる」、第2段階で「関係調整」による効果的なコミュニケーションに結びつけ、さまざまなアイデアを出し合

う。第3段階では立場が異なる人たちからのさまざまな意見を整理し、課題を
「構造化」する。第4段階で、具体的な取り組み事項をチームとして「合意形成」
することになる（図7－2）。

　まず、「場をつくる」段階では、チームで目標を共有し、方向性を一致させ
るといったチームビルディングを行う。さらに、情報の共有化ができる空気を
つくり、意見交換の場をつくり、批判的吟味ができる雰囲気づくりをすること
によって、場の雰囲気を向上させる。また、会議の場のレイアウトを工夫した
り、役割分担をする。

　「関係調整」の段階では、協働（コラボレーション）型チームをつくることや、
基本的な話す、伝える、聞く技術を用いたうえで、聞き手の理解、納得、決断
を促す話し方や、相手の気持ちになって話を聴く姿勢であるカウンセリング・
マインドによる共感が重要となる。

　「構造化」の段階では、問題を5つの方法で構造化したり、問題を整理した
りする。問題の構造化には、①問題は何か、②原因は何か、③結果の予測（未
来へのアプローチ）、④選択肢（オプション思考）、⑤解決手段の5つの方法が
ある。問題を整理する方法はさまざまあるが、ブレイン・ストーミングなどの

図7－2　ファシリテーションの概念図

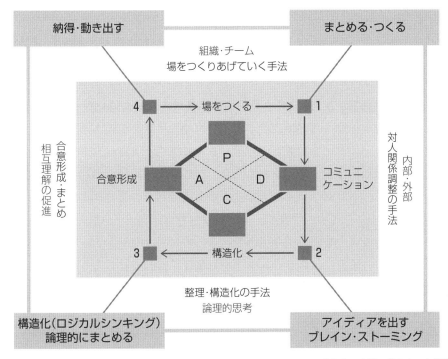

出典　中村誠司『対人援助職のためのファシリテーション入門―チームの作り方・会議の進め方・合意形
　　　成のしかた―』中央法規出版　2017年　p.7

発散法を用いたり、問題点を図式化・構造化して収束させたりする方法がある。

　最終的に「合意形成」の段階では、相互理解の促進が行われる。これまで得られた情報を可視化したり、合意形成のために関係調整を行ったりすることとなる。最終段階でうまくいかず、対立する場合もあるが、その対立から「新しい価値」を見出すことができることも、合意形成の重要な側面である。

3. プレゼンテーション

（1）プレゼンテーションとは

　プレゼンテーション（Presentation）とは、計画・企画案などを話し手が聞き手にわかりやすく説明し、聞き手を納得させることである。

　ソーシャルワーカーによるプレゼンテーションの活用場面として、武田丈は「クライエントに対して」「ケースカンファレンスやチーム・ミーティングにおいて」「理事会など組織の運営者や経営者に対して」「地域の住民や組織に対して」「自治体や助成団体に対して」「一般市民に対して」の6つをあげている[5]。

　まずクライエントに対して、自分たちの機関・施設がどのようなサービスやプログラムを提供しているのか、またそのメリットやデメリットを正確に、かつ聞き手が理解できるようにわかりやすく簡潔に説明することが重要である。そして、よりよいサービスの提供、効果的なケースへの対応には、機関・施設内のケースカンファレンスやチーム・ミーティングなどで、ケースの概要を紹介する必要がある。また、理事会など組織の運営者や経営者に対しても、機関・施設の運営やサービスの提供に関する情報を報告する必要がある。

　地域やコミュニティを対象とするソーシャルワーク実践においても、地域での活動へ住民や当事者の参加を促したり、関係機関や組織との連携を強化したりするために、プレゼンテーション能力が必要である。また、民間の福祉関連機関、特にNPO・NGO、作業所、ボランティア団体などでは、自治体や民間財団からの助成金や委託事業を引き受けるために、プレゼンテーション能力が不可欠である。最後に、クライエントや対象者に対してはもちろん、社会のなかの一般市民に対して、自分たちのソーシャルワーク実践や、機関の運営に関する活動実践・活動実績や評価を公表していく必要がある。こうしたさまざまな場面において、ソーシャルワーカーがプレゼンテーションを効果的に用いることが求められる。

（2）プレゼンテーションの方法

　ソーシャルワーカーに必要な能力として、機材の活用や技術的な面も重要であるが、プレゼンテーションの内容やその構成、そして、その内容についてプレゼンテーションを行う際の話術や態度も含まれる[6]。

　まず、内容と構成について、プレゼンテーションの目的やテーマを明確にする必要がある。「誰に、何について、どんな目的」で伝えるかを明確にし、それに基づいて「どのような情報」を提供する必要があるか、またそれをどのような順番で伝えればわかりやすいか、などを考える。

　話し方と態度については、聞き手の関心や心理を十分に理解したうえで、声の調子、口調、ペースといった話し方、視線、立ち位置、ジェスチャー、間の取り方などのノンバーバルな（非言語的）コミュニケーションに気をつける必要がある。こうした話し方、姿勢、ジェスチャーなどは人それぞれの癖があり、プレゼンテーションの最中にはそれが無意識に表出してしまう。そのため、事前にリハーサルを第三者に見てもらって、自分の癖を指摘してもらったり、録画や録音などを行って、自分でチェックしたりすることが有効である。

　プレゼンテーションの技法として、最近ではノートパソコンをプロジェクターに接続して、パワーポイント（マイクロソフト社）などのプレゼンテーション用のソフトウエアを使用することが多い。

　視覚的メディア用に資料を作成する際には、次の点に気をつけることが重要である。まず、フォントのサイズは32以上が望ましく、フォントも明朝体よりゴシック体などの太い字のほうが見やすい。最近はユニバーサルデザイン書体（UDフォント）が用いられるようにもなってきている。また、説明を文章で長々と書くよりも、要点を箇条書きするか、キーワードのみを提示するべきである。さらに、配色を工夫したり、図や表を活用したりして視覚的に訴えることが重要である。例えば配色について、スライドの背景色を暗めの色（黒色や濃い緑色や青色）にし、文字を白色、強調する文字をオレンジ色や朱色で表示するといった方法がある。

　プレゼンテーションの際に各参加者に配布するハンドアウト（配布資料）も、よりわかりやすいプレゼンテーションのために活用すべきである。発表の内容の要点や、画面に写しても読みづらい文章や統計資料などをハンドアウトにまとめる。提示画面をそのまま印刷して配布する場合もある。

4．カンファレンス

（1）カンファレンスとは

　カンファレンス（Conference）とは会議、相談のことであり、さまざまな分野で用いられている。ソーシャルワークにおけるカンファレンスは、援助計画会議、個別支援会議などと呼ばれたりする。カンファレンスは、援助の初期に行うアセスメントを主体としたカンファレンスと、援助の展開過程でモニタリングを主体としたカンファレンスに大別できる[7]。またその種類として、ケース会議やケア会議と呼ばれたりするケースカンファレンスや、家族を対象とした家族グループカンファレンス（FGC）などがある。

　ケースカンファレンスの基本的な目的は、特定のクライエントの問題状況の改善やニーズ充足のため、支援方針や支援方法を検討し決定することである。また、特定の事例にかかわっている支援者を支援することや、特定の事例への実践をモニターし、評価することも含まれる。構成メンバーは、特定のクライエントにかかわる支援者が中心となる。同じ組織のメンバーだけで行う場合もあれば、異なる組織の専門職や実務者が集まり実施する場合もある。また、専門職・実務者だけで開催する場合も、当事者であるクライエント、家族等が参加する場合もある。

　家族グループカンファレンス（Family Group Conference, FGC）は家族会議のモデルの一つであり、ニュージーランドではじめられた。児童保護や少年司法の分野において広く影響を与えている。FGCは、若者の家族とコミュニティの専門家との間における協働の意思決定や力と責任の分散に役立つ。児童保護の場面では、準備と計画立案がFGCの中核的な要素としてある。その際、会議の目的を明確にし、その会議に家族が積極的に参加できるよう、専門家は家族が必要とする情報と支援を提供する。さらに、家族だけの時間も含まれる。この時、家族だけで児童の安全を確保し、外部から家族に対する安全確保の要求に対応できるか家族でじっくり検討することになる[8]。

　カンファレンスの効果として、「チームワークの生成・強化」と「タスクワークの推進」があげられる。すなわち、カンファレンスによって、メンバー間の否定的感情を和らげ、相互理解・相互信頼、良好な関係性をもつというチームワークの形成とその強化ができ、適切な支援プランの作成や実施につながるというタスクワークを進展させることができるのである。これにより、多機関・多職種から成る一時的な集団の「チーム力」は高まり、チームアプローチが促

進される[2]。

*2　この「カンファレンスの効果」については、副田あけみらのAAA多機関ケースカンファレンス研修の分析結果から明らかにされた成果である。安心づくり安全探しアプローチ（AAA）研究会『チーム力を高める　多機関協働ケースカンファレンス』瀬谷出版2019年に詳しい。

（2）カンファレンスの方法

　カンファレンスの構成メンバーについては、事例提供者あるいは事例報告者、司会・ファシリテーター、書記・記録者・記録係、参加者・検討メンバー・メンバーの参加が想定される。

　カンファレンスのツールとして、ホワイトボードや黒板、模造紙などを活用し、会議で語られた内容等を書記・記録者が随時、それに書いていく方法をとることが多い。情報をまとめるために独自のフレームワークを提示することもある。

　カンファレンスの進め方は次の通りである。①事例提供者から事例の概要を報告し、これについて参加者から質問する。②事例に関する情報を整理、共有し、事例の全体像を理解する。③事例の理解をもとに論点を検討したり、事例提供者の気づきを導いたりする。④支援目標や支援計画を策定する。

　カンファレンスを運営する方法として、複合問題事例に対する多機関・多職種によるチームアプローチの一つである、AAA多機関ケースカンファレンス（以後、多機関カンファレンスと略す）の方法を示す[9]。

　AAA（スリーエーと呼ぶ）は「安心づくり安全探しアプローチ」の略称であり、解決志向アプローチに基づく高齢者虐待事例への実践アプローチとして開発された。現在では、虐待事例だけではなく、多様な複合問題事例（いわゆる「支援困難事例」）への対応にも活用されている。

　多機関カンファレンスでは、カンファレンスのツールとしてAAA多機関ケースカンファレンス・シートを用いる（図7－3）。これはカンファレンスの全行程のフレームワークを示したものである。この行程にしたがって語られたこと、話し合ったことを、シートに記入していく。ホワイトボードをシートに見立てて、記録係が書いていくこともできる。

　多機関カンファレンスの進行に関する原則として次の5つがあげられる。①「話す」ことと「聴く」ことを分け、話し合いの＜余地＞を広げる。②事例に関する問題・リスクとストレングスをバランスよく検討する。③「事例」の理解だけではなく「支援者のかかわり方」を再点検する。④問題の共通理解ではなく、「今後の見通し」の共有を目的にする。⑤お互いの「違い」を大切にして、「チーム」の力で支援の質を高める。

　多機関カンファレンスの進め方は次の通りである。カンファレンスで話し合いたいことを事例報告者が話したうえで、全員で情報共有する。そして、まず

図7−3　多機関ケースカンファレンス・シート

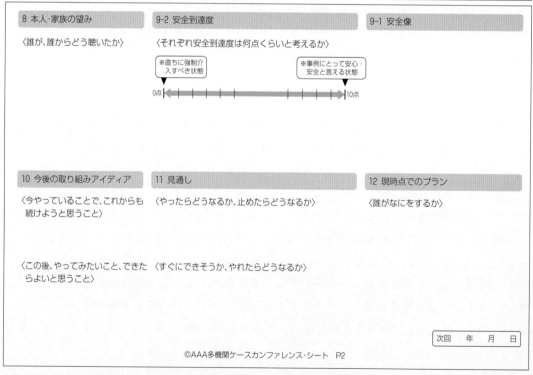

年　月　日　事例：
事例報告者：

1　本日話し合いたいこと
（心配ごと・困っている点）

参加者で話し合いたいことがある方
名前：
話し合いたい点：

参加者：

※フェイスシート等既存資料を活用し、新しい情報のみ
　記載してもOK

2　ジェノグラム・エコマップ

3　支援経過

4　本人・家族のできていること・悪くないこと

〈本人・家族はどう捉えているか〉

〈支援者たちはどう捉えているか〉

5　本人・家族の困ったこと・心配なこと

・実際にあったことには●をつける
・予想される心配事には？をつける
・緊急な危険には★をつけること

〈本人・家族はどう捉えているか〉

〈支援者たちはどう捉えているか〉

6　支援者のうまくいった関わり方

7　支援者のうまくいかなかった関わり方

©AAA多機関ケースカンファレンス・シート　P1

8　本人・家族の望み

〈誰が、誰からどう聴いたか〉

9-2　安全到達度

〈それぞれ安全到達度は何点くらいと考えるか〉

※直ちに強制介
入すべき状態

※事例にとって安心・
安全と言える状態

0点　　　　　　　　　　　　　　　　　10点

9-1　安全像

10　今後の取り組みアイディア

〈今やっていることで、これからも
　続けようと思うこと〉

〈この後、やってみたいこと、できた
　らよいと思うこと〉

11　見通し

〈やったらどうなるか、止めたらどうなるか〉

〈すぐにできそうか、やれたらどうなるか〉

12　現時点でのプラン

〈誰がなにをするか〉

次回　年　月　日

©AAA多機関ケースカンファレンス・シート　P2

出典　安心づくり安全探しアプローチ（AAA）研究会『チーム力を高める　多機関協働ケースカンファレンス』瀬谷出版　2019
　　　年　pp.188-189

ストレングスの観点から、次にリスクの観点から、当事者に関する情報と支援者の対応に関する情報の整理を行っていく。続いて、当事者の望みを全員で確認してから、当事者にとっての「安心・安全像」のイメージを参加者一人ひとりが具体的に語っていく。その全体を「安心・安全像」として共有したうえで、現時点での安心・安全到達度を一人ずつスケーリングし、その点数にした理由も述べる。最後のステップでは、全員で考えた安心・安全像に少しでも近づくために、この後すぐに取り組めるプランを検討し、役割分担を決める[10]。

【学びの確認】

①ソーシャルワークの関連技法（ネゴシエーション、ファシリテーション、プレゼンテーション、カンファレンス）の目的とその意義について考えてみましょう。
②ソーシャルワークの関連技法について、その活用場面を考えてみましょう。
③ソーシャルワークの関連技法の活用場面におけるソーシャルワーカーの役割を考えてみましょう。

【引用文献】

1）パメラ・トレビシック著、杉本敏夫監訳『ソーシャルワークスキル―社会福祉実践の知識と技術―』みらい　2008年　pp.305-311
2）カレン・ヒーリー著、杉本敏夫・熊谷忠和監訳『ソーシャルワークの方法とスキル―実践の本質的基盤―』みらい　2016年　pp.63-67
3）ダニエル・L・シャピロ著、田村次朗・隅田浩司監訳『ネゴシエーション3.0―解決不能な対立を心理学的アプローチで乗り越える―』ダイヤモンド社　2020年　pp.163-172
4）中村誠司『対人援助職のためのファシリテーション入門―チームの作り方・会議の進め方・合意形成のしかた―』中央法規出版　2017年　pp.6-10
5）武田丈「ソーシャルワーカーに必要なプレゼンテーション能力を高める①」全国社会福祉協議会『月刊福祉』87（1）　2004年　pp.86-89
6）武田丈「ソーシャルワーカーに必要なプレゼンテーション能力を高める②」全国社会福祉協議会『月刊福祉』87（2）　2004年　pp.84-87
7）相澤譲治監修、津田耕一編『ソーシャルワークの理論と方法Ⅰ』みらい　2010年　pp.144-146
8）前掲書2）　pp.153-154
9）安心づくり安全探しアプローチ（AAA）研究会『チーム力を高める　多機関協働ケースカンファレンス』瀬谷出版　2019年　pp.7-15
10）副田あけみ「ソーシャルワーク実践研究の目的」『福祉社会学研究』15　福祉社会学会　2018年　pp.15-30

第8章　事例研究の方法と事例分析

【学びの目標】

　本章では、事例（case）を通してソーシャルワーク実践を学ぶことの意義を考える。そして、ソーシャルワークの技術やプロセスを学習するために役立つ事例研究の目的と方法について学ぶ。

　事例研究における事例は、ソーシャルワークを学ぶ者にとって最も具体的でわかりやすい生きた教材である。ソーシャルワークの原理や原則などについて知識として学習した内容が、実際にどのように使われているのか、事例を通して具体的に学ぶことができる。また、ソーシャルワークを学ぶ学生にとって、事例研究はソーシャルワーク実践を体験することができる格好の学習方法である。

　本章のねらいは、下記のとおりである。

①　ソーシャルワーク実践を学ぶうえで、事例研究が不可欠である背景を知り、ソーシャルワーカー業務の奥深さを知る。

②　事例研究の目的と意義について学ぶ。

③　事例研究をするうえで注意するべき点、確認するべき事項を学ぶ。

1．事例研究とは

（1）事例とは何か

　「事例」について広辞苑等複数の辞書を調べると、おおむね①具体例として実際にあった前例となる事実、②個々の場合についてのそれぞれの事実、という2つの意味が記載されている。

　米本秀仁は、「事例」の構造を「例」「症例」「事例」という3層構造で説明している[1]。図8－1は、「例」「症例」「事例」を図解したものである。「例」は、問題像でソーシャルワーク実践の対象となる問題や課題、病気、障害などを指

図8−1　事例の３層構造

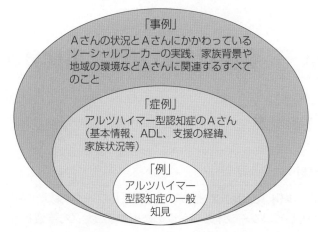

「事例」
Aさんの状況とAさんにかかわっている
ソーシャルワーカーの実践、家族背景や
地域の環境などAさんに関連するすべて
のこと

「症例」
アルツハイマー型認知症のAさん
（基本情報、ADL、支援の経緯、
家族状況等）

「例」
アルツハイマー
型認知症の一般
知見

出典　米本秀仁・高橋信行・志村健一編著『事例研究・教育法─理論と
実践力の向上を目指して─』川島書店　2004年　p.20を筆者改変

す。「症例」は、対象者像で「例」をもつ具体的な人、家族、地域などの対象
者を指す。「事例」は、援助関係像で「症例」とソーシャルワーカーとの具体
的援助内容・援助関係を指す。

　このように、「事例」というものは、個人もしくは集団そのものと、それら
を取り巻く環境やシステム、問題の因果関係、相互作用などを社会全体のなか
でとらえて、援助の時間的経過や援助にともなって起こる変化などを明らかに
する実践に結びついた素材なのである。

（2）事例研究とは

　事例研究（ケーススタディ）とは、一般的に臨床やフィールドワーク、イン
タビューや文献調査等による研究手法が用いられる質的研究であり、量的研究
と対を成すものである。事例研究で用いる事例の数は少なく、１事例を対象と
することが多い。また、定性的に記述され、過程追跡に適した臨床現場やフィー
ルドワーク、インタビュー等により検証が行われる。表８−１は事例研究の数
をベースに分類した表である[2]。

　保健医療福祉の実践現場において、事例研究は頻繁に用いられる研究方法の
一つである。一般的には特定の事例や特定の事象について詳細に経過を追い、
整理し、問題状況が生じている背景や因果律を事例全体のなかで明らかにし、
そのクライエントに合った個別の対応ができるようにしていく実践的な研究方
法である。これは、大量の事例を統計的に処理して類型化や法則を導き出すと

表8－1　事例研究の種類

事例の数	事例研究の分類	特徴
単一 （single case）	単一事例研究	・因果関係を説明する理論の構築・検証を目的としないこともある。 ※単一事例研究が、因果関係に無頓着で、理論的貢献に乏しいというわけではない。
2つ以上の少数 （small N）	比較事例研究	・因果関係を描出して理論を構築・検証することが目的となる。

出典　加藤淳子・境家史郎・山本健太郎編『政治学の方法』有斐閣アルマ　2014年　p.41

いうのではなく、教科書に記載している原則論的なソーシャルワークプロセスを辿らない、ユニークな1事例の所見を得ていこうとする応用論的なものである。

　ここでまずは用語の整理を行いたい。事例研究と似た言葉に「事例検討」がある。実践現場では「事例検討会」が開催され、職員はもちろん、実習生も実習中に参加することがあるかもしれない。実際、事例研究と事例検討は厳密に使い分けられているわけではなく、実践では「事例検討」、学会などの研究の場で発表するときには「事例研究」と何となく使われているのが現状であろう。

　「事例検討」は実践現場でよく使われ、その目的や焦点づけはさまざまである。例えば、以下の3つの目的はイメージがしやすいであろう。

①現在進行中の事例を詳細に検討し、明日から役立つ援助方法を考える目的

　これは、援助困難事例や複合問題事例など、担当ソーシャルワーカーなどが援助に行き詰っているときに実施される。多機関・多職種との間ではケースカンファレンスも行われるが、改めて立ち止まって考える必要性を感じたときに、事例の内容をきちんと共有、把握する目的で実施する。または機関内で援助方針を検討する必要があると考えたときにも実施される。

②すでに援助が終結した事例を冷静にふり返って分析・評価し、対人専門職としての価値や姿勢、技術などを含めた実践全般をふり返る目的

　これは、すでに自分の手を離れた事例を検討するということである。例えば、患者が急性期の病院から自宅に退院をして、主たる援助の担い手が地域にバトンタッチした場合などに、今までの援助をふり返る意味で医療ソーシャルワーカーが事例検討を実施することがある。また、クライエントが亡くなった場合にも実施することがある。医療・看護領域では「デスカンファレンス」と称して亡くなった患者へのケアをふり返り、今後のケアの質を高めるために事例検

討会を開催する。地域においても高齢者虐待で亡くなった事例について、クライエントへの援助方法がこれでよかったのか、もっとできることはなかったのかなどと、援助者として謙虚に実践をふり返るときに実施している。

③現在進行中、もしくは終結した事例を検討し、次に似た事例の担当になったときに過去の経験が役立つようにするスキルアップ目的

　①と②両方の要素が入ったものであるが、新人ソーシャルワーカー等が業務を学んでいくうえで、同僚や先輩ソーシャルワーカー等とともに丁寧に事例を検討していき、スキルアップにつなげるために実施する。

　このように事例検討、事例研究の目的はさまざまである。さらに、これらはよりよい援助の模索のために、援助者の実践そのものを扱うことから、その援助を行った担当者を援助することにもつながるスーパービジョンの要素もある。

　また、複数の事例を検討する場合は、比較や分類分けすることで類型化や法則性等の理論を導き出すこともある。つまり、事例研究は事例検討を行うことでできるものであり、事例検討は事例研究になりうる、ということがいえよう。

（3）事例研究の意義

1）"人相手"の実践的学問であるソーシャルワーク

　改めて、事例研究の意義は何かというと、事例研究を通して現場のリアルを体現し、人を援助することの本質をとらえられることといえる。対人援助の専門職であれば、自身の実践をふり返り、絶えずこれでよいのか／よかったのか、もっとよい方法はないか／なかったのか、他の人が担当していたらどうだろうと悩みながら業務を行っていることだろう。人を援助するということはhow-toでは実践できない難しいものなのである。

　2013年にオックスフォード大学でAI（人工知能）等の研究を行うフライとオズボーン（Frey, C. B. & Osborne, M. A.）が「雇用の未来—コンピューター化によって仕事は失われるのか—」という論文を発表し、世界中で話題になった。この論文は、米国労働省のデータに基づいて、702の職種が今後どれだけコンピューター技術によって自動化されるのかを分析したものである。推計結果として、この先10〜20年程度で米国の労働人口の約47%は機械に代替されるリスクが約70%であるという結論に至り、全世界に衝撃を与えた。つまり、人間が行う仕事の約半分が機械に置き換わるということになる。それは約10年

後に「消える仕事」と「残る仕事」が高い精度で大別されたということに他ならない。

「消える仕事」、つまり特に自動化がされる可能性が高い仕事は、例えば、レストランの案内、レジ、ホテルの受付、電話オペレーター、訪問販売員、データ入力作業、銀行の融資担当等であり、単純作業やデータを用いる仕事が多いことがわかる。反対に高いコンピューター技術をもってしても自動化が難しい＝将来なくなる可能性が低いと予測される仕事は、レクリエーションセラピスト、最前線のメカニック・修理工、医療ソーシャルワーカー、メンタルヘルスケア、作業療法士、義肢装具士、栄養士、内科医、外科医、施設管理者、セールスエンジニア、振付師等があげられている。これらは主に対人援助の仕事で、相手に合わせた対応をしたり、想像力や創造力が必要とされたりするクリエイティブな仕事といえる。

以上のことからわかるように、作業をこなすだけの単純な仕事は機械に取って代わり、感情を読み取る観察力や背景を慮る感受性や想像力を要する、人間ならではの複雑で個別性の高い仕事や芸術等のクリエイティブな仕事は無くならないといえよう。前置きが長くなったが、約10年後に無くならない仕事＝ソーシャルワーカーは、単純な仕事ではないということである。

確かに社会福祉を学ぶ者にとって、社会福祉の現場で働くということは、どのような職場でどのような仕事をするのかわかりにくいといわれてきた。わかりにくいというのは、画一的ではないということであろう。バイステックの原則にもあるように、ソーシャルワーカーの援助関係の基本は「個別化」であり、人間の暮らしや気持ちは千差万別のため、わかるようなわからないような、という曖昧模糊としたなかで援助関係を築く実践的かつ実際的な学問である。

大学をはじめ社会福祉士養成校での学びは、実際の現場では役立たないとか、大学で習ったことと現場は異なるなどといわれることがある。確かにソーシャルワークの教育は抽象的なことも多い。価値や倫理についてはその最たるものかもしれない。また、理論やアプローチはたくさんの事例・事象から枝葉を切り落とした本質的かつほとんどの事象に共通する内容を抽象化した産物である。

理論をベースに、実際の事例を応用編と考えれば、実は理論と実践は全くもって別物というのではなく、ベースの理論を理解しているからこそ応用力、つまりは現場での実践力が際立つ、特異な事例であることがわかる、と考えることができる。

また、2017年にオズボーン（Osborne, M. A.）らは「未来に必要とされるスキル：2030年の職業」という新しい論文を発表している。2013年の論文では「ど

の職業が自動化・機械化のリスクにさらされているか」について検討されていたが、新しい職業の出現、グローバリゼーション、高齢化、都市化等は考慮されていなかった。2017年の論文では、これらの点を補完しつつ、どのように職業が変化していくのか、スキル・知識の点からアメリカとイギリスを対象として考察している。

　参考までに記載するが、アメリカとイギリスとでは将来必要とされるスキル・知識に差がある。同じ英語圏でも必要とされるスキルや知識が異なるのは面白い知見である。表8－2は、アメリカとイギリスそれぞれに将来必要とされるスキル・知識120のうち上位10位である。

表8－2　将来必要とされるスキル・知識

	アメリカ		イギリス	
順位	評価に用いた変数	分類	評価に用いた変数	分類
1	学習戦略の立案	スキル	判断と意思決定	スキル
2	心理学	知識	よどみなくアイデアを出す	能力
3	指導	スキル	アクティブラーニング	スキル
4	社会に対する知覚	スキル	学習戦略の立案	スキル
5	社会学および人類学	知識	オリジナリティ	能力
6	教育と訓練	知識	システムの評価	スキル
7	コーディネーション	スキル	演繹的推論	能力
8	オリジナリティ	能力	複雑な問題解決	スキル
9	よどみなくアイデアを出す	能力	システムの分析	スキル
10	アクティブラーニング	スキル	監視	スキル

出典　Hasan Bakhshi, Jonathan M. Downing, Michael A. Osborne, Philippe Schneider, *The Future of Skills: Employment in 2030*, 2017を参考に筆者作成

　120ある将来必要なスキル・知識のうち、上位にはコーディネーション、オリジナリティ、アイデア、コミュニケーション、マネジメントといったものがあげられている。これらのスキル・知識は、すべて人間にかかわっていることといえる。他者とのコミュニケーションを通じて、相手の意図や状況を判断しつつ臨機応変に対応する必要がある業務や、データに基づく判断が難しい状況下で全体を俯瞰した判断が求められる場合もまだ人間の能力が必要となるようである。

　人相手のソーシャルワークは、ロボットやAIでは取って代われない非常に複雑で繊細なものである。それゆえ、対人援助には繰り返しトレーニングが必

要になり、その教材として事例研究は役立つといえよう。

　ソーシャルワーク専門職のグローバル定義にも、「実践に基づいた専門職であり学問」「ソーシャルワークの理論、社会科学、人文学、および地域・民族固有の知を基盤とし」と謳っている。つまり、実学である学問は理論と現場を行ったり来たりしながら学びを深化させていく必要がある。そのために、事例研究は不可欠なものとなる。

２）社会福祉教育から考える事例研究

　「社会福祉士及び介護福祉士法」は1987（昭和62）年に公布された。このとき福祉の仕事が国家資格のある専門職と認められ、福祉教育についても明確にカリキュラムが定められた。2007（平成19）年の「社会福祉士及び介護福祉士法」の改正を受けて、2009（同21）年度より、社会福祉士養成課程に新たなカリキュラムが導入され、従来ケースワークやグループワークなどの援助技術科目で構成されていた「社会福祉援助技術」は、「総合的かつ包括的な相談援助の理念と方法に関する知識と技術」という科目群になり、そこには、「相談援助の基盤と専門職」「相談援助の理論と方法」という科目が設定された。当時、今後のソーシャルワーカーの業務の中心に、改めて「相談援助」の業務を強く位置づけたものとみられる。

　そして、2018（平成30）年３月には、社会保障審議会福祉部会福祉人材確保専門委員会の報告書（以下「報告書」という。）「ソーシャルワーク専門職である社会福祉士に求められる役割等について」をふまえ、今後、地域共生社会の実現を推進し、新たな福祉ニーズに対応するため、ソーシャルワークの専門職としての役割を担っていける実践能力を有する社会福祉士を養成する必要があると意見があがった。このことから、教育内容等の見直しが求められ、2021（令和３）年度に新カリキュラムが定められた。

　見直しの方向性は、「報告書」及び2007（平成19）年度カリキュラム改正以降の社会状況の変化や法制度の創設等をふまえ、ソーシャルワーク機能を発揮できる実践能力の習得が図られるよう、①養成カリキュラムの内容の充実、②実習及び演習の充実、③実習施設の範囲の見直し等の３点について教育内容の見直しが図られた。

　特に②の実習及び演習の充実というところが、2021（令和３）年度の一番大きな改正点で、実習時間は従来の180時間から240時間へと大幅に増加した。より現場に即した教育が求められたということになる。また、カリキュラムのなかでは各領域さまざまな事例を通して学ぶ必要性があげられている。

3）社会福祉教育における事例研究の効果

　ところで、ソーシャルワーカーの卵である学生が、大学や養成校で学び、実際の現場では対人専門職であるソーシャルワーカーが行っている「相談援助」とは、具体的にどのような業務内容を指しているのであろうか。文字どおり、クライエントから相談を受けた援助者が、ニーズに応じたサービス提供や、自立支援をするということであるが、その援助の幅は意外に広く、具体的なイメージをもってとらえることが難しい。

　「相談援助」の定義については、「社会福祉士及び介護福祉士法」第2条第1項によると、「専門的知識及び技術をもつて、身体上若しくは精神上の障害があること又は環境上の理由により日常生活を営むのに支障がある者の福祉に関する相談に応じ、助言、指導、福祉サービスを提供する者又は医師その他の保健医療サービスを提供する者その他の関係者（第47条において「福祉サービス関係者等」という。）との連絡及び調整その他の援助を行うこと」とされている。

　定義からは、「相談援助」とは相談を受けて、助言や指導を行い、福祉サービス等を提供し、関係者と連携して、ニーズを抱えるクライエントの自立支援を行うということが理解できる。しかし、ソーシャルワークを学習する者にとっては、「相談援助」という用語の定義は理解できたとしても、クライエントや当事者と援助者、つまりソーシャルワーカーがどのようなかかわりと関係をもつことによって、どのように両者の援助関係が展開していくのかについて、具体的なイメージがなかなか浮かばない。野球のルールを知っていても野球ができるということではないように、文章の書き方を学んでも小説が書けるわけではないように、ソーシャルワークを学んでも実際にクライエントと信頼関係をどのように築き、どのようにアセスメントをして、適切なアプローチを選択しながら援助を展開していくのかはわからない、ということは実習生や新人ソーシャルワーカーを見ていればよくわかる。

　そこで効果を上げるのが、「事例研究」である。事例研究では、ニーズをもつクライエント、家族やそれを取り巻く関係者と、援助機関や組織とソーシャルワーカー等が援助のプロセスを通してどのように援助関係が展開していくのかを見ることができる。

　学習者は、事例を学ぶことで、クライエントの抱える問題や家族を含めて、困難に直面する苦悩や現実の課題などを確認することができる。また、学習者は、課題や困難に直面するクライエントを援助するソーシャルワーカーが、課題解決に奔走し、関係者と連携するなかでどのように専門性を発揮することができるのか、援助実践を体験することができる。

　さらに学習者は、クライエントと援助者が、クライエントの自立支援という

目標に向けて、どのように援助関係を展開していくのか、その取り組みから、ソーシャルワークの意義や価値についても生きた教材からの学びを得ることができる。社会福祉士という国家資格をもつソーシャルワーカーは、人を援助し、社会を変革していくという極めて重要な仕事をつかさどる。また、人の尊厳を守り、社会正義を行使し、人の人生にかかわる仕事をするという意味では、大変価値とやりがいのある職業である。

　一般にわかりづらいといわれる、「ソーシャルワーカー」や「社会福祉士」の仕事の魅力や醍醐味は、事例研究を通して学びのなかで伝えていくことができるのである。そのために社会福祉教育カリキュラムには事例研究が不可欠になっている。

（4）事例研究の起源と種類

1）ハーバード方式

　事例研究は、もともと100年以上も前の1880年代、アメリカのハーバード大学法学部で開発されたものが最初といわれている。当時のハーバード大学法律学の教授、クリストファー・ラングデル（Christopher Langdell）が、物理学で行われている帰納的な研究方法を判例研究として法学教育に取り入れ開発した。帰納的な研究方法とは、個々の具体的現象から一般的な理論を導き出す方法である。この事例研究法はケースメソッド（case method）ともいうが、ハーバード大学で開発されたことから「ハーバード方式」と呼ばれ、法学から医学、社会学、経営学、社会福祉へと広く取り入れられるようになった。

　この「ハーバード方式」は、事例研究の参加者が討議を通して、事例のなかに見られる問題を確認し、その問題の事実と原因を明らかにし、対策を立てる研究法である。その過程のなかで、参加者は問題認識や分析力、解決策の組み立てや判断力を身につけていくのである。事例自体も比較的長く、一事例で長時間にわたり討議するような複雑な事例を用いていたため、企業内教育における経営者や管理者に適用されていた。また、当事者の立場に立って考えるという特徴もあった。

2）シカゴ方式

　事例研究には、ケーススタディ（case study）と呼ばれる方法があり、シカゴ大学で最初に実施されたため「シカゴ方式」とも呼ばれている。この方式は、「ハーバード方式」のように複雑な事例を何時間もかけて討議するのではなく、講義中に簡単な事例をもとに学生に討議させていたものが技法として確立した

といわれている。この「シカゴ方式」では、必要最低限の情報を入れた簡単な事例について具体的に示された内容から、受講生と講師が一緒に客観的な立場に立って、問題の所在や原因とその解決策について討議時間をあまりかけずに行うものである。日本では、1955（昭和30）年ごろから企業における社員研修で用いられ普及していった。

3）インシデント・プロセス法

　インシデント・プロセス法はハーバード大学からマサチューセッツ工科大学に移ったピゴーズ（Pigors, P.）教授夫妻によって開発されたもので、ハーバード方式の改訂版と考えられる。情報の収集と理解を積極的に進めるなかで、問題の原因・背景の探求と解決策の提示を行っていく。インシデント・プロセス法では、情報収集の過程を重視するため、事例の一部分を示すにとどめ、事例提供者に対して参加者が質問することによって、事例に関する情報や問題の全体像を把握することに重点が置かれている。

2．事例研究の目的と方法

（1）事例研究の目的

　法学の世界で誕生した事例研究法は、医学の症例研究に導入され、経営学の習得に企業でも用いられ、さらに社会福祉の領域においても重要な技法として発展していった。

　社会福祉の領域における事例研究は、量的調査と対比してとらえることができる。量的調査では、多数の対象を調査し、その調査結果を統計的手法で分析し、一般理論を導き出す。これに対し事例調査は、個別の事例を詳細に時系列で追い、援助プロセスを分析して評価し、個別性を重視した質的研究法である。当然こうした事例研究の結果だけでは、援助理論を一般化することはできない。しかし、事例研究を一つひとつ積み重ねることによって、援助理論や技術の確立をめざすことは可能である。

　事例研究の活用法としては、以下のものがあげられる。

①ソーシャルワークを学ぶ学生が社会福祉実践の学習として活用する。

②ソーシャルワーカーの現任訓練として所属機関においてスーパービジョンを受けるために事例を活用する。

③施設・機関・地域で抱えるケースをケースカンファレンス（あるいはケア会

議等）において取り上げ、よりよい援助を探ることを目的に行われる。

　本節では、この①の社会福祉実践の学習方法としての事例研究について取り上げる。社会福祉実践の学習における事例研究の目的には、次のようなものが考えられる。

1）ソーシャルワークにおける援助プロセスの学習

　ソーシャルワークを学ぶ者は、ソーシャルワークにおける援助技術の知識を習得したうえで、それをどのように使いこなせばよいのか、またどのような場面で使えばよいのか、あるいはどのようなクライエントに対して使うのが適切なのか、事例を通して学ぶことができる。

2）事例をもとに、援助のあり方についてグループディスカッションができる

　少人数でグループをつくり、討論や議論を深めていく過程のなかで、意見を出し合い援助のあり方を評価することができる。さらに事例を深く掘り下げ分析するなかで、異なる援助方法を提案し、新たな援助手法を提示することもできる。

3）多職種間の連携のあり方が学習できる

　社会福祉の領域では、援助にかかわる人々が保健・医療・福祉の広範な専門職にわたることがある。こうした多職種間で連携が図られるためには、各専門職がクライエントに対する「援助目標」を共有していることが重要となる。連携のための「援助観」を共有し、「援助方針」をともに導き出すことができているかなどが分析の対象となる。

　最終的に、クライエントの立場に立ち、クライエントのニーズが充足されるための各職種の援助技術と連携の方法やあり方を評価し、その手法を学ぶとともに、新たな援助技術の開発が求められる。

（2）事例研究の方法

1）事例研究の種類

　事例研究は、さまざまな方法で行われている。最も代表的なものは、事例全体の援助プロセスを把握し、当事者の立場に立って検討する「ハーバード方式」である。2つ目は、簡単な事例について具体的に示された内容から、客観的な立場に立って、問題の所在や原因とその解決策について検討する「シカゴ方式」である。そして3つ目は、「ハーバード方式」の問題点に着目して開発した「イ

ンシデント・プロセス法」という事例研究法である。

　ピゴーズは、「ハーバード方式」は事例研究の参加者が「傍観者」になりやすいとして、もっと主体的に学習できるように「インシデント・プロセス法」を提唱した。これは、クライエントと援助者がかかわった援助関係全体のなかで、ある特定の問題が提示される発端となる小さな出来事（incident：インシデント）を中心にまとめた事例研究法である。

　その他、事例研究には「ロール・プレイ（役割演技）法」や「ブレイン・ストーミング」「KJ法」（文化人類学者の川喜田二郎が考案した問題解決のための技法。姓名の頭文字をとって名づけられた）、スーパービジョンを目的とした事例研究など、その目的に応じてさまざまな方法がある。最近ではPCAGIP法という新しい事例検討法も紹介されている。PCAGIP法は、事例検討の場をコミュニティの場ととらえ、援助者がエンパワーされ、自分で問題を探る心理的成長を目的としており、事例検討の場をエンカウンター・グループの場と見なす。事例検討の場にいる参加者は、事例提供者と一緒に解決の方向性を探索するリサーチパートナーであり、必ずしも結論が出るわけではなく、事例提供者である援助者に役立つヒントが出ればよいとしている。

　他にもいろいろな事例研究・事例検討法はあるが、ここでは代表的な3つの事例研究法を取り上げ説明する。

2）ハーバード方式

　これは最も一般的に用いられる事例研究法で、事例全体を初めから終わりまでまとめて提示するので、援助プロセス全体が明らかとなり、援助実践の分析や考察を深めることができる。提示された事例から、クライエントの抱える問題は何か、原因はどこにあるのか、それに対する援助方法は、といった手順で討議し、参加者の問題認識能力や、解決策を組み立てる能力、援助方法に対する評価能力などを高めていくことをねらいとしている。

　提示される事例には、以下のような項目が盛り込まれている必要がある（表8-3）。
①基本的な情報（「基本属性」と呼ばれ、「フェイスシート」に盛り込まれる情報として性別・年齢・健康状態・性格特性・職業・家族構成・経済状況など）
②事例の概要（相談内容、援助経過に加え、相談するに至った経過、成育歴、家族関係、クライエントを取り巻く人間関係、クライエントや関係者の問題解決能力など）と、必要に応じて、家系図を表すジェノグラムや社会関係図を示すエコマップなどを加える。
③援助実践に対する評価、分析、課題など。

表8-3　事例における項目内容

基本的な情報 （基本属性） （フェイスシート）	・性別　　　　・職業 ・年齢　　　　・家族構成 ・健康状態　　・経済状況　など ・性格特性
事例の概要	・相談内容（主訴を含む） ・援助経過 ・相談するに至った経過 ・成育歴（life history） ・家族関係 ・クライエントを取り巻く人間関係 ・クライエントや関係者の問題解決能力　など
援助実践に対する	・評価 ・分析 ・課題　など

※必要に応じて、家系図を表すジェノグラムや社会関係図を表すエコマップなどを加える。
出典　相澤譲治監修,大和三重編『ソーシャルワークの理論と方法Ⅱ』みらい　2010年　p.200
　　　を一部改変

　事例には、プライバシー保護（守秘義務）の観点から、実名はもちろんのことイニシャルも避けたほうがよいが、臨場感をもたせるために仮名を使うのが望ましい。またいうまでもないが、事例として用いることは本人や家族の了承を得たうえのことであり、それでもなお事例全体に差し支えない程度に手を加え、再構成し、クライエント本人とわからないようにすることが望ましい。

3）シカゴ方式

　シカゴ方式の事例研究は、客観的立場に立って検討していくため、内容は比較的簡単なものが用いられる。取り扱う事例の種類についても理解を深めておく必要があり、その種類に応じて対応は異なる。

①設問事例：数行程度の内容のものを、講義の合間等に投げかけ、5分程度で考えさせる事例検討法。2人もしくは3人で考えさせることもある。後述する基本手順はふまない。

②短文短縮事例：要約した400字程度の事例を用いる。事例には、いつ、どこで、誰が、何をしたのかの内容が書かれていて、事例を読むだけで問題点がつかめるようになっている。対策や結論を導き出すことが目的である場合が多い。シカゴ方式の基本手順は以下のとおりである。

●第1ステップ：オリエンテーション

　事例研究の意義と進め方について司会者が簡単に説明する。そして、事例の内容と「何を学ぶのか」という目的を説明する。

●第2ステップ：事例の提示

　事例を提示し、疑問点があれば事例提供者に質問してもらう。事例について第三者の立場（客観的立場）で考えるのか、登場人物の立場で考えるのかを指示する（ケーススタディの場合は、第三者の立場で考えさせるのが原則だが、ケースによっては当事者の立場で考えてもらうこともある）。

●第3ステップ：個人で検討（15分程度）

　個人で考えてもらう課題は、①問題点、②事実と原因、③対策の3つだが、時間がなければ①または①②だけで行う。

●第4ステップ：グループで検討（40～60分程度）

A. 問題点を討議：個人で検討した問題点を出し合い、問題点を整理していく。
B. 原因の追求：問題の背後にある原因を考える。さらに原因は特に重要なものだけに絞り優先順位をつける。
C. 対策を検討：具体的な解決策を検討していく。誰の立場で考えるのかをもう一度確認し、問題点→原因→対策の順で要点をホワイトボードや模造紙にまとめていく。そして、この事例から「何を学んだか」あるいは「今後どのような点に注意すべきか」をまとめる。

●第5ステップ：全体発表

　各グループ5分程度で問題点、原因、対策を発表する。質問があれば事例提供者には答えてもらう。質問は攻撃的な内容でなく、建設的意見を中心に出してもらう。

●第6ステップ：フィードバックと講評

　発表が終わったら、各案のよいところを比較検討し、それぞれについて講評する。優劣は決めない。事例提供者だけでなく、参加者それぞれが事例から何を学んだかが大切になる。問題解決のプロセスにねらいを置いている場合は、問題解決の手順や問題解決の留意点について確認する。

4）インシデント・プロセス法

　事例の提示の仕方に特徴があり、ハーバード方式のように事例全体を要約したものを提示するのではなく、援助実践のある断面を切り取るように、問題に関係するある特定の小さな出来事（インシデント）を中心に具体的に提示する方法である。シカゴ方式とインシデント・プロセス法の折衷法が使われていることも多い。事例提供者に対して参加者が質問することによって必要な情報を集め、事例の概要を明らかにしながら、対応策等を検討していく方法である。

　その具体的な出来事の提示の仕方は、要約で示すこともあれば、クライエントと関係者や援助者との会話を逐次示していく方法がとられることもある。

「ハーバード方式」との際立つ違いは、ハーバード方式は援助実践全体を要約したものを素材とするため、事例研究の参加者は、事例を外から第三者的に見る「傍観者」となりやすいことである。そのため、問題解決策や援助方法を検討する際、クライエントの立場から主体的に検討する姿勢を引き出しにくいといわれることがある。

一方「インシデント・プロセス法」は、具体的な問題場面が事例提供者によってリアルに描写されるため、少ない情報のなかにあって、参加者は問題の所在がどこにあるのか、それを明らかにするための必要な情報は何か、主体的に思考が働くように刺激を受ける。さらに専門家として、どこでどのように援助し、介入すべきかなど、現状分析と対策の組み立てを考察するモチベーションを高めることができ、活発なディスカッションが期待できるといわれている。

以上のように「インシデント・プロセス法」の効果は、①事例提供者に質問をしなければ情報を得ることができないため、積極的な参加が期待でき、情報収集力を培うことができる、②限られた時間のなかで問題解決に必要な情報を"質問"によって得なければならないため、的確な質問力を培うことができる、③問題解決に向けての対応策について主体的に考え、自らの学びとなることといえる。

しかし、実際に施設や機関などの現場で行う事例研究においては、「ハーバード方式」と「シカゴ方式」と「インシデント・プロセス法」を明確に使い分けているわけではなく、折衷法を用いたり実践領域や援助場面、援助内容に合わせて柔軟に行われている。

インシデント・プロセス法とシカゴ方式であるケーススタディの折衷手順は以下のとおりである。

●第1ステップ：開始

役割分担（事例提供者、司会者、タイムキーパー、記録者等）、時間配分やルールの確認

●第2ステップ：導入

①事例提供者による事例提示理由（なぜこの事例を検討しようと思ったのか）

②事例提供者から事例概要紹介

③参加者各自で事例検討

④事例概要に関する質疑応答

●第3ステップ：検討

①ゴール設定（検討部分）

②中心的検討課題の探索と絞り込み

③課題に即した検討と討議成果の積み上げ

④成果とゴールとの照合
●第4ステップ：まとめ
　①事例提供者の充足度の確認
　②積み残しの課題確認
　③参加者同士のフィードバック
　④事例提供者へのねぎらいと脱役割

5）事例研究にあたって確認すること

　職場外での事例研究の場合、事例の取り扱いには特に注意が必要である。事例の本人や家族の了承を得ることはもとより、職場外で事例研究会や事例検討会を実施する場合は上司に報告、了承を得てから提示する必要がある。そのほか、確認するべき点は以下の6つである。
　①事例提供者および事例研究会に参加する全員の安全の確保
　②事例研究のゴールの設定
　③対人援助専門職としての参加意識や姿勢
　④役割分担と責任の遂行
　⑤進行手順と時間配分
　⑥記録の取り扱い
　岩間伸之は事例研究のもち方について、その展開を7段階40のポイントで整理した（表8-4）。展開過程は、①開会、②事例の提示、③事例の共有化、④論点の明確化、⑤論点の検討、⑥まとめ、⑦閉会の7段階にわたる。この表では、内容だけでなく、その内容の担い手を一緒に示している。内容の担い手欄の（司）は司会者、（事）は事例提供者、（参）は参加者、（助）は助言者であるスーパーバイザーを示している[3]。

（3）事例分析の方法

1）事例分析の視点

　事例分析は事例研究の一部であり、より実践に焦点があてられる。物事の全体の傾向を知るための定量分析と、個別事例の問題点やかかわり方を明確にする定性分析の2つがあるが、ソーシャルワークでは実践を分析する定性分析がほとんどである。
　事例を分析する際には、以下の視点をもって分析することが重要である。
①クライエントのニーズアセスメントは適切であるか。
②クライエントにかかわる情報は十分であるか。その情報の解釈は妥当であるか。

表8－4　事例研究の40のポイント

段　階	番　号		内　　容	内容の担い手			
				司	事	参	助
Stage 1 （開会）	Point1		定刻に開始し、時間の枠を明示する	○			
	Point2		参加者がお互いに認知できるようにする	○			
	Point3		事例研究の意義を確認し、集中力を高める	○			△
	Point4		事例研究の展開過程を確認する	○			
Stage 2 （事例の提示）	Point5		事例提供者を紹介し、位置づけを明らかにする	○			
	Point6		余裕をもって事例発表ができるように配慮する	○			△
	Point7		事例の簡単な概要と選んだ理由を明らかにする		○		
	Point8		配布資料に沿って発表する		○		
	Point9		全体的な所感と検討してほしい点を提示する		○		
	Point10		事例提供者をねぎらい、要点を整理する	○			△
Stage 3 （事例の共有化）	Point11		事例に関する情報を補足する			○	
	Point12		事例を明確化するための質問をする	○		○	○
	Point13		事例に対する事例提供者の「思い」を共有する	○		○	○
	Point14		事例についての情報を整理する	○	△	△	△
	Point15		事例を「再構築」し、イメージを共有する	○	○	○	○
Stage 4 （論点の明確化）	Point16		事例を深める中で検討すべき論点に気づく	○	○	○	○
	Point17		事例の性質に合った的確な論点を整理する	△	△	△	○
Stage 5 （論点の検討）	Point18	①	検討内容の時間配分に留意する	○			△
	Point19		ディスカッションの促進と方向づけをする	○			○
	Point20		小まとめを入れながら段階的に議論を深める	○			△
	Point21	②	自由に発言できる和やかな雰囲気をつくる	○		△	
	Point22		全員が発表できるように配慮する	○			
	Point23		少数意見も大切にする規範をつくる	○			△
	Point24	③	必要な場面を逐語で再現する		○		
	Point25		「自分だったらどうするか」を具体的に考える		○		
	Point26		参加者の考察を深める質問を投げかける	△			○
	Point27		対峙する意見や考えを引き出す	△			○
	Point28		事例からみた問題発生のメカニズムを分析する	○	○		○
	Point29		今後の援助のあり方について具体的に検討する	○	○		○
	Point30	④	必要に応じてグループ討議を採り入れる	○			
	Point31		グルーピングの基準と方法に配慮する	○			
	Point32		グループでの検討内容に討議時間を明示する	○			○
	Point33		グループでの議論を全体に生かす	○			△
Stage 6 （まとめ）	Point34		これまでの検討内容を整理する	○			△
	Point35		事例についての最終的なまとめをする	○			○
	Point36		事例研究全体を振り返る	○	○	○	○
	Point37		事例のプライバシーへの配慮を促す	○			
Stage 7 （閉会）	Point38		次回の事例研究会の調整をする	○			
	Point39		全体にねぎらいの言葉をかける	○			
	Point40		定刻に終了する	○			

出典　岩間伸之『援助を深める事例研究の方法〔第2版〕』ミネルヴァ書房　2005年　p.69

③援助者はクライエントや家族・関係者との信頼関係を築くためのかかわりをしているか。

④援助者はクライエントの人権や尊厳を守っているか。

⑤援助者はクライエントの主訴やワーカビリティ（課題解決能力）を把握しているか。

⑥クライエントの課題解決に向けた援助方針・目標が立てられているか。その援助方針・目標は適切であるか。

⑦クライエントの立場になり自己決定を最大限に尊重しているか。

⑧クライエントの自立に向けた援助・支援となっているか。

⑨クライエントのエンパワメントを援助者が阻害してはいないか。

⑩援助者はアドボカシー機能を十分遂行することができているか。

⑪援助者はクライエントを援助・支援するための社会資源を十分把握しているか。またその社会資源を適切に活用できているか。

⑫エンパワメントアプローチを用いるためのスキルを援助者は備えているか。

⑬援助の過程でクライエントや家族を心理的にサポートできているか。

⑭援助の結果、クライエントや家族のQOLは高められたか。

⑮ノーマライゼーションや権利擁護の理念は守られているか。

⑯他職種との連携はうまく図られているか。

⑰利用できる社会資源との連絡・調整は適切であったか。

⑱利用できる社会資源が少ないため援助の展開が困難ではなかったか。

⑲援助者は課題解決を急ぐあまり、クライエントに指示的な態度をとることはなかったか。

⑳援助者の援助姿勢、倫理的ジレンマ、バーンアウト（燃え尽き症候群）など、援助者のスキル向上に役立つような「失敗例」としても活用できる事例ではなかったか。

　以上、事例分析の際の視点を列挙したが、事例の対象となる児童、障害者、高齢者等の分野別、あるいはハーバード方式、シカゴ方式、インシデント・プロセス法等、事例研究の方式によっても、あるいは要約か逐語記録かによる事例スタイル等によっても、視点や考察の方法は異なる。いずれにしても、事例分析を行うことによって、初学者は援助のスキルを学び、援助者は援助のスキル向上を図ることができるのである。

※なお事例分析に関連して、本シリーズ第2巻　相澤譲治監修、津田耕一・橋本有理子編『新版　ソーシャルワークの理論と方法Ｉ【基礎編】』（みらい、2021年）第5章「ソーシャルワークの過程3―支援の実施から終結、事後評価まで」で、ソーシャルワークの効果測定・評価について説明している。事例分析の理解を深める

うえで参考にしていただきたい。

2）まとめ

　事例研究をすることで、実践のふり返りをすることができる。また、自身の事例でなくても、他人が担当している事例を検討することで、問題発見、問題分析、見通しをもった援助を展開していく能力が涵養される。さらに、ものの見方や考え方について、自分の特徴と他人の特徴を比較検討することができる。経験知を含めた知識や援助方法の共有化や対人専門職としての考え方などを相互に確認できるのは、貴重な経験である。そして、グループでの検討・議論を通して、相互交流が進み、精神的サポートや分かち合い、共感が得られ、明日の援助への活力にもなり得る。

　これ以外にもさらに多くの効果があるため、事例研究を定期的に実施して専門的力量を伸ばしてもらいたい。

【学びの確認】
①事例研究の意義を改めて確認してみましょう。
②事例研究の方法にはどのようなものがあるか整理してみましょう。
③事例を分析する際、どのような視点が重要となるでしょうか。

【引用文献】
1）日本社会福祉実践理論学会監修、米本秀仁・高橋信行・志村健一編著『事例研究・教育法―理論と実践力の向上を目指して―』川島書店　2004年　p.20
2）加藤淳子・境家史郎・山本健太郎編『政治学の方法』有斐閣アルマ　2014年　p.41
3）岩間伸之『援助を深める事例研究の方法〔第2版〕』ミネルヴァ書房　2005年　p.69

【参考文献】
　西尾祐吾編著『保健・福祉におけるケース・カンファレンスの実践』中央法規出版　1998年
　吉沢勲編『事例研究』相川書房　1992年
　牧洋子・黒岩晴子『事例から学ぶ医療福祉相談』せせらぎ出版　2002年
　久保紘章・北川清一・山口稔編『社会福祉援助技術論』相川書房　2002年
　黒木保博・小林良二・坂田周一・森本佳樹編『ソーシャルワーク演習（下）』有斐閣　2003年
　浅野仁監修、浅野ゼミナール福祉研究会編『福祉実践の未来を拓く―実践現場からの提言―』中央法規出版　2008年
　ソーシャルワーク演習教材開発研究会編『ソーシャルワーク演習ワークブック』みらい　2008年

Frey, C. B. & Osborne, M. A., *The future of employment: how susceptible are jobs to computerisation?*, 2013, 1-72

Hasan Bakhshi, Jonathan M. Downing, Michael A. Osborne, Philippe Schneider, *The Future of Skills: Employment in 2030*, 2017, 1-124

村山正治・中田行重編著『新しい事例検討法　PCAGIP入門』創元社　2012年

岩田正美・小林良二・中谷陽明・稲葉昭英編『社会福祉研究法―現実世界に迫る14レッスン―』有斐閣アルマ　2006年

平山尚・武田丈・呉栽喜・藤井美和・李政元『ソーシャルワーカーのための社会福祉調査法』ミネルヴァ書房　2003年

第9章　ソーシャルワークにおける総合的かつ包括的な支援の実際

【学びの目標】

　超高齢社会を迎え、要支援や要介護の状態になっても地域で暮らす高齢者は年々増加している。これまで以上に住み慣れた地域での生活の継続が重要であり、安心して安全に暮らす日常が確保されることが必要になっている。それは支援の必要な高齢者だけでなく、障害や疾病をもっている人や生活に困窮している人、ひとり親家庭の親や子ども、働きながら介護や子育てをしている人など、すべての世代において、どのような状況にあっても誰もが地域でその人らしく快適な暮らしを続けることが保障されなければならない。地域共生社会はそれをめざすものである。本章では、「地域共生社会」とは何かを学び、現在どのような課題があるのかを理解し、それらの課題を乗り越えて地域共生社会を実現するためには何が必要なのかを考えることができるようにする。その際、問題解決のためにソーシャルワーカーは何ができるのかを考え、ソーシャルワークにおける支援はどうあるべきか、ソーシャルワークの機能に照らして確認する。

① 「地域共生社会」とはどのような社会なのかを理解する。
② 「地域共生社会」の実現に向けて、何が課題となっているのかを学ぶ。
③ ソーシャルワークにおける総合的かつ包括的な支援とはどのようなものかを学ぶ。

1．総合的かつ包括的な支援の考え方

（1）多様化、複雑化した生活課題への対応

　今日の日本では、人々の抱える生活課題は非常に多岐にわたっている。ソーシャルワークは日常生活に困難を抱えている人々への支援を主とするものであるが、その発展の歴史を遡ってみると当初は貧しい人々への支援、つまり救貧

が第一の目的であった。しかし、時代とともに社会保障制度も整い救貧だけが支援の対象ではなくなってきた。経済の発展とともに一億総中流意識の時代を経て、一見貧困との闘いは収束したように思えたが、1990年代後半から2000年代前半にかけてバブル崩壊後の景気低迷によって、就職氷河期を迎えた若者の多くは正規社員になることができず、不安定な雇用形態のまま置き去りにされた。さらに2008（平成20）年に起こったリーマンショックの影響でリストラされ失職する正規労働者も続出した。また、東日本大震災をはじめとする地震や豪雨、台風など近年の多発する大規模災害によって甚大な被害が続いている。その結果として経済・社会・教育・健康などさまざまな面で格差が広がりつつある。現に日本の子どもの貧困率はOECD（経済協力開発機構）加盟国の調査対象となった42か国の平均よりも高い[1]。国内で3年毎に行われる貧困調査[2]の最新の結果（所得定義の新基準に基づき算出）では、子どもの相対的貧困率は14％で7人に1人の子どもは貧困状態にある。特にひとり親家庭の貧困率は48.3％と高く、依然として5割近くのひとり親家庭が貧困に苦しんでいる。

　それは同時に複合的な問題を抱えている可能性を示している。すなわち、ひとり親家庭では経済的な余裕がないために、子どもは適切な学習環境になかったり、親が非正規の仕事を複数こなしていて時間的余裕がなく十分な食事を取ることができなかったり、親が病気がちで子ども自身が親の介護やきょうだいの世話をしなければならなかったりと、さまざまな問題が想定される。近年は三世代世帯の数が減少し、代わって単身世帯や夫婦二人暮らしの世帯が増加している。特に高齢者の場合は約29％が単身世帯、約32％が夫婦のみの世帯であり[3]、単身はもちろん、夫婦のどちらかに障害があったり要介護状態になった場合、他者からの支援が必要になることは必至である。

　高齢者人口の増加とともに要介護高齢者も増加し、介護する家族のうえにもさまざまな課題が降りかかるようになった。介護のために仕事を辞めたり離れたりせざるを得なくなる人たちが年間10万人近くいる状態が2012（平成24）年からほぼ横ばいで続いている[4]。子育てに悩む若い親や介護に疲れた家族介護者、家庭のなかに小さな子どもと要介護者がいる世帯、障害児・者や要介護者など要援護者が複数いる世帯、老親と働いていない50代の独身の子が同居するいわゆる「8050」世帯などさまざまなケースが考えられる。このように地域にはこれまで見過ごされがちであった人たちのニーズが多様に、また複雑に存在していることがわかってきた。

（2）今日的な地域福祉課題への対応

1）今日的な地域福祉課題の背景

　地域における今日的な課題は、高齢者、障害者、児童といった対象別に専門機関が機能すればよいのではなく、地域生活における福祉ニーズに幅広く対応することである[5]。例えば、外国籍の子どもたち、外国にルーツをもつ子どもたち、受け入れ拡大が進む外国人労働者、生活困窮者、ホームレス、ひとり親家庭、社会的に孤立した人など、これまで制度の狭間で十分に対応できていなかった人たちへの支援を総合相談のなかで行うことになる。

　これらの問題が今日的な地域福祉課題となってきた背景には、高齢者や障害者、児童など特定の課題やニーズをもった人が福祉の対象であった時代から、福祉ニーズが多様化し、誰もが福祉の対象になる時代を迎えたことの現れといってよい。2011（平成23）年の介護保険法の改正において盛り込まれた地域包括ケアシステムは、医療、介護、予防、住まい、生活支援サービスを切れ目なく有機的・一体的に提供することにより、住み慣れた地域で最期までその人らしく暮らすことを可能にする仕組みである。他方、地域包括ケアシステムの推進は地域における総合相談およびソーシャルワークと深く関係している[6]。というのも、地域包括ケアは日常生活圏域という限定した地域を基盤として、継続的・包括的な総合相談の提供体制を整備することが不可欠であるとの前提に立っているからである。

　相談支援体制の構築は高齢者を対象とした介護保険法だけでなく、障害者総合支援法や児童福祉法においても地域における相談体制の整備が進められている。この地域を基盤とした総合相談体制の整備の必要性は、先述の通り、これまで制度の狭間に陥っていた問題、見えにくく見過ごされがちであった課題、複合的な課題等、福祉ニーズが多様化・複雑化したために既存の制度では対応できない問題が多く、制度の枠組みを超えた支援が必要なものが多いことによる。改正された社会福祉法は、地域生活課題を次のように規定している。「福祉サービスを必要とする地域住民及びその世帯が抱える福祉、介護、介護予防（要介護状態若しくは要支援状態となることの予防又は要介護状態若しくは要支援状態の軽減若しくは悪化の防止をいう。）、保健医療、住まい、就労及び教育に関する課題、福祉サービスを必要とする地域住民の地域社会からの孤立その他の福祉サービスを必要とする地域住民が日常生活を営み、あらゆる分野の活動に参加する機会が確保される上での各般の課題」（第4条第3項）のことである。これらの地域生活課題は支援関係機関の連携によって解決を図ることに特に留意するよう記されている。

今日では従来のような縦割り行政のなかで、対象も縦割りに支援をしていたのではこぼれ落ちてしまうニーズを抱えた人たちが地域に多数存在する。したがって、改正社会福祉法にも規定されるように、各制度において地域志向の流れとともに地域全体で取り組む必要性が叫ばれるようになった。

　今日的な課題は、地域社会そのものが変化していることも一つの要因であることを認識しなければならない。内閣府の調査では近所づきあいをしていないと答えた人の割合は都市部ほど多く、大都市では地域の連帯が希薄化している[7]。また中山間地域では限界集落が増加し、消滅の可能性がある市町村も多く指摘されている[8]。このように地域社会が危うくなりつつある現状をふまえると、直面する地域福祉課題の深刻さが理解できるだろう。希薄になった地域社会の絆は、さらに社会から特定の人たちを排除する傾向にある。例えば、ホームレス、外国人、刑務所出所者等、いわゆるマイノリティや低所得者らをどのように包摂していくのかが問われている。

２）縦割りによる社会福祉制度の限界と包括的な支援の必要性

　日本学術会議の社会福祉学分科会による提言[9]にも、このように社会から排除されやすい「社会的つながりが弱い人への支援のあり方について」社会福祉学の視点から多くの問題点を指摘している。社会的つながりが弱い人とは「①家族・職場・地域における人間関係が希薄になっているため、②家族の成員間の関係性があったとしても家族の外部に対しては閉鎖的なため、自ら社会的な相互承認欲求を持ちながらも、その場を十分に持てない人」[10]のことを指す。本提言では、本来ソーシャルワークは人とその環境との交互作用に目を向け、支援するものであり、社会的つながりの弱い人たちへの支援に有効なはずであるが、実際は十分に機能できていないと指摘している。

　その理由はこれまでの社会福祉制度が家族や職場や地域社会を安定的なものととらえ、そこで支えることのできない人たちをそれぞれの属性に応じて支援する体系を取ってきたことによる。例えば、高齢者、障害者、児童、ひとり親家庭、低所得者といった対象別に類型化し、行政の管轄もこの類型化とほぼ同様に担当している。すなわち法律の体系に合わせて社会福祉制度はつくられており、縦割りでそれぞれの支援を展開してきた。しかし、社会的つながりの弱い人たちへの支援はこのような縦割りによる対象者別の支援では解決できない。なぜなら社会的つながりの弱い人たちの抱える課題やニーズは既存の縦割りによる社会福祉制度や支援方法では発見することも難しく、また発見しても十分な支援ができないからである。そこで必要なのは課題の属性を超えた対応だけでなく、社会福祉分野を超えた他領域の、例えば保健、医療、介護、教育、

住まい、労働、司法等にわたる包括的な支援である。

（3）分野、領域を横断する支援

　厚生労働省は、改革の基本コンセプトとして「地域共生社会」の実現を掲げて、「ニッポン一億総活躍プラン」[11]（2016（平成28）年6月）や、「『地域共生社会』の実現に向けて」[12]（2017（同29）年2月）に基づいて、改革の具体化をめざしてきた。そもそも地域共生社会とはどのような社会なのだろうか。

　厚生労働省によると、「制度・分野ごとの『縦割り』や「支え手」「受け手」という関係を超えて、地域住民や地域の多様な主体が『我が事』として参画し、人と人、人と資源が世代や分野を超えて『丸ごと』つながることで、住民一人ひとりの暮らしと生きがい、地域をともに創っていく社会」[13]を指す。図9-1は厚生労働省が示した「地域共生社会」の実現に向けた当面の改革工程の概要である。

図9-1　「地域共生社会」の実現に向けて

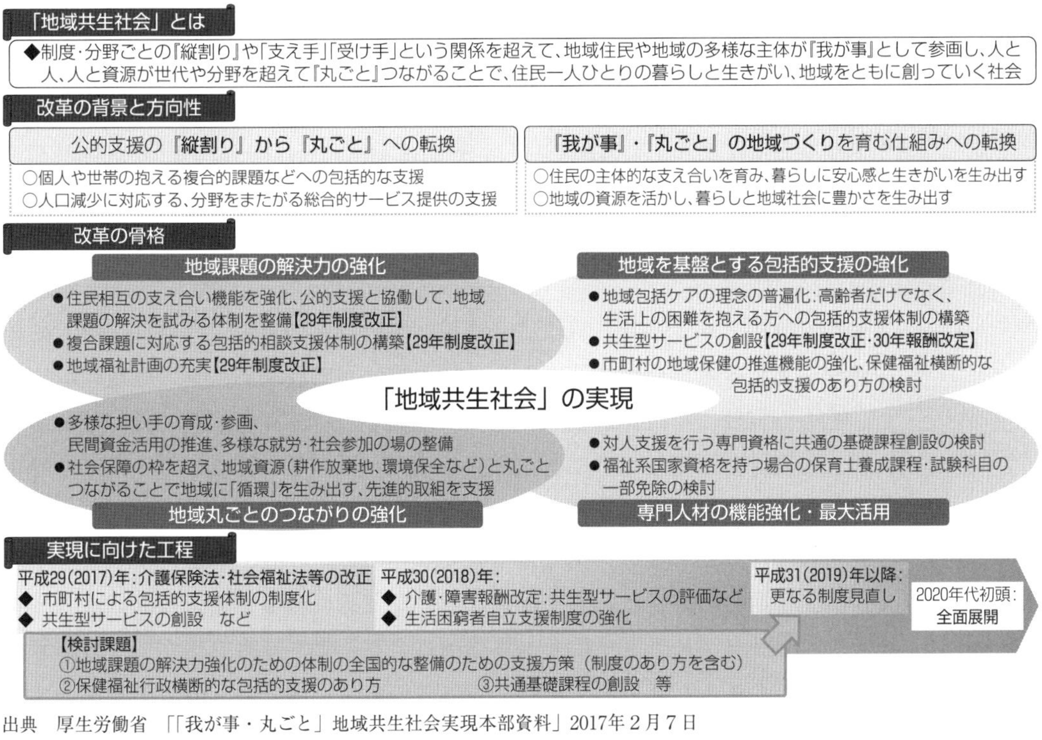

出典　厚生労働省　「「我が事・丸ごと」地域共生社会実現本部資料」2017年2月7日

159

なぜこのような「地域共生社会」の実現がめざされているのか。その背景には時代の要請がある。現代の個人や家族の抱える問題は多様で複合的になっている。例えば、子育てと介護を同時にしなければならないダブルケア、高齢者が高齢者をケアする老老介護、認知症の人が認知症の人をケアする認認介護、経済的な課題を抱えつつ介護が必要になるなど、従来のような個別的、縦割り的な支援方法では支援できず、包括的な支援が求められるようになったこと、人口減少時代を迎え複合化する課題に対応するためには分野をまたがる総合的サービスの提供による支援が必要となっていることがあげられる。また、障害者が65歳になり介護保険の被保険者となったときに、介護保険制度が優先される原則に則り、それまで利用していた障害福祉サービス事業所を利用することができなくなる場合があり、見直しを求める意見が2015（平成27）年に社会保障審議会障害者部会から出されていた。そこで、具体的な方策の一つとして、2017（同29）年の介護保険法改正の際、「共生型サービス」の創設が位置づけられ、障害者福祉制度にも「共生型サービス」が創設され、これによってどちらかの指定を受けた事業所がもう一方の制度における指定を受けやすくする見直しを行った。

　2017（平成29）年6月に改正された社会福祉法第106条の3には、「地域住民等及び支援関係機関による、地域福祉の推進のための相互の協力が円滑に行われ、地域生活課題の解決に資する支援が包括的に提供される体制を整備するよう努めるものとする」と明記された。換言すると「住民の身近な圏域において」包括的な相談体制を整備することが市町村の努力義務となった。ただ、あくまでも努力義務であり、具体的な実施体制については各市町村に任されることになった。

　2020（令和2）年6月5日には「地域共生社会」の実現に向け、市町村の相談体制を強化する社会福祉法などの一括改正法が参議院本会議で可決、成立した。その内容は、市町村が任意で行う新事業を設け、既存制度の国の補助金を再編して交付金を創設すること、孤立した人が社会とのつながりを取り戻せるよう、専門職が継続して伴走できるようにすることなどである。

　新事業は「重層的支援体制整備事業」と呼ばれ、介護、障害、子ども・子育て、生活困窮等の相談に応じ、ひきこもりなど制度のはざまで孤立した人や家庭をアウトリーチにより把握し、多機関による協働や伴走支援ができる体制をつくることをめざしている。また、参議院の附帯決議では「同事業を実施するに当たっては、社会福祉士や精神保健福祉士が活用されるよう努めること」[14]としてソーシャルワーカーの活用が明記された。つまり、この重層的支援体制整備事業の運用にあたっては、ソーシャルワークを重視することが盛り込まれ

た点に大きな意義がある。

　重層的支援とは困りごとの解決をめざすだけでなく、社会とのつながりを取り戻すことで困りごとを小さくするようなかかわりを大事にするということである。それはまさしく人とその環境に働きかけ、その交互作用に着目するソーシャルワークが役立てることであり、その機能を有効に発揮する体制をつくることになる。その際、「断らない相談支援」「参加支援」「地域づくり」をセットで行うことをめざしている。

　それぞれ具体的にはどのような実践をめざしているのだろうか。まず「断らない相談支援」では、本人や世帯の年齢および属性にかかわらず相談に応じ支援する。「参加支援」では、相談者の状況に応じて、地域の社会資源を活用しつつ就労、住まい、学習などの支援をすることで社会とのつながりを取り戻し、社会参加を促す。そして「地域づくり」では交流や参加の機会を増やして孤立を防ぐといった活動である。

２．地域包括ケアシステムとソーシャルワーク

（１）地域包括ケアシステムとは

　地域包括ケアシステムが最初に登場したのは、2003（平成15）年、厚生労働省のもとに設置された高齢者介護研究会の報告書「2015年の高齢者介護—高齢者の尊厳を支えるケアの確立に向けて」[15] のなかである。要介護高齢者の生活を地域でできるだけ継続して支援するためには、状況や変化に応じて介護や医療のサービスをはじめとするさまざまな支援が継続的・包括的に提供される仕組みが必要として「地域包括ケアシステムの確立」が提起された。

　2010（平成22）年３月に公表された「地域包括ケア研究会」の報告書[16] によると、同研究会は地域包括ケアシステムを次のように定義している。「ニーズに応じた住宅が提供されることを基本とした上で、生活上の安全・安心・健康を確保するために、医療や介護のみならず、福祉サービスを含めた様々な生活支援サービスが日常生活の場（日常生活圏域）で適切に提供できるような地域での体制」のことであり、それは「『おおむね30分以内』に必要なサービスが提供される圏域として、具体的には中学校区を基本とする」とある。

　さらに介護保険法においても2011（平成23）年６月に成立した「介護サービスの基盤強化のための介護保険法等の一部を改正する法律」で、医療、介護、予防、住まい、生活支援サービスを切れ目なく、有機的かつ一体的に提供する「地

域包括ケアシステム」の実現が謳われている。そして、要介護高齢者の在宅生活を支えるため、訪問介護と訪問看護が連携して定期巡回訪問と随時対応を行う「定期巡回・随時対応型訪問介護看護」が創設された。これにより医療や介護のサービスがさらに一体的に提供され、要介護高齢者にとって安心して在宅で生活できるよう、必要な時に必要なサービスが提供できる体制づくりが進められることになった。

2014（平成26）年には「地域における医療及び介護の総合的な確保を推進するための関係法律の整備等に関する法律」（医療介護総合確保推進法）が成立した。その第1条の目的に「地域における創意工夫を生かしつつ、地域において効率的かつ質の高い医療提供体制を構築するとともに地域包括ケアシステムを構築すること」とあり、高齢者をはじめとする国民の健康保持や福祉の増進を図り、健康で安らかに暮らせる地域社会を形成することが謳われている。

地域包括ケアシステムの姿では「住まい」を中心に、高齢者の尊厳と自立を支援するために「生活支援」を提供したり「介護予防」に取り組むことになる（図9-2）。それらを支えるのは老人クラブ・自治会・ボランティア・NPO等のインフォーマルな社会資源である。高齢者が地域で生活を営むなかで病気になった場合には、かかりつけ医や地域の連携病院で受診する。その場合、状態によって必要であれば急性期病院、亜急性期・回復期リハビリ病院に入院する。一方、介護が必要になった場合には、介護サービスを利用する。その際、施設・居住系サービスもあるが、地域包括ケアシステムではできる限り在宅で個人の尊厳を保持しながら自立支援をめざすという介護保険制度の理念に則り、訪問

図9-2　地域包括ケアシステムの姿

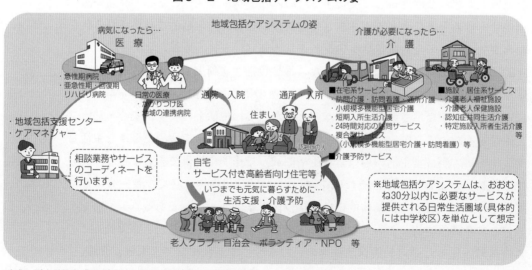

出典　厚生労働省「地域包括ケア研究会報告書」2016年3月

介護・訪問看護・通所介護などの基本的なサービスだけでなく、さまざまな在宅系サービスが利用できるというものである。

（2）地域包括ケアシステムの機能

　地域包括ケアシステムを推進するにあたっては、地域包括支援センターの役割が特に重要である。地域包括支援センターは2005（平成17）年の介護保険法改正により創設され、現在ではすべての市町村に設置され全国に5,221か所ある（2020（令和2）年4月）。高齢者が住み慣れた地域で最期までその人らしく暮らすことを目指す“Aging in Place”の理念を具現化するために、地域の専門職およびインフォーマルな支援者のネットワークを構築して支援体制を整える際に、中心的役割を担う機関である（図9－2参照）。

　地域住民のニーズに応じて、包括的支援事業を実施することから、原則として社会福祉士（ソーシャルワーカー）、保健師等、主任介護支援専門員の3専門職が配置され、介護予防ケアマネジメント、総合相談支援業務、権利擁護業務、包括的・継続的ケアマネジメント支援業務などを行っている。なかでも地域ケア会議は地域包括ケアシステムの実現を促進するものとして、介護支援専門員、保健医療および福祉の専門職、民生委員その他の関係者により構成し、個別事例から地域に共通する地域課題までを取り上げ解決に向けて協働で取り組むこととされている。

　厚生労働省老健局[17]によると地域ケア会議には次のような5つの機能がある（図9－3）。

①個別課題解決機能：支援困難、あるいは自立支援が困難なケースを個別ケースとして地域ケア会議で取り上げ、解決に向けて地域のインフォーマルな支援者も含めた多職種による検討を行う。

②ネットワーク構築機能：地域のインフォーマルな支援者などの相互の連携を高める。多職種が協働して個別ケースの検討を行うことで、関係機関等の役割が明確になり、同じ目標に向かって協働し、成功体験を共有することで、連携がさらに強固なものになる。ケースによっては、住民同士のネットワークを築くことにもつながる。

③地域課題発見機能：個別ケースの背後にある同様のニーズを抱えた住民やその予備軍を見出し、解決課題と優先度を明らかにする。発見された課題に対する解決策を検討する過程で、どの機関がどのような役割を担うか、誰が何をする必要があるのかが見えてくる。在宅生活の継続に向けてさまざまな地域資源を動員することで他のケースにも応用できる。地域包括支援センター

図9-3 「地域ケア会議」の5つの機能

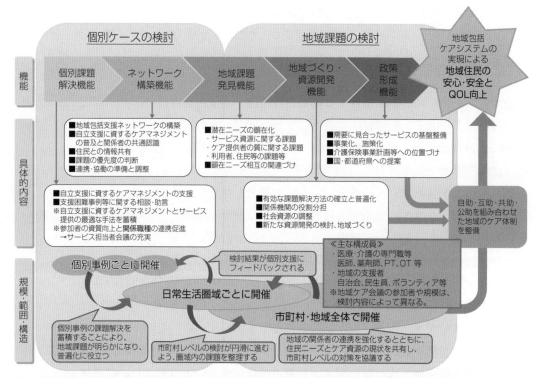

出典　厚生労働省老健局振興課「地域包括ケアシステムにおける地域ケア会議の役割について」2016年10月28日　p.7

　だけでは解決できない地域課題については市町村と課題の共有を行い、地域づくりや政策形成につなぐ。

④地域づくり・資源開発機能：インフォーマルサポートや地域の見守りネットワークなどの必要な資源を開発する。地域の特性に合わせて地域特有の資源を掘り起こす。住民同士でよりよい方策を見つけ出すような地域の力を引き出す。

⑤政策形成機能：既存の方法や予算では解決が困難と考えられるときに、市町村が中心となって解決に向けて新しい施策立案や実行につなぐ。地域で発見された課題に対し、地域づくりや資源開発を推進するために、もしくはそれらができない場合に解決策を企画し、社会基盤の整備について行政計画等に位置づける。

　上記の5つの機能のうち、①から④までは、まさしくソーシャルワーカーが主となってリードし、連携調整している姿が想像できる。

　地域包括ケアシステムの推進だけでなく、さらに深化するためには、多様な学際的チームが機能しなければならない。すなわち「専門職は①学際的なチームや提供者ネットワーク（医療や介護、健康の支援や社会ケアのジェネラリス

ト、専門家たち）のなかで協力して働くとともに、②チームのなかで明確に定められた役割をもち、ケアのアプローチにおいては、多職種と協力して、実践しなければならない」として多様な専門職による臨床的統合の推進が求められている[18]。そこでのソーシャルワーカーの役割は、医療や介護および福祉にかかわる複雑なニーズを抱えるクライエントを中心に据えて、それらのサービス体制に横ぐしを刺し、臨床的統合を促進することである。

（3）地域包括ケアシステムにおけるソーシャルワークへの期待

「地域力強化検討会中間とりまとめ」（2016年）においても、地域共生社会を実現するうえでソーシャルワークの機能の重要性が繰り返し強調されている[19]。

「他人事を『我が事』に変えていくような働きかけをする、いわば地域にとっての『触媒』としてのソーシャルワークの機能が、それぞれの『住民に身近な圏域』に存在していることが必要である」とされており、地域共生社会を実現するためのしくみとしての地域包括ケアシステムのなかで中心となる地域包括支援センターをはじめ、地域力を強化するために、ソーシャルワークの機能が求められているといえる。

しかしながら、先述のように地域包括支援センターに所属するソーシャルワーカー（社会福祉士）のみでは地域力を強化することは難しい。地域包括ケアシステムの推進において期待されているソーシャルワークの機能とはどのようなものか整理しておこう。社会福祉法改正の際に附帯決議とされた社会福祉士・精神保健福祉士の位置づけは、必ずしも地域包括支援センターに所属するソーシャルワーカーのことではない。地域包括支援センターが中心となって地域包括ケアシステムを構築する際には所属する社会福祉士（ソーシャルワーカー）の役割が期待されるところであるが、それだけではなく社会福祉協議会やその他の社会福祉法人に所属し地域で活躍するソーシャルワーカー、例えば生活支援コーディネーターやコミュニティソーシャルワーカー等がソーシャルワークの機能を総合的に発揮する必要がある。

これまで述べてきたように時代やニーズの変化に合わせ、社会福祉制度も改正が行われており、社会福祉士養成カリキュラムについても改正されることとなった。地域共生社会の実現に向けて必要とされる社会福祉士の役割やソーシャルワークの機能について社会保障審議会福祉人材確保専門委員会がまとめた報告書によると、必要とされるソーシャルワークの機能は以下にあげられる[20]。

・地域において支援が必要な個人や世帯および隠れたニーズを発見する
・地域全体の課題を発見する
・相談者が抱える課題を包括的に理解するためのアセスメントを行う
・相談者（個人や世帯）を取り巻く集団や地域のアセスメントを行う
・アセスメントにより明らかになった課題の解決およびニーズの充足、社会資源につないだり調整を行う
・相談者を中心に据えた分野横断的な支援の体制づくりや地域づくりを行う
・必要なサービスや資源がない場合や機能しない場合は新たに社会資源を開発したり施策の改善を提案する
・地域特性、社会資源、地域住民の意識等を把握する
・地域全体の課題解決のために必要な他分野の社会資源との関係づくりや地域づくりを行う
・包括的な相談支援の仕組みに欠かせない情報や認識の共有化を図る（価値、知識、技術等）
・包括的な相談支援体制のメンバーの組織化および各々の役割・機能の整理と調整をする
・相談者の権利擁護および意思尊重を基本とした支援および方法を整える

　また、「地域住民等が主体的に地域課題を把握し、解決を試みる体制を構築するために求められるソーシャルワークの機能」として、①ソーシャルワーカー自身が地域社会の一員であるという意識をもつこと、②地域住民が受け手や支え手に分かれることなく役割を担うという意識をもつよう働きかけ、その機会を創る、③地域住民のエンパワメント、④地域住民が主体となって地域の課題解決のために体制をつくり上げることを支援し、その後の運営等に助言や支援をする、⑤地域住民や地域のフォーマル・インフォーマルな資源との関係をつくる等をあげている。

　以上のように地域包括ケアシステムは高齢者だけのためではなく、全世代のあらゆる人々が地域で生活する際に必要なしくみであり、地域共生社会を実現するためのしくみである。したがって、地域包括ケアシステムにおいて求められるソーシャルワークの機能は、すなわち地域共生社会実現のために必要とされるソーシャルワーク機能に他ならない。
　次章以降に記載されている家族、地域、災害等におけるソーシャルワーク実践の事例を学ぶ過程で、ソーシャルワークの総合的かつ包括的な支援の具体例のなかにソーシャルワークの機能を当てはめながら理解すると、より学びが深化すると思われる。

【学びの確認】

①「地域共生社会」とはどのような社会のことを指すのでしょうか。

②なぜ総合的かつ包括的支援が必要なのか、その理由は何でしょうか。

③地域包括ケアシステムを推進する際にソーシャルワークが重要とされるのは、なぜなのでしょうか。

【引用文献】

1）OECD Family Database http://www.oecd.org/els/family/database.htm OECD – Social Policy Division – Directorate of Employment, Labour and Social Affairs, CO2. 2: Child poverty, 2019

2）厚生労働省「2019年国民生活基礎調査」2020年　p.14

3）同上　p.4

4）総務省統計局「平成29年就業構造基本調査結果」2018年7月13日公表

5）岩間伸之・原田正樹『地域福祉援助をつかむ』有斐閣　2012年　pp.32-33

6）同上

7）内閣府「現在の地域での付き合いの程度」『社会意識に関する世論調査　平成27年度』2016年

8）日本創生会議・人口減少問題検討分科会「ストップ少子化・地方元気戦略」2014年5月8日

9）日本学術会議社会学委員会社会福祉学分科会「提言　社会的つながりが弱い人への支援のあり方について―社会福祉学の視点から―」2018年9月13日

10）同上　p.1

11）官邸「ニッポン一億総活躍プラン（概要）」閣議決定2016年6月2日

12）厚生労働省「我が事・丸ごと」地域共生社会実現本部「「地域共生社会」の実現に向けて（当面の改革工程）」2017年2月7日

13）同上　p.2

14）参議院厚生労働委員会「地域共生社会の実現のための社会福祉法等の一部を改正する法律案に対する附帯決議」2020年6月4日

15）高齢者介護研究会「2015年の高齢者介護―高齢者の尊厳を支えるケアの確立に向けて―」厚生労働省　2003年

16）地域包括ケア研究会「地域包括ケア研究会　報告書」三菱UFJリサーチ＆コンサルティング　2010年3月　p.3

17）厚生労働省老健局振興課「地域包括ケアシステムにおける地域ケア会議の役割について」2016年10月28日

18）筒井孝子『地域包括ケアシステムの深化―integrated care理論を用いたチェンジマネジメント―』中央法規出版　2019年　p.199

19）地域における住民主体の課題解決力強化・相談支援体制の在り方に関する検討会「地域力強化検討会中間とりまとめ～従来の福祉の地平を超えた、次のステージへ～」2016年12月26日　pp.9-10

20）社会保障審議会福祉部会　福祉人材確保専門委員会「ソーシャルワーク専門職である

社会福祉士に求められる役割等について」2018年3月27日

【参考文献】
　上野谷加代子編著『共生社会創造におけるソーシャルワークの役割─地域福祉実践の挑戦─』ミネルヴァ書房　2020年
　辻哲夫監修、田城孝雄・内田要編『まちづくりとしての地域包括ケアシステム─持続可能な地域共生社会をめざして─』東京大学出版会　2017年
　宮﨑徳子監修、豊島泰子・立石宏昭編著『地域包括ケアシステムのすすめ─これからの保健・医療・福祉─』ミネルヴァ書房　2016年
　二木立『地域包括ケアと福祉改革』勁草書房　2017年

第10章 総合的・包括的なソーシャルワークの実際１―家族支援

【学びの目標】

　家族支援は、介護や育児などのケアを家族の機能と位置づけ、それを担う家族の構成員を支援し、その機能を発揮できるように支えることである。家族のなかで、最も支援の必要となる子ども、高齢者や障害児・者に目のいくことが多いが、ケアを担う家族の人権、生活を守ることも重要である。今までケアを支えてきた家族に生活課題が生じ、複数の課題を抱えるようになった家族の支援にも取り組まなければならない。これらの問題を考えるために、家族に起こる生活課題や、より困難で複合的な生活課題を抱える家族の状況とその支援方法を学ぶ。

① 家族に生じている生活課題を理解する。
② 家族支援に必要な視点を理解する。
③ 家族支援における手法を学び、新たな支援を検討する。

1. 家族が抱える複合的な生活課題

（1）ソーシャルワークにおける複合的な生活課題と家族

　長年、障害のある子を自宅で介護・養育してきた両親が高齢となり、認知症や身体機能の低下のため介護の必要な状況となる、あるいは両親に子どもを養育する力がなく、高齢の祖母が子どもを育てているが難病を患っておりかつ貧困状態に置かれているなど、一つの家庭のなかで生活課題が複数生じることがある。家庭内暴力や経済的搾取などの要因を含んでいる場合もあり、その家族の抱える生活課題を顕在化し、支援の対象とするためにも、大きな労力の必要であることが多く、長期的かつ継続的な支援の必要な事例が多い。このような事例では、高齢者福祉、障害者福祉、児童福祉などの特定の対象者だけを支援対象とする縦割りの相談対応では、しばしば支援が行き詰ってしまう。

生活課題とは、生活を営むうえで支障や困難が生じている状態と、その状態を解消するための課題を意味する。そしてソーシャルワークにおいては、個人の生活課題の分析と解決を通じてウェルビーイングをめざすことが重要である。ウェルビーイングは、1946年の世界保健機関（WHO）憲章前文において「健康とは、病気でないとか、弱っていないということではなく、肉体的にも、精神的にも、そして社会的にも、すべてが満たされた状態（well-being）にあること」という表現に用いられ、個人の権利や自己実現が保障され、身体的、精神的、社会的に良好な状態にあることを意味する[1]。つまり、精神的にも社会的にも満足できる本人の望む生活の実現または継続のために、解決しなければならないものが生活課題であるということをここで確認しておきたい。

　加えてこの複合的な生活課題を考えるときには、家族という視点から生活課題をとらえることが必要である。例えば高齢者支援を担うソーシャルワーカーが、介護の必要な家族構成員にのみ注目し、その家族構成員のケアと自己実現が成されたので自身の役割は終えた、と考えるのは適切な支援ではない。ソーシャルワークが、家族のなかで注目されやすい生活課題をもつ特定の個人のウェルビーイングをめざしたとすれば、その家族は本来の家族ではなくなる。家族構成員それぞれのウェルビーイングを意識した支援が必要なのである。野々山久也は、以下のようにこの点を指摘している。集団のために個人に犠牲を強いるのではなく、すべての個人の自己実現を促すように家族集団を援助することが家族福祉の目的である[2]。

（2）支援困難な家族とその生活課題

1）複合的な生活課題をもつ多問題家族とは

　一般的に支援は、生活課題をもつ人自身の課題を解決したいという意思に基づき、支援者との課題解決の合意を経て開始される。しかし、支援が必要であるにもかかわらず、支援関係を結ぶことの困難な場合がある。例えば、高齢者夫婦で二人とも認知症を発症していれば、支援が必要な状況であると気づくこともできないし、子どもを虐待している保護者は、虐待ではなくしつけであると言い、介入を拒否することも多い。つまり、生活課題をもつ当事者が支援の必要性を感じていないので、支援に結びつきにくいのである。

　解決困難ないくつもの生活課題を抱えているにもかかわらず、支援を受け入れない家族は、1940年代に「多問題家族」と名づけられ、アメリカ、カナダ、ヨーロッパなどで家族単位の支援方法が提唱された。その後日本においては窪田暁子が、「多重問題家族」というとらえ方で整理しているので特徴的な部分を紹

介する[3]。

①問題をはらむ家族間の人間関係の固定化や複数の家族の課題への関与

　家族間に問題の固定化と強化維持の悪循環が成立していて、事態を悪化させる方向に働く。もしくは一人の家族に課題が集中しているように見えても、実際には他の家族もその生活課題の支え手となっている。

②問題の生活史的・世代的累積

　家族構成員の問題行動が継続し、課題のある家族関係を維持する役割を演じている。

③社会的孤立と援助的アプローチの困難

　家族内外に課題解決に取り組むことのできるキーパーソンがいない。

　また支援者が支援に困難を感じる事例の分析を行った岡田朋子は、支援困難な家族には、虐待（身体的・精神的・経済的・性的）、ドメスティックバイオレンス、セルフネグレクト、精神疾患・情緒不安定、知的障害、育児放棄、認知症、生活上の諸権利侵害（親族が入院の許可をしない等）等の生活課題が重複して発生していることを指摘している[4]。

　これらの家族は支援を求めることが少ないため、ソーシャルワークの歴史のなかで、かなり早い段階から存在は把握されていたものの、その支援体制は現代に至るまで十分とはいえなかった。

2）近年の日本における家族の複合的課題

　近年の日本においては、高齢化した親がひきこもりの中高年の子どもを支える家庭で、介護、健康、経済困窮など問題が複合化し、日常生活が追い詰められる社会的孤立の問題が表面化してきている。親と子の年齢から「8050問題」と称され、支援の必要性が指摘されている。例えば、発達障害のある子どもが仕事に就くことができずにいるのを長年両親が家庭のなかで生活全般の面倒を見てきたが、両親が高齢となり年金生活となると、経済的困窮がはじまり、さらに介護の必要な状況となっても子どもはそのような状態の親を支える力がなく生活が行き詰っている家庭などが想定される。

　内閣府が2018（平成30）年に実施した「生活状況に関する調査」では、中高年における広義のひきこもりの状態にある人を61.3万人と推計し[5]、多くの支援の必要な人々の存在が明らかになった。なお、内閣府の調査では仕事や学校などの社会参加を避けてほとんど自室や家から出ない状態が半年以上続く人を狭義のひきこもり、趣味の用事のときだけ外出する人を準ひきこもりとし、それらの合計を広義のひきこもりとした。社会とつながる機会を失っているひきこもりの状態にある人とその家族への支援ははじまったばかりであり、支援体

制の強化が必要だろう。

　また、晩婚化と出産年齢の高齢化のため、乳幼児の子育てと自身の親の介護に同時に直面するダブルケアにより、ケアを担う家族構成員が精神的・身体的に疲弊してしまうという問題も、最近明らかになってきた生活課題である[6]。現代の傾向として、兄弟姉妹の減少や地域との関係の希薄さもあり、特定の家族構成員に多くの負担がかかっている。就業を希望していてもその時間が取れずに経済的困窮に陥る例もある。これも複合的な家族課題の一つであり今後の支援体制の確立が急がれる。

（3）家族支援の目的・手法・留意点

1）家族支援の目的

　家族支援においては、生活課題を抱える家族構成員ごとに個別にアプローチするだけではなく、家族全体とひとまとまりととらえ支援することが必要である。家族関係の変化によって生活課題を解消できる場合もあり、家族の関係性にも注目して支援を行うことが有効である。

　まず、家族支援における目的であるが、岩間伸之がその内容をまとめているので、概要を簡単に示しておきたい[7]。

①家族の危機の減少、あるいは回避できない危機への対処のため、具体的な社会資源を利用するなどの効果的な問題解決の技術を身につける支援を行う。

②効果的な葛藤解決の技術を身につけるよう支援し、家族間の避けがたいストレスや不一致を越えられるよう、ストレス緩和・家族調和の強化に取り組む。

③家族が苦悩や痛みだけでなく個人としての欲求、ニーズを伝える手助けをし、家族間の相互作用を支持する。

④家族がそれぞれの独自性を認められるように、成長と発展の機会を拡大する。

2）家族支援の手法・留意点

　家族支援の手法は、個別援助技術や集団援助技術などのソーシャルワークの援助技術、傾聴などに代表される面接技術、人と家族を理解するための方法論などのなかから、その状況に応じて適切なものを選んで実践する。多機関、多職種のチームアプローチも有効である。加えて家族支援においては、家族の他、家族の住む地域社会の環境、行政の制度や支援体制、社会全体への働きかけなどが必要となる可能性がある。

　家族支援の方法論は複数あるが、ここでは家族療法におけるシステムズ・アプローチ（システム論）を取り上げる。システムズ・アプローチでは、家族を

一つのシステムとしてとらえる。家族に問題があるために家族の構成員や家族
関係に問題が起こるのではなく、家族間の相互作用の過程がうまく機能してい
ないことに問題があると考える。子どもが不良行為を繰り返すとき、それを子
ども個人の問題としてとらえない。「子どもが家族を代表して問題（不良行為）
を起こしている」と考えるのである。

　この家族システム論では、構造・機能・発達という３つの視点が用いられる。
構造とは家族の構成員（内部に夫婦・親子などのサブシステムを含む）と関係
性のことであり、機能とは、家族の役割やコミュニケーションパターンを意味
する。発達とは家族の発達的変化、時系列に応じた構造と機能の変化である。
なお、この３つの視点はシステムに由来するもので、家族だけでなく、学校・
会社組織・地域システム等にも同様に存在すると考える。

　システムズ・アプローチのなかでも代表的な構造学派のミニューチン
（Minuchin,S.）は、家族のシステム構造を重視して、自分と他人を区別する人
間関係の「境界」、家族が目的のために結びつく「連合」、家族内のヒエラルキー
である「権力」の非機能的な構造に介入し、適切な家族構造の再構成をめざし
た。構造学派の用語と非機能的な構造の一例を以下の表10－1に示しておく。

表10－1　構造派の用語と家族の課題

用語	説　明
境界	自分と相手を区別する人間関係の境界を指す。家族とそれを取り巻く社会とを区別する「外的境界」と、夫婦サブシステムと同胞（兄弟）サブシステム間にある「世代間境界」などがある。境界の構築できない関係において摩擦が生じやすいと考えられる。
連合	第三者に対抗するために二者が協力するプロセスである。機能不全の場合は、家族員が他の家族員に対抗して連合し、そのパターンが強力となり、それ以外の対応ができなくなるなどの問題が生じる。
権力	家族内の力関係を指す。機能的な家族には、親と子の間に適切なヒエラルキーが存在し、機能不全の場合はそれが逆転している。

出典　筆者作成

　これらの状況を変えるために、家族を見てアセスメントし、家族システムを
変化させる仮説を立てて支援をプランニングし、介入する。介入結果を評価し、
望ましい変化が起こりそうもなければ、再アセスメントし新たなプランを検討
していく。その際には、新たな家族構造を示すようなコミュニケーションパター
ンを面接のなかで実演するエナクメント（実演・再演）を通じて課題を分析し
たり、家族の行動・家族に起きた出来事・関係性などの事実は変えずに、その
意味づけを肯定的に変化させるリフレーミング、新しい家族構造を組み立てる
技術を活用したりする。

システムズ・アプローチのほか、共通の課題を抱える人が同じ目的のもとに集まり、グループメンバーの相互作用を用いて家族と同様の支援効果を得るセルフヘルプグループの活用、専門職などが家族教室を開催し、専門的な知識やニーズを充足しつつ日常生活における家族間の課題への対処方法などを話し合う方法も行われている。あわせて厚生労働省の推進する「包括的支援体制の構築」も理解しておく必要がある（第9章p.155参照）。断らない相談支援、参加支援（社会とのつながりや参加の支援）、地域づくりに向けた支援という3つの柱によるソーシャルワークにおける新たな方針であり、家族支援への活用が求められる。

　最後に、家族支援を実施する際の留意点として以下のような点が考えられる。①家族の力を活用することは家族へ負担を強いる可能性が高い。②家族支援による課題改善に注視するあまり、施設入所などの提案をせず環境適応を強いてしまう。③個人だけの問題でない場合もメゾ・マクロレベルでの課題解決の視点を見落としてしまう。このような留意点もふまえて支援を行う必要がある。

2．家族支援の実際─構成員それぞれが生活課題を抱える家族の支援

（1）事例の概要

■クライエントのプロフィール

A子さん　　性別：女性　年齢：75歳
B太郎さん　性別：男性　年齢：50歳

　15年前に夫を亡くしたA子さんと息子のB太郎さんは、現在親子二人で生活している。自宅は夫の名義であった持ち家をA子さんが受け継ぎ、会社員であった夫の遺族年金で親子二人の生活費を賄っている。A子さんは近所とのかかわりは少なく、また親しい付き合いをしている人もおらず静かに暮らしている。

　息子のB太郎さんは、小学校から学校を休みがちではあったものの高校は何とか卒業し、ある工場に就職した。その工場の担当業務において、B太郎さんはマニュアルを無視して自分のやりやすいように仕事をしていたところ、上司や同僚との人間関係にトラブルが生じた。また、誰にも確認や相談をせずに作業を進めた結果、工場の設備を大きく破損してしまい、さらに職場に行きづらくなり退職してしまった。その後、飲食店やコンビニエンスストアでアルバイトした時期もあるがいずれも長く続かず、20年ほど前からは仕事に就かずに自宅にひきこもって過ごしている。普段は大人しく、自分の考えを話すことも少

ないが、突然に怒りを爆発させたり、意味の通らないことを言い出したりする。小さい頃から絵を描くことが好きで、今でも自室でイラストを描いて過ごすことが多い。

　小柄で痩せたＡ子さんが、Ｂ太郎さんの食事、洗濯、買い物を含めた家事全般を担っている。下肢機能の低下がみられるようで、シルバーカーを押しながら歩く姿が見られた。近所のスーパーにはほぼ毎日買い物に現れ、ときには１日のうちに２～３回同じものを購入している様子も把握されていた。

■支援者のプロフィール

Ｃ市社会福祉協議会　Ｄワーカー
職歴：８年　資格：社会福祉士　性別：女性　年齢：30歳
　福祉系大学を卒業し、Ｃ市社会福祉協議会へ入職した。同法人の運営する障害者施設の生活支援員を４年間、ボランティアセンター担当を３年間経験したのち、１年前からコミュニティソーシャルワーカーとしての業務に携わっている。Ｃ市社会福祉協議会の策定した地域福祉活動計画において、地域支援、個別支援、ネットワークづくりを進める役割として配置されたコミュニティソーシャルワーカーは、「福祉まるごと相談」というどんな内容も断らない相談窓口での相談を担当している。

Ｅ地域包括支援センター　Ｆ相談員
職歴：15年　資格：社会福祉士・介護支援専門員　性別：女性　年齢：37歳
　福祉系大学を卒業後、社会福祉法人の特別養護老人ホームにて介護職および相談員として10年勤務したのち、現在の地域包括支援センターに配属となった。

（2）事例の展開

1）発見の経緯

ボヤ騒ぎ

　Ａ子さんが自宅の台所でボヤ（小火）を起こしたことから、自宅へ集まった消防や警察の関係者がＡ子さんに事情を聴いたところ、「ちゃんと火は止めたのですが…」「なぜ火がついているのかわかりません…」と繰り返すばかりで質問への受け答えが全く要領を得なかった。また同居しているＢ太郎さんは、その横で一切言葉を発することなく、ただぼんやりと立っているだけであった。

　Ａ子さんとＢ太郎さんの様子を見に来た担当民生委員のＧさんがこの状況を知り、最近民生委員の会合で紹介のあった社会福祉協議会のＤワーカーへこの

親子について相談した。話を聞いたDワーカーは、まず民生委員のGさんにA子さん宅をDワーカーが訪問しても問題ないか確認すると、Gさんも同席すればA子さんに話を聞くことができるだろうとの返事を得た。

室内の様子に異変を感じる

　日を改めて、民生委員のGさんとともにDワーカーがA子さんを訪問する。A子さんは息子のB太郎さんが家族以外の人間が家に入ると気にするからと言うので、玄関先で話をする。玄関の靴箱の戸に大きな穴が開いており、どうしたのかと尋ねると、B太郎さんが機嫌の悪いときに蹴った跡だという。玄関から見える範囲でも、多くの物が室内に雑多に積まれている。室内には何かが腐ったような異臭があり、A子さん自身からも尿臭がある。A子さんに、今何か困っていることはないかと尋ねると、「火を出してしまったので気にしているが、他に家のことをする人もいないので、これからも私がやっていくしかない」と話す。食事は家にあるものを適当に食べているという。

　同居のB太郎さんについては、いい年をして仕事をせずに家でじっとしていて困っている、家事も一切手伝わないので体がつらいときもある、B太郎に仕事をするように言うと怒って物を投げたり怒鳴ったりするので気をつけているが、つい気になって働くように言ってしまう、といったことを小さな声で話した。B太郎さんと話をすることはできるだろうか、と尋ねると、今は難しいとの返事であった。

　これからA子さんとB太郎さんの力になりたいので、また訪問してもよいかと尋ねると「かまわない」とA子さんは答えた。

2）支援の展開

　DワーカーはA子さん宅を訪問して得た情報と、これまでにA子さんとの関係を築いているGさんから得られた情報から、A子さんは自分の生活環境を整えることが難しい状況になっており、支援が必要だと判断した。A子さんの年齢や今後必要と考えられるサービス導入のために、地域包括支援センターと連携することが望ましいと考え、A子さんの居住地を担当する地域包括支援センターへ連絡した。地域包括支援センターではF相談員がA子さんの担当となり、今までの情報を共有した。

　Dワーカー、民生委員のGさんの引き合わせで、A子さんはF相談員とも繋がった。DワーカーとF相談員がA子さんの話を丁寧に聞き取っていくなかで、A子さんは日によって認知機能に変動があり、しっかりとしているときと、ぼんやりしてしまい食事、着替えや入浴などの基本的な日常生活にも支援の必要な

ときのあることがわかってきた。

そこでDワーカーとF相談員は今後について話し合い、高齢者支援を専門とする地域包括支援センター所属のF相談員がA子さんの支援の主担当となり、医療機関の受診や必要なサービスの利用のための支援を担うこととなった。F相談員はA子さんの意向を確認し、医療機関受診のための準備に入った。そしてDワーカーは、同居するB太郎さんの支援を中心に担当することとなった。

A子さんの入院

A子さんは、その後、F相談員の紹介した医療機関で正常圧水頭症の診断を受け、脳内の水を抜くシャント術を受けることで、現在生じている歩行障害や失禁、認知機能はある程度改善できる可能性が高いとの提案を受けた。F相談員はA子さんの希望により手術を受けるための手続きを進めるなか、B太郎さんにも声をかけA子さんの支援への協力を依頼したが、関心のない様子で「お母さんの好きにしたらいい」と言い、自室へ戻ってしまった。A子さんは、B太郎さんとは言い合いになってしまうこともある、親子だから加減ができないこともある、けれどたった一人の息子であるのでこれからも一緒に暮らしたいと話す。

B太郎さんは今まで家事を行ったことがなく、またA子さんのケアを担う力や意向もなかった。入院の保証人となり手術の同意や立ち合いは受け入れたが、それ以上の協力を得ることはできなかった。そこでF相談員、DワーカーやGさんの支援によりA子さんは入院し、手術を行った。

B太郎さんとの信頼関係の構築

A子さんを訪問する際、B太郎さんへDワーカーが挨拶や声かけを行うなかで、だんだんとB太郎さんと話ができるようになった。B太郎さんは、A子さんのことや家事についての話題には反応が薄いが、自分の趣味である絵を描くことに関する内容であると、いろいろと話をしてくれることがわかったので、B太郎さんの趣味の話を通じて信頼関係を築き、社会参加につながる足掛かりとすることにした。DワーカーがB太郎さんの描いたイラストを見せてもらうと上手で驚いた。Dワーカーは、C市社会福祉協議会の広報誌を担当する部署へ出向き、B太郎さんのイラストを広報誌の挿絵として利用できるか相談した。挿絵としてイラストを利用できることがわかると、DワーカーはB太郎さんに広報誌の挿絵を描いてみないかと誘った。B太郎さんは少しはにかみながら「こんなイラストでよかったら…」と言って引き受けてくれた。

Ｂ太郎さんの気持ち

　Ｄワーカーが Ｂ太郎さんのイラストの掲載された広報誌を持って Ｂ太郎さん宅を訪ねると、Ｂ太郎さんは嬉しそうに広報誌を受け取った。その時はじめて Ｂ太郎さんは、自分のイラストが認められて嬉しく思っていること、母親はいつも仕事をしろとばかり言うのでイライラしてしまい、大抵怒鳴ってしまうこと、自分も今の状態がよいと思っているわけではなく、どうしていいのかわからないだけであると Ｄワーカーに自分の気持ちを話した。

Ｂ太郎さんの受診

　Ｄワーカーはすぐに Ｂ太郎さんの話を傾聴し、これから Ｂ太郎さんがどのように生きていきたいと考えているのかを聴く機会をつくった。Ｂ太郎さんの思いを受けとめ、また今まで Ｄワーカーが Ａ子さんと Ｂ太郎さん親子とかかわってきた経緯と集まっている情報をふり返り、Ｄワーカーは Ｂ太郎さんに次の点を伝えた。まず、Ｂ太郎さんと Ａ子さんとのコミュニケーションが悪いパターンの繰り返しになってお互いにストレスを溜めているように見えること、また Ｂ太郎さんは精神的に不安定になっているように見えるが、精神科病院の受診と適切な治療によって、イライラすることが減る可能性のあること、である。

　Ｂ太郎さんは病院に行ってみてもいいが、一人では行けないとうつむいた。Ａ子さんはまだ入院中であったこともあり、Ｄワーカーや Ｇさんが受診の支援をすることができると伝えた。それならば受診してみると Ｂ太郎さんが答えたので、Ｄワーカーが精神科病院の受診予約を支援し、Ｇさんが受診に同行した。その結果、Ｂ太郎さんは発達障害と診断され、イライラする気分を抑えるための薬が処方された。

地域での新たな展開

　Ｄワーカーと Ｆ相談員はそれぞれの立場で Ａ子さんと Ｂ太郎さん親子にかかわった状況を報告し合い、今後二人にどのような提案ができるかを話し合った。そのなかで、サービス利用の提案だけでなく、今までの親子関係を変えていくことも必要なのではないかと考え、変化をもたらすための提案をすることとした。

　また Ｆ相談員は、この二人だけでなく、地域包括支援センターの他の相談事例でも親子の関係に悩みをもつ人が幾人かおり、そのような人たちが集まり、自分たちで支え合えるような場があるとよいと思うと語った。しかし、現在 Ｄワーカーや Ｆ相談員の活動する地域では、そのような活動は行われていない。Ｆ相談員はさらに続けた。

「実は家族関係で悩む人たちの語り合いの場をつくることに関心のある人がいるのです。けれど一人ではじめることに自信がないとおっしゃっていて…。力量のある人ですし、支援があればきっとグループをまとめられると思っています。Dさん、社会福祉協議会で力になってもらえませんか」

　そこでDワーカーは、家族関係に悩む人のピア・サポートを行いたいというHさんと会い、F相談員とともにHさんの考えを聴いた。Hさんは、自分自身が家族との関係で深く悩んだ経験から、同じような悩みのある人と繋がり支えたいと思っていること、F相談員から家族関係に悩む人は他にもいて、参加について声をかけることができると聞いていること、まずは安心してお互いの話のできる交流会を行いたいこと等を話した。Dワーカーは社会福祉協議会として、活動時のボランティア活動室の利用、印刷機の利用、広報誌を活用した参加者の募集、活動に関する相談援助等の提供できる支援内容を伝えた。また、F相談員も活動や運営について相談に乗ると申し出た。Hさんは、「専門職の人たちが応援してくれるならやってみたい」といい、早速交流会を行う準備に取りかかった。参加者への声かけやプログラムの内容については、F相談員やDワーカーをはじめとした社会福祉協議会の職員が協力した。

A子さんとB太郎さんをシステムと考え支援する

　A子さんは退院し、術後の経過もよく認知機能や歩行は改善してきた。そこでDワーカー、F相談員、Gさん、A子さん、B太郎さんが集まり、今後について話し合う機会をもった。A子さんとB太郎さんにもそれぞれの気持ちを話してもらい、お互いの思いとこれからの希望を確認した。A子さんはB太郎さんの今後が心配で仕事に就くようにと言ってしまうこと、B太郎さんは今のままでよいと思っているわけではない、自分にできることがあれば仕事も挑戦してみたい、と思っていることをお互いに話し合った。

　A子さんには、B太郎さんと一緒にいる時間が長く他の人とかかわる機会も少ないので、B太郎さんが気になってしまうのではないか、別々に過ごす時間を増やしてみてはどうか、という提案をした。具体的には、これからHさんの立ち上げる家族との関係に悩みのある人の集まりや、近隣の高齢の方の集まるサロンがあるので、参加してみてはどうかと勧めた。

　B太郎さんに対しても、まずは自宅の外に出て何か活動してみてはどうか、という提案を行った。Dワーカーも同行するので、地域のある障害者施設で花壇に花を植えるボランティアを体験してみてはどうかと誘った。B太郎さんは少し考え、Dワーカーも一緒ならば行こうと思うと答えた。

支援の進展

　A子さんはB太郎さんとの関係が今よりもよくなればと考え、Hさんが主催する家族関係に悩みをもつ人の交流会に参加することを選んだ。少人数のアットホームな交流会に参加して、A子さんは自分の親子関係について話をし、また他の参加者の話を聴くことができ「自分一人ではない」と感じたとF相談員に語った。A子さんや他の参加者から、またぜひ参加したいという声が聴かれ、主催したHさんも交流会の継続に意欲をみせている。

　B太郎さんは、Dワーカーの紹介した障害者施設のボランティアに参加した。1時間ほど花を植えた後、障害者施設の利用者、職員、利用者の家族などとの茶話会が行われた。茶話会でB太郎さんの趣味の話をよく聴いてくれる人がおり、B太郎さんはとても楽しく過ごすことができ、また機会があれば参加したいと話している。

　広報誌へのイラスト掲載、ボランティア活動と、自分が活動した結果、楽しさや喜びを感じる体験ができたためか、また別のことに挑戦してみたいという気持ちになってきているようだ。Dワーカーとしては、今後はB太郎さんの受診した医療機関や障害者支援の担当者とも連携し、引き続き見守りながら本人の希望する就労の支援につなげていきたいと考えている。

（3）終結、もしくは継続支援にあたっての課題

1）A子さんの今後のケア

　A子さんは疾患の発見から、スムーズに手術を行うことができたので、現在は小康状態を保っている。しかし、正常圧水頭症は完治することはなく、今後また認知機能や歩行機能を中心にだんだんと機能が低下していくことが予想されるため、病状の悪化防止に努めなければならない。また状況を見守りながら、必要な時期に必要な医療サービスや介護保険サービスの導入が必要となる。

　支援者にはA子さん親子の見守りを継続しつつ、A子さん、B太郎さんとともに今後の生活を考えていくことが求められる。また現在のB太郎さんは、A子さんのキーパーソンとしてケアを支えることはできないが、これから段階を踏んで力をつけていくことで周囲の支援を得つつ、A子さんのキーパーソンとなることのできるように支援していく必要がある。

2）家族の包括的支援

　A子さんはB太郎さんを心配する気持ちと、ひきこもりの現状を何とかしたいと思うあまりに、B太郎さんを責めるようなコミュニケーションに陥りがち

であった。Ｂ太郎さんは、発達障害を持っており感情のコントロール、コミュニケーション等に支援の必要な状況であったが、今回の支援につながるまで障害が明らかになっておらず不適応や暴力が生じていた。今後はＡ子さんのピア・サポートグループの活用、Ｂ太郎さんの服薬による感情のコントロールや自宅外での活動などの取り組みが行われるが、ソーシャルワーカーは継続してかかわり、状況に応じた支援を行い、家族のコミュニケーションを改善し、家族関係の再構築とより自立した生活をめざす。

　この事例にみられるような家族の関係改善をめざした支援は、従来の対象者別・対象者のリスク別の制度では支援を担う担当者がおらず、世帯内の複合的なニーズや個人のライフステージの変化に柔軟に対応できないといった課題が表出している。既成の枠にとらわれない新たな支援が求められており、各制度（高齢、障害、子ども、生活困窮）の相談支援事業を一体的に行うとともに、支援世帯を取り巻く支援関係者間を調整し、支援が継続的につながり続けるよう配慮しなければならない。

３）Ｂ太郎さんの就労支援

　Ｂ太郎さんは、将来的には仕事をしたいという意向があるが、まだボランティアに一度参加しただけの段階である。今後は地域包括支援センターとの連携だけでなく、障害者支援や就労支援機関との協力体制が必要となってくる。現在のＢ太郎さんの支援にかかわるチームに加わり、Ｂ太郎さんの意向の確認から協同で就労を支援できる体制の整備をしていくこととなる。Ｂ太郎さんの状況をふまえ、どの機関と連携するか、どの機関が就労支援の主担当となることが最も効果的であるかを検討することが必要だろう。

４）地域の社会資源の開発と地域づくり

　Ａ子さんとＢ太郎さん親子の支援と関連し、Ｆ相談員から新たな地域の社会資源の開発について提案があった。このように、個別の事例の課題解決で支援を終えるのではなく、個別事例を通じて地域としての課題の存在を検討していくことが必要である。地域包括支援センターでは、すでに地域ケア会議のシステムのなかで個別支援の検討を通じてその地域に不足している社会資源の開発、地域課題の解決のために必要な人材の育成、新たなしくみづくりに向けた政策形成へと繋げていくことが求められている[8]。

　Ｄワーカーのようなコミュニティソーシャルワーカーも同様に、多種多様な機関との連携や調整、サポートネットワークのしくみをつくりながら、必要なサービスや社会資源を開発していくことが使命の一つである。

したがってＨさんのように地域の社会資源となりうる人材は、地域包括支援センター、社会福祉協議会等が連携して積極的に支援し、地域で活躍してもらえる環境を整え、社会資源として定着させていくことが必要である。公的な相談支援機関のみならず、医療機関、学校、地域の住民や企業などと協力し新たな資源開発を推進していく視点が重要である。

【学びの確認】

①支援を必要としている家族を包括的に支えるために必要な視点は何でしょうか。

②これからのソーシャルワークに求められる多機関の連携した支援とはどのようなものでしょうか。

③個別の事例の支援にとどまらず、個別事例を地域課題として考え、課題解決をめざすためにはどのようなしくみが必要でしょうか。

【引用文献】

1）公益社団法人　日本WHO協会「世界保健機関（WHO）憲章とは」公益社団法人　日本WHO協会ホームページ

2）野々山久也「家族福祉を考える」野々山久也編著『家族福祉の視点―多様化するライフスタイルを生きる―』ミネルヴァ書房　1992年　p.6

3）窪田暁子「多重問題ケースへの社会福祉援助」『東洋大学社会学部紀要』Vol.30, No1　東洋大学社会学部　1993年　pp.157-175

4）岡田朋子「第2章　支援困難と事例検討」岡田朋子『支援困難事例の分析調査―重複する生活課題と政策とのかかわり―』ミネルヴァ書房　2010年　p.68

5）内閣府「生活状況に関する調査（平成30年度）」内閣府ホームページ　2019年

6）相馬直子・山下順子「ダブルケア（ケアの複合化）」『医療と社会』Vol.27, No1　医療科学研究所　2017年　pp.63-75,

7）岩間伸之「第7章　ソーシャルワークの方法Ⅰ　3家族支援　2家族支援の概念と構成要素」岩間伸之・白澤政和・福山和女編著『ソーシャルワークの理論と方法Ⅰ』ミネルヴァ書房　2010年　p.214

8）厚生労働省老健局「第1節　地域ケア会議の目的と機能」『地域包括ケアの実現に向けた地域ケア会議実践事例集～地域の特色を活かした実践のために～』2014年　p.16

【参考文献】

岩間伸之『支援困難事例と向き合う―18事例から学ぶ援助の視点と方法―』中央法規出版　2014年

得津慎子編著『家族支援論――人ひとりと家族のために―』相川書房　2005年

第11章 総合的・包括的なソーシャルワークの実際2―地域支援

【学びの目標】

　個別支援であっても地域支援であっても、忘れてはならないソーシャルワークの価値は主体性の尊重である。地域支援においては、その地域で暮らす住民の主体性を尊重した支援が求められる。本章では、地域住民の主体性を尊重した地域支援がどのように展開していくのかを学ぶ。また、地域福祉の推進が掲げられ、地域住民が自らの地域課題の解決に取り組むことが求められているが、その取り組みを支えるのは、地域住民自らが取り組みたいと感じる地域課題であるかどうかという動機である。地域住民自らが認識している問題を明らかにし、そこから具体的な解決に向けてどのようなプロセスが展開していくのか、そして、ソーシャルワーカーとしてどのように支援していくのかについて学ぶ。

① 　地域支援が対象とする地域が抱える生活課題を理解する。

② 　地域住民自らが認識している問題から出発する地域支援の展開過程を学ぶ。

③ 　地域住民自らが認識している問題から出発する地域支援における、ソーシャルワーカーの動きについて学ぶ。

1．地域が抱える生活課題

（1）地域支援とは何を支援するのか

　地域が抱える生活課題を考える前に、総合的・包括的なソーシャルワークにおいて展開する地域支援の対象とする「地域」とは何かについて概観していく。地域について、辞書的な意味では、一定範囲の土地や区域を意味しているが、上野谷加代子は「一般的に、地域とは、生活基盤や交通手段が同じという生活圏域を示す場合や、生活上の共同性・同一性という感情で結ばれている地域性がありますが、地域福祉でいうところの『地域』とは、それに加え、むしろ住

民の主体力、自治能力を要件として、新しい価値・質の地域社会＝互いの人権を尊重し、共感しあい問題解決力のある生活圏域の創造を意味します」[1]と述べている。

　また、社会福祉や地域福祉、ソーシャルワークで用いられる「地域」は、コミュニティという言葉と近い意味で用いられている。そのコミュニティに関しては、1971（昭和46）年に中央社会福祉審議会が「コミュニティ形成と社会福祉（答申）」のなかで、「『コミュニティ』とは、地域社会という生活の場において、市民としての自主性と主体性と責任とを自覚した住民によって、共通の地域への帰属意識と共通の目標をもって、共通の行動がとられようとする地域社会の条件であり、またこれを支えるその態度のうちに見出されるものである。生活環境を等しくし、かつ、それを中心に生活を向上せしめようとする方向に一致できる人々が作り上げる地域集団活動にこそ、コミュニティが醸成される」[2]と示している。

　この2つのとらえ方をふまえて、社会福祉や地域福祉、ソーシャルワークで「地域」とは何かを考えると、一定範囲の土地や区域において、共に生活するという共同性や同一性という感情の結びつきのもと、住民が生活の向上という目標に向かって自主的・主体的にともに行動を起こし、問題を解決していく力があるということがいえる。

　ただし、この考え方は、先述の中央社会福祉審議会の「コミュニティ形成と社会福祉（答申）」のなかで、「あるべき姿」として示されているように、このような地域は自然にできるものではない。中央社会福祉審議会では「作り上げる」ものであるとも示しており、地域支援とは、この地域の「あるべき姿」の実現をめざしていくものであるといえる。

（2）地域が抱える生活課題

　地域支援において対象とする地域の生活課題について、定藤丈弘[3]は、自然環境を含む生活環境施設、経済生活などのハード面での生活問題の状況と、地域住民の社会意識や人間関係の状況などによって規定されるソフト面での問題状況に区分できるとした。また、これらの問題が、その地域の住民に共通して生起する状況と、経済的に困窮している人や高齢者、子ども、障害のある人などの社会的に弱い立場にある人たちにより集中的に生起する問題状況に分類できるとした。

　定藤はこれらの基準に従い、①地域住民に共通して生じるハード面での生活課題を「地域社会問題」、②社会的に弱い立場にある人たちに集中して現れる

ハード面の生活課題を「地域福祉問題」、③地域社会の文化や人々の社会的意識、態度から生まれる問題を「コミュニティ不在の諸問題」とした。以下、この3つの枠組みにしたがって、地域が抱える生活課題について述べていく。

1）地域社会問題

　地域住民に共通して生じるハード面での生活課題として、近年の日本においては、一つ、防災をあげることができる。多くの自然災害が続いている。例えば全国社会福祉協議会の被災地支援・災害ボランティア情報のサイトには、2017（平成29）年から2019（令和元）年までの3年間にどのような災害に関してニュースを発行してきたのかについて、その災害名があげられている。その数をみると、2017（平成29）年は5つの災害、2018（同30）年は北海道胆振東部地震や大阪府北部地震、7月豪雨災害、大阪都市部に甚大な被害をもたらした台風21号などの12の災害、2019（令和元）年は台風15号や台風19号など10の災害となっている。

　こうした災害は人々の生活を一変させる。住まいをなくしたり、仕事をなくしたりするなど、生活基盤そのものを脅かすことになる。このような自然災害から自分たちの生活を守ることは、大きな地域社会の問題になっているといえる。

　また、公共サービスの維持についても大きな地域社会問題であるといえる。現在、わが国は人口減少社会となっている。私たちの生活に必要な公共サービスを維持するには、ある一定の人口規模が必要とされるが、人口が減少していくと、従来の方法や水準で公共サービスを提供し続けることが難しくなる。日々の生活に不可欠な公共サービスの維持が困難になる状況は、そこで暮らす地域住民に共通した大きな問題となる。

2）地域福祉問題

　自然環境を含む生活環境施設、経済生活などのハード面での生活課題について、特に社会的に弱い立場にある人たちに集中して現れるものとして、「地域福祉問題」がある。

　例えば、地域社会問題のなかで取り上げた公共サービスの維持の問題に関して、別の地域へ引っ越しをするということも一つの解決策としてあるかもしれないが、すべての地域住民がそうした解決策をとることができるとは限らない。経済的な状況や家族の状況などによってその地域にとどまるしかない地域住民も存在している。

　また、地域社会問題で取り上げた防災に関して、高齢であることや疾病、障

害などによって自力で避難することが困難であったり、避難所のなかでの生活は
難しく、安全とはいえない自宅や車のなかで過ごさざるを得ない人たちがいる。
この問題は社会的に弱い立場にある人たちに限らず大きな問題ではあるが、特に
社会的に弱い立場にある人たちに大きな影響をもたらしている現状がある。

　それから、核家族化の進行や福祉サービスなどの整備、雇用環境の影響など
により、介護離職やダブルケアの問題、8050問題などが注目されている。雇用
環境が十分に整備されていないことなどから、障害や疾病を抱えながら就労す
ることが難しく、結果、経済的な問題を抱えることになったり、家族への介護
や介助が必要となり、そのことで他の家族の就労に影響が出たり、生活状況の
悪化が見られたりすることがある。また、40代、50代の世代において、雇用が
不安定で親との同居により生計が成り立っている人たちも多い。そのなかで親
の介護の問題なども抱え、助けを求める家族等も少なく、地域のなかで孤立し
た状況にある人たちも存在している。

3）コミュニティ不在の諸問題

　今、わが国の福祉施策において、地域共生社会の実現が謳われている。厚生
労働省は、高齢化や人口減少により、弱体化した地域・家庭・職場という人々
の生活領域における支え合いの基盤の再構築や、社会経済活動の担い手の減少
による地域社会の存続の危機への対応を重視している。そして、制度・分野ご
との『縦割り』や「支え手」「受け手」という関係を超えて、地域住民や地域
の多様な主体が参画し、人と人、人と資源が世代や分野を超えつながることで、
住民一人ひとりの暮らしと生きがい、地域をともに創っていく社会をめざすと
している。

　また、多文化共生社会施策の取り組みも進められている。1990年代以降、在
留外国人が増えている。そして、労働力人口の減少もともない、外国人の雇用
受け入れなども進んできている。

　長期間在留する外国人の増加や新たに日本に入国する外国人のさらなる増加
もあり、在留外国人が日本社会の重要な構成員となっている。さまざまな価値
観や文化背景をもった人たちと、ともに日本で生活をしていくということが求
められる社会になっている。

　そのなかにおいて、一緒に暮らす地域住民としての意識をもつことができる
のか。地域とは何かというところで示したように、「住民の主体力、自治能力
を要件として、新しい価値・質の地域社会＝互いの人権を尊重し、共感しあい
問題解決力のある生活圏域の創造」ができるかどうかが、地域支援において強
く問われているといえる。

２．地域支援の実際

（1）事例の概要

　A市は人口約13万人で、小学校区を単位として、19の校区福祉委員会が各地域で活動している。そのうちの一つであるB校区福祉委員会の地域には、4,500人ほどの住民が暮らしている。世帯数は2,400世帯、高齢化率は16.6％で、A市のなかで最も高齢化率が低い地域である。過去５年間で、マンションやアパート等の建設が多く、若い世代の人口が増えている。

　A市は生活の利便性が非常に高いが、B校区福祉委員会の地域は、A市の中心部から離れており、A市役所や総合病院などへ行く交通手段も少なく、不満をもっている住民も多い。一方、中心部から離れているためか、環境は静かであり安心して住めるまちとして評価する住民も多い。これからも住み続けたい、住み続けるつもりであると思う人の割合は70％を超えている。

　B校区福祉委員会では、３年ほど前から月に１回、地域の会館で地域の高齢者を対象にした食事会を開催している。食事会は、B校区福祉委員会のなかにある食事サービス委員会が担当している。手づくりの食事を提供し、地域の高齢者からは非常に評判がよく、毎回、満員の参加となっている。ただし、食事会の会場となっている会館は、地域の中心部にはなく、参加できる人は会館の近くに住んでいる人たちとなっていた。

　この事例をもとに、ソーシャルワーカーがどのように地域支援を展開させていくのかについて述べていく。

（2）事例の展開

1）普段のかかわりのなかから地域の声をキャッチする

　ある月の食事会にソーシャルワーカーが顔を出した際、食事サービス委員会のリーダーが声をかけてきた。リーダーの話によると、食事会にたくさんの人が来てくれるようになったが、食事会を行っている地域の会館がB校区の中心部にはなく、会館から離れたところに住んでいる人たちがなかなか来づらいようで、食事会に行きたくても行けないという声をちらほら聞くようになったということであった。また、B校区には地域活動ができる会館は１か所しかなく、どうすればいいのか悩んでいるということであった。

【解説】

　地域のなかには、さまざまな活動がなされているが、地域支援を担うソーシャルワーカーは、そうした活動に日常的に顔を出すことによって、地域の声をキャッチする。こうした普段からのかかわりが地域の声やニーズをキャッチするうえで非常に重要となる。個人や家族、グループ、地域など関係なく、ソーシャルワークの支援を展開させていくうえで信頼関係は不可欠である。信頼関係がなければ、安心して相談することはできなくなる。地域支援においても当然のことながら地域で活動をしている人たち、その他の住民の人たちとの間に信頼関係を構築することが何よりも大切である。そのために普段から地域の活動に顔出したり、顔見知りになることで信頼関係を構築していくことが求められる。その信頼関係があってこそ、事例のように、食事サービス委員会のメンバーから活動中に気になったことや悩んでいることなどを聞くことができるといえる。

2）話し合いの場をつくるように働きかける

　リーダーから話を聞いたソーシャルワーカーは、毎月開催しているB校区福祉委員会の会議で、食事会のことについて議題にあげてはどうかと話をした。リーダーはその会議にソーシャルワーカーも参加し話をしてほしいと言った。ソーシャルワーカーは、会議には毎月参加させてもらっているので次の会議も出席する予定であるが、地域の活動であるので、リーダーからお話をされた方がいいということ、必要に応じてサポートすることを伝えた。

　B校区福祉委員会の会議の日となった。ソーシャルワーカーは、会議に出席し、会議の進行を見守っていた。会議が終わりになったころ、委員長から他に何か意見等はないかとの問いかけがあった。その発言を受けて、食事サービス委員会のリーダーが話しはじめた。食事会をはじめて3年ほどになり、多くの人たちが来てくれるようになったが、来てくれる人たちは会場になっている会館の近くに住んでいる人たちが中心となっている。会館から離れた人たちは来たくても来づらいという声を聞くようになった。食事会は、閉じこもりがちな高齢者が外出するよい機会になっていること、また高齢者の困りごとを早く見つけることもできるので、会館から離れた人たちにも参加してもらえるようにしたいと話した。

　この話を聞いたB校区福祉委員会の委員長は、地域活動の場となっている会館がB校区の中心にはなく、活動に参加する人にも偏りがあるのは気になっていたと話した。他に出席していたメンバーからも同様の声があがった。会議の終了時間が迫ってきたなかで、議論が白熱してきた。ソーシャルワーカーは、

終了時間になってきているので、次回の会議で再度話し合いをもってはどうか、また、次回までにこの件について地域のみなさんでこうした事例があったことや、何か解決策がないかなど考えてみてはどうかと声をかけた。この声を受けて、委員長はソーシャルワーカーの発言に賛同し、次回の会議までに考えてこようと話して会議は終了した。

【解説】

　地域住民から出された地域の活動等を含めたさまざまな意見や不満がソーシャルワーカーに寄せられることがある。わが国の地域福祉やコミュニティワーク（地域支援）の理論に大きな影響を与えたロス（Ross,M.G.）は、この地域住民から出された意見は、自分たちの地域や団体などを発展させるきっかけとなるとし、地域住民の意見や不満に焦点を当てることが大事であるとした。そして、この意見や不満を地域に広く共有しなければならないとも指摘している。

　事例のなかでのソーシャルワーカーは、毎月開催しているＢ校区福祉委員会の会議で、食事会のことについて議題にあげてはどうかと提案している。この働きかけは、話し合いの場をつくるように促しており、地域全体で共有できるきっかけをめざしたものとなる。

　また、事例のなかで、ソーシャルワーカーは、食事サービス委員会のリーダーにワーカーからも話してほしいと言われたが、それに対して「地域の活動であるので、リーダーからお話をされた方がいい」と伝えている。地域支援における大事な原則は、住民主体である。あくまでも主体は地域住民であり、住民同士で話し合い、解決していくことができる環境をどのように整えていくのかが重要となる。

3）話し合いの場の持ち方についての助言をする

　翌月のＢ校区福祉委員会の会議がソーシャルワーカーも参加し開催された。食事会の話はもちろんのこと、その他の活動のなかでも参加したくてもできない人がいることが話し合われた。また、それ以外にも活動を継続するための担い手の問題も話し合われた。地域活動に関してさまざまな思いや意見があることがわかり、委員長がこの定例の会議だけでは十分な答えが出ないといい、どうすればいいかとソーシャルワーカーにたずねてきた。

　ソーシャルワーカーは、定例の会議とは別に、今、Ｂ校区福祉委員会の活動について話し合う場をもつということも一つ策としてあるかもしれないと話した。その発言を受けて、委員長が参加したメンバーに話をすると、賛同が得られ、Ｂ校区福祉委員会の今後について話し合う場を新たに設けることになった。

ソーシャルワーカーは、後日、委員長と一緒にB校区福祉委員会の今後について話し合う場をどのようにセッティングしていくのかについて相談した。委員長は、B校区福祉委員会のメンバーを中心に声をかけて集まってもらおうと考えていると話した。ただ、いつものメンバーだけで話をすることになるのも心配なので、委員会のメンバー以外にも参加してもらう方法はないだろうかと言った。ソーシャルワーカーは、その考えは新しい活動者を増やすきっかけになるかもしれないので、進めていくことはいいことだと話した。参加してもらう方法について相談した結果、委員長はB校区の住民全員にチラシをまいて、B校区のことを話し合う機会にすることとした。

　さらに委員長からは、話し合うだけでなく、話し合った結果を形に残すことができないかと言った。そこで、ソーシャルワーカーは、B校区の地域福祉活動計画を策定するということも方法の一つであると話した。委員長はこの提案も含めて、次回のB校区福祉委員会の会議で提案するとした。そして、この提案は会議で認められ、早速チラシづくりと参加の呼びかけがはじまった。

【解説】

　地域住民が自分たちの課題を解決していく過程を支援するソーシャルワーカーの役割の一つとして、ロスは「知識提供者としての役割」というものを示している。この事例では、どのように地域で話し合いを進めていけばいいのかについて、別の会議の場を設ける方法があるということをアドバイスしている。ソーシャルワーカーは、専門職であり、さまざまな情報や知識をもっている。それらの情報や知識を地域住民が有効に活用することができるように知識を提供することが求められる。

　また、事例では、委員長が新規参加者をどのように募ればいいのかについても相談している。地域支援において大事なことの一つとして、前述のように地域全体でどのように共有していくことができるのかということがある。この委員長の発言は、新たな活動者を増やすきっかけをつくること、またB校区のことについて話し合う機会があることをB校区全体に周知することにもつながる。これらのきっかけを生み出す委員長の考えをサポートして、地域支援を進めていくことは非常に大切である。

4）住民自ら問題を発見し、優先順位をつける

　第1回目の話し合いには、30名近い人たちの参加があった。そのうちB校区福祉委員会のメンバー以外の参加が3名あった。その3名は緊張した面持ちで座っていた。その様子を見たソーシャルワーカーは、話し合いを進行する委員長に、すぐに話し合いをはじめるのではなく、3人の紹介と各グループでリラッ

クスして話し合ってもらうように、自己紹介とどのような思いで参加しているのかについて話すところからはじめたらどうかと伝えた。委員長は、ソーシャルワーカーの助言に賛同し、話し合いを進めていった。

　話し合いは、1グループ6名程度で行った。各グループで話し合われた結果を発表してもらうと、「交通手段が少なく、足が悪くなってきたりすると、外出することが難しい」「地域で取り組んでいる活動の担い手がおらず、いつも同じメンバーで取り組んでいる」「地域の活動をもっと知ってもらいたい」との意見などが出された。これらの意見は、どのグループでも話し合われた内容であった。委員長は、この3つの問題を中心に自分たちでどう解決していけばいいか、話し合っていかないかと声をかけた。また、この会議を開催するにあたっては、月に1回行っている食事会に行きたくても、開催場所の会館が遠いため行くことができないという地域の声を聞いたことがきっかけにあると伝えた。年齢や住んでいる場所に関係なく、より多くの人が地域の活動に参加してもらい、地域が活気づくような話し合いを、今後行っていきたいと話した。すると、参加者はこの委員長の言葉にうなずき、終了となった。

【解説】
　住民同士の話し合いにおいて、ソーシャルワーカーとして大事にすべきことは、そこに参加している人たち一人ひとりの意見が尊重され、受け入れられる環境が生まれるようにサポートすることにある。ロスは「力をそえる人としての役割」のなかで、良好な人間関係をつくることをあげている。地域のなかにはさまざまな人たちが存在している。第1節のなかでも示したが、多文化共生などが求められるなかにあって、ソーシャルワーカーとして地域住民同士の間に仲介役としてかかわったり、話しやすい雰囲気をつくるための具体的な方法を提示するなどして、地域住民同士でも互いに認め合える関係をつくっていけるようにサポートすることが求められる。地域のなかにコミュニティをつくるというところとも通じる部分であるといえる。

5）計画策定のサポートをする

　第2回目は、第1回目で多くあがった3つの問題の状況について話し合うこととした。第2回目の会議を開催するにあたって、事前に委員長とソーシャルワーカーで打ち合わせを行った。打ち合わせでは、第2回目は、どのようなことが背景にあってこれらの問題が起きているのか、どこを改善する必要があるのかについて話し合うことで方向性を確認した。第2回目の当日、委員長から問題の背景や要因について話し合ってほしいと参加者に伝えた。その結果の意見をまとめると、次の表11−1のようになった。

表11－1　B校区の３つの問題と背景

問題	問題状況の背景
交通手段が少なく、足が悪くなってきたりすると、外出することが難しい	・地域活動の開催場所となっている会館が、B校区の端にあり、もともと集まりにくい ・会館から離れた地域に、多くの高齢者の人たちが長年住んでいる住宅地があり、この住宅地で暮らす高齢者は参加したくても参加できない状況がある
地域で取り組んでいる活動の担い手がおらず、いつも同じメンバーで取り組んでいる	・B校区福祉委員会などの地域の活動に参加するには、ある程度、自由に動くことができる時間のあることが必要となる ・若い世代にもかかわってもらいたいが、働いていたり、土日は子育てなどで時間が少なく、参加することは難しい ・今、活動している人たちは、10年、20年とかかわっていて、世代交代などがうまく進んでおらず、もっといろいろな人に参加してほしいがどうすればいいのか悩む ・もっと新しい活動を立ち上げるなどする必要もあるのではないか ・いつもの活動、いつものメンバーで取り組んでいて、新しい人たちが入りにくい雰囲気もあるのではないか
地域の活動をもっと知ってもらいたい	・地域の回覧板や張り紙などをして周知しているが、あまり見てもらえていないのか、反応がよくわからない ・SNSを使って広報してはどうかとの意見もあるが、世代によってはSNSを使っていない人もいたり、地域の情報をSNSで知ろうとする人はどのくらいいるのかわからない。もっと効果的な方法はないものか

出典　筆者作成

　第３回目では、第２回目の話し合いをもとに具体的に計画の内容を策定することとした。

　「交通手段が少なく、足が悪くなってきたりすると、外出することが難しい」という課題について、参加していたメンバーからB校区にある介護タクシーの会社に声をかけてみてはどうかと提案があった。そのメンバーは介護タクシーの会社の社長と付き合いがあり、月に１回程度なので、ボランティア活動として協力してもらえないだろうかという考えであった。その意見を聞いた他のメンバーは、もし介護タクシーの会社に協力してもらえるのであれば、食事会に行きたくても行けない高齢者の参加が増えるかもしれないとしてその意見に賛同した。しかし、一部から、本当にボランタリー的に協力してもらえるのか、また協力してもらえるとしても本当に無報酬でいいのかとの意見も出された。アイデアはいいが実際にどのように進めていけばいいのか、そこから検討が止まってしまった。

　その検討の様子を見ていたソーシャルワーカーは、他の地域での移動支援のボランティアの活動についての情報提供を行った。ある市では、地元住民のボランティア活動として高齢者外出支援サービスを行っていた。国と県で認めた一定の講習を受けた地元住民が予約の受付、調整、車の運転まで行っているということであった。また低額で利用料ももらっているということを伝えた。

　この話を聞いた委員長は、もし介護タクシーの会社が低額で引き受けてくれるというのであれば、B校区福祉委員会の予算から費用を支払って食事会への移動支援の手助けをしてもらえるように交渉してみるのはどうだろうかと話した。それを聞いたメンバーは、それであれば、介護タクシーの会社にお願いをしやすいとなり、介護タクシーの会社の社長と知り合いのメンバーが委員長とともに交渉にあたることとなった（表11-2）。

表11-2　B校区での具体的な取り組み①

取り組み	地域活動（食事会）に参加するための移動支援
いつ	●●年○月の食事会開催日から
誰が	食事サービス委員会、介護タクシーの会社
どのように	・会館から離れた地域で暮らす住民に対して、食事会に参加するための移動支援がはじまることを周知する ・移動支援の利用を希望する住民には事前申し込みをお願いする。申し込みの集計は食事サービス委員会が行う。申し込み集計後、食事サービス委員会が介護タクシーの会社を手配する

出典　筆者作成

　また、介護タクシーの利用による解決だけでなく、実際に会館に来られない人も住んでいる場所で集える場所をつくることができないかという検討にもなった。すると、会館から離れた地域に、60代の夫婦が経営している銭湯があり、近くに住んでいる高齢者などが銭湯によく通っているという話が出てきた。そこで、ダメもとで、銭湯の営業がはじまる1時間ほど前に、ふれあい喫茶をさせてもらえないか聞いてみないかとなった。月に1回の開催でも、会館から離れた地域で交流できる場所ができれば、地域の活性化にもつながるのではないかということであった。この意見に多くのメンバーが賛同し、検討が進んでいくことになった。そんななか、一人、浮かない顔をしているメンバーがいることにソーシャルワーカーが気づいた。そこでソーシャルワーカーがその人に声をかけ、何か気になることがあるようですねと声をかけた。すると、そのメンバーが、この取り組みを進めるにあたって、場所を増やすことなどはいいことであるが、増やすとなると、そこにかかわる人たちも必要となる。活動者についても考えていく必要があるなかで、簡単に進めていくことはできないのではないかと話した。

　この意見を聞いた他のメンバーたちからも、確かに今の状況で次の活動の場を増やすことは慎重になったほうがいいかもしれないとの意見が出された。そこで、移動支援からはじめることとし、集える場を増やすことについては、仲間を増やしていくということとセットにして、少しずつ取り組んでいくことを

表11－3　B校区での具体的な取り組み②

取り組み	会館まで来られない人も集える場を増やす
いつ	できるときから
誰が	B校区福祉委員会
どのように	・居場所の目的や主旨を説明し協力者を増やす ・広報などでも居場所として貸してもらえる場所を募る

出典　筆者作成

確認した（表11－3）。

　「地域の活動をもっと知ってもらいたい」については、SNSの利用も必要であるが、やはりチラシによる広報はまだまだ力があり、広報紙の発行を積極的に行ってはどうかという意見が出た。また地域に愛着をもってもらえると、もっと地域のことを知りたい、地域のことを好きになってもらえるのではないかということで、何かロゴマークみたいなものを作成してはどうかとの意見が出た。

　すると、委員長がせっかくだから、ここにいるメンバーでそれぞれ考えて、そこから選ばないかと話した。

　そこで、みなでB校区福祉委員会のロゴマークを考え、新しく参加してくれた一人のアイデアが採用されることとなった。そしてロゴマークをデザイン化してもらうためにデザインの仕事をしている人がいないだろうかという話になった。ソーシャルワーカーは、今、B校区で活動にかかわらせてもらっている障害のある人たちのセルフヘルプグループに、一人、デザインや絵を描くことが好きな人がいることを伝え、もしかすると、その人に頼めばデザイン化してもらえるかもしれないと伝えた。すると、メンバー全員がぜひお願いしたいと言った。またセルフヘルプグループのような人たちがB校区にいるとは知らなかったといい、デザインが完成したら、ぜひこの委員会でお披露目会をしてもらいたいと言った（表11－4）。

表11－4　B校区での具体的な取り組み③

取り組み	地域の活動をもっと知ってもらいたい
いつ	できるときから
誰が	B校区福祉委員会　障害のある人たちのグループ
どのように	・広報紙の発行を積極的に行う ・B校区のロゴマークを作成し、広報紙をはじめあらゆるところで活用して地域に愛着をもってもらう

出典　筆者作成

【解説】

　計画策定のサポートをしていくなかで、B校区福祉委員会での話し合いの様子からもわかるように、地域住民の話し合いでは、さまざまな意見、アイデアが出てくる。特に、この事例のなかでの移動支援の話し合いでは、知り合いのタクシー会社の話が出てきた。また新たな拠点先となりそうな場所についても話が出てきていた。地域の問題やその解決に向けての話し合いをしていくと、地域のさまざまな社会資源が発見されることになる。ソーシャルワーカーとしては、話し合いの場において、地域住民がそうしたところに目を向けることができるようにサポートしていくことが重要となる。

　また、新たな拠点先になりそうな場所の話のなかで、慎重な意見が出されていた。地域での話し合いにおいては、多数派の意見だけでなく、少数派の意見もきちんと尊重されるようにしなければならない。ソーシャルワーカーとして、話し合いの場で発言ができていないメンバーがいれば、声をかけたり、少数派の意見を聞く環境を整えることが大切となる。

6）地域全体の計画とするように働きかける

　B校区福祉委員会での話し合いは、B校区福祉活動計画としてまとめられ、ここで話し合われた内容を3年計画で進めていくことを確認した。そして、最後の話し合いの場において、ソーシャルワーカーからこの計画について、ここに参加していない人たちにも伝えないかと提案した。

　このソーシャルワーカーからの提案を受けて、委員長は、メンバーにどうするか問いかけた。すると、ロゴマークもつくったことだし、食事会に参加したくてもできなかった人たちが移動支援をはじめようとしていることを知ってくれたら喜んでくれるかもしれないと話したメンバーがいた。その意見に多くのメンバーが賛同し、計画策定のお披露目会をしようという話になった。また、お披露目会に参加できない人もいるので、広報紙に計画づくりについての特集号を組んで広く知ってもらうようにしようという話になった。

　話し合いが終わり、この集まりは解散となったが、今後は、この計画の実行となる。ソーシャルワーカーとして、次は計画の実行のサポートとしてかかわっていくことになる。B校区福祉委員会の住民に、ソーシャルワーカーとして引き続きサポートしていくことを伝えた。

【解説】

　ロスは、地域への働きかけの視点として、地域自身から生まれた計画を尊重することを掲げている。そこでは、いくら優れた計画であっても、それを適用する地域の住民が自分たちのものであると感じなければ成功しないともしてい

る。計画策定や地域活動に参加する地域住民は、実際のところは一部の住民であることが多い。そのなかで、どのように自分たちの活動であるという意識をもってもらうのか、自分たちの計画であると感じてもらうのかということが大事となる。その一つの方法として、事例のソーシャルワーカーが提案したようなお披露目会などがあるといえる。また地域の広報紙などで周知していくこともある。けれども、そこも十分な周知ということはやはり難しく、ロスが指摘するように、自分たちが最も重要であると考える問題について、自分たち自身で考え計画を立てていくというプロセスを提供することが、なによりも大事であるといえる。そこに向けてどのように地域へ働きかけていくのかについて、ソーシャルワーカーは考えていかなければならない。

（3）終結、もしくは継続支援にあたっての課題

1）地域のペースを大切に継続的にサポートする

　地域支援の実際として、ソーシャルワーカーの動きを、事例を通して示してきたが、この事例における今後の課題については、計画を具体的に実行していくことである。計画を立てただけでは意味がなく、実際に実現させていかなければならない。そのためには、人手、場所、資金が必要となる。実行のために必要なこの3つの要素は、地域活動のなかで最も課題として認識されているものである。最初は、行政からの補助金などがあり、活動に着手できたとしても、補助金などの支援が終了した後もどのように活動を継続させていくことができるのかが課題となることがある。人手に関しても、長年、課題として認識されている。いい活動であるならば、継続していくことが望ましいが、そのためには人手は重要である。場所に関しても、さまざまな制約があるなどして思うように使えない場合もある。それでは、活動は継続できないとして中断したり、終了したりするということになるのか。このように活動の継続が危ぶまれたり、あるいは活動が停滞するような状況になったときにソーシャルワーカーに求められる働きかけは、地域住民の人たちの考えや思いを何よりも大切にすることであり、なぜこの取り組みをしようと思ったのか、どのような地域にしたいと思っていたのかという動機にもう一度立ち戻ることも、状況を打開するうえで必要となる。

　ただ、その際には、地域のさまざまな状況がある。これまでの関係性や歴史などをふまえて対応していくことが求められる。ロスは地域への働きかけの視点として、地域がもつ固有のペースを大切にすることを掲げている。地域のペースを尊重しながら、地域の活動をサポートしていくことが大切となる。

2）地域の力だけで解決できない問題もある

　事例では、地域住民同士の話し合いで解決策を考え、その取り組みも自分たちで行う展開となっているが、第1節でもあげたように、地域住民だけの力では解決できない問題もある。行政の力やその他の団体、組織の力も必要となることもある。特に地域社会問題などは地域住民だけでは対応できないものも含まれている。そうした場合には、行政の力を借りたり、行政へ解決を求めていくことも必要となる。

3）ロスのコミュニティ・オーガニゼーション理論

　事例のなかでのソーシャルワーカーの動きに関して、ロスのコミュニティ・オーガニゼーション理論を参考に示してきた。ロスのコミュニティ・オーガニゼーション理論は、日本の地域福祉やコミュニティワーク（地域支援）に大きな影響を与えた理論である。ロスは、地域住民が自ら取り組むべき地域の問題に気づくところから着手することを大事にした。そして、その問題解決の過程に住民自身が関与し、その関与していく体験を通して住民自身の問題解決能力を高めることができると考えた。以下、事例のなかで示したロスのコミュニティ・オーガニゼーション理論における地域への働きかけの基本的視点とソーシャルワーカーの役割について表11－5と表11－6で示す。これら一覧を確認しながら、改めて事例を参考に、ソーシャルワーカーとしてどのように地域支援を展開していけばいいのかを再考してもらいたい。

表11－5　ロスの地域への働きかけの基本的視点

1. 自己決定を支える
2. 地域がもつ固有のペースを大切にする
3. 地域自身から生まれた計画を尊重する
4. 地域のもつ能力を高める
5. 改革への意欲喚起である

出典　Murray G.Ross & B.W. Lappin, *Community Organization: Theory, Principles and Practice*, 2nd edition, Harper & Row, Publishers, 1967, pp.30-39を参考に筆者作成

表11－6　ロスのソーシャルワーカーの役割

役　割	具体的な行動
1．ガイドの役割	○地域の意見を尊重すること（第一の役割） ○地域の関心を刺激すること（主導権） ○非審判的に接すること（客観性） ○地域全体と一体になること ○役割を受け入れること ○ワーカーの役割を説明すること
2．力をそえる人としての役割	○不満感情に焦点を向けること ○組織化を励ますこと ○良好な人間関係をつくること ○共通の目標を強調すること
3．知識提供としての役割	○地域の診断 ○調査の熟練 ○他の地域に関する情報を提供すること ○方法に関する助言 ○専門的情報の活用 ○評価
4．社会的治療者としての役割	○診断と治療

出典　Murray G.Ross & B.W. Lappin, *Community Organization: Theory, Principles and Practice*, 2nd edition, Harper & Row, Publishers, 1967, pp.203-231を参考に筆者作成

【学びの確認】

①地域住民同士の話し合いのなかで意見の相違があり、意見がまとまらないような状況が発生した際、ソーシャルワーカーとしてどのように働きかけをすればいいのか考えてみましょう。

②事例で策定した地域福祉活動計画が広く住民に共有されるための方法を他に何か考えてみましょう。

③地域住民だけの力で解決できないと思われる地域社会問題を一つ想定し、その問題を解決するために、ソーシャルワーカーとしてどのような支援ができるのか考えてみましょう。

【引用文献】

1）上野谷加代子「地域福祉という考え方」上野谷加代子・松端克文・永田祐編著『新版よくわかる地域福祉』ミネルヴァ書房　2019年　p.4
2）中央社会福祉審議会「コミュニティ形成と社会福祉（答申）」1971年12月11日　p.289
3）定藤丈弘「コミュニティの生活問題」高森敬久・高田真治・加納恵子・定藤丈弘『コミュニティ・ワーク─地域福祉の理論と方法─』海声社　1989年　pp.70-79

【参考文献】

　上野谷加代子・松端克文・永田祐編著『新版　よくわかる地域福祉』ミネルヴァ書房
2019年

　自治体戦略2040構想研究会「自治体戦略2040構想研究会第二次報告～人口減少下におい
て満足度の高い人生と人間を尊重する社会をどう構築するか～」2018年7月

　高森敬久・高田真治・加納恵子・平野隆之『地域福祉援助技術論』相川書房　2003年

　Murray G.Ross & B.W.Lappin, *Community Organization: Theory, Principles and
Practice*, 2nd edition, Harper & Row, Publishers, 1967

　マレー・G・ロス著、岡村重夫訳『コミュニティ・オーガニゼーション—理論・原則と実
際—』全国社会福祉協議会　1968年

第12章 総合的・包括的なソーシャルワークの実際3 —非常時・災害時の支援

【学びの目標】

被災者の支援において求められることは、フェーズ（局面）ごとで異なる。一般的に災害時におけるフェーズは、災害発生直後における生命・安全の確保を図ることが主な目的となる段階、避難所における避難生活が行われる段階、仮設住宅における避難生活が行われる段階といった分類が行われる。本章では、各フェーズにおける被災者のニーズや被災者心理について解説している。また事例においては、主として車中泊や借上型仮設住宅（みなし仮設住宅）の問題を取り上げつつ、災害時における被災者支援を行うソーシャルワーカーの姿を示した。各フェーズに見られる被災者の生活課題とその支援方法について学ぶとともに、平常時におけるソーシャルワークと災害時におけるソーシャルワークの連続性について理解を深めることが本章のねらいである。

①　フェーズごとの被災者における避難生活の状況やニーズについて理解する。

②　車中泊や借上型仮設住宅（みなし仮設住宅）における避難生活上の課題を理解する。

③　平常時も含めた各フェーズにおいて求められるソーシャルワーカーによる支援について理解する。

1. 非常時・災害時の生活課題

（1）自然災害のリスク

1）わが国における近年の自然災害

日本列島とその周辺には、太平洋プレート、フィリピン海プレート、ユーラシアプレート、北米プレートの4つがぶつかり合っており、世界的に見ても地震が多い地域となっている。そしてマグニチュード6.0以上の地震の回数で見ると、世界全体における日本の地震発生割合は約20%を占めていることが知ら

表12－1　わが国における平成元年以降の主な自然災害（死者・行方不明者50名以上）の状況

年　月　日	災害名	死者・行方不明者
1993（平成５）年７月12日	北海道南西沖地震（M7.8）	230人
1993（平成５）年７月31日〜８月７日	平成５年８月豪雨	79人
1995（平成７）年１月17日	阪神・淡路大震災（M7.3）	6,437人
2004（平成16）年10月20日〜10月21日	台風第23号	98人
2004（平成16）年10月23日	新潟県中越地震（M6.8）	68人
2005（平成17）年12月〜2006（同18）年３月	平成18年豪雪	152人
2010（平成22）年12月〜2011（同23）年３月	雪害	131人
2011（平成23）年３月11日	東日本大震災（M9.0）	22,288人
2011（平成23）年８月30日〜９月５日	平成23年台風第12号	98人
2011（平成23）年11月〜2012（同24）年３月	平成23年の大雪等	133人
2012（平成24）年11月〜2013（同25）年３月	平成24年の大雪等	104人
2013（平成25）年11月〜2014（同26）年３月	平成25年の大雪等	95人
2014（平成26）年８月20日	平成26年８月豪雨（広島土砂災害）	77人
2014（平成26）年９月27日	平成26年御嶽山噴火	63人
2016（平成28）年４月14日及び４月16日	平成28年熊本地震（M7.3）	273人
2018（平成30）年６月28日〜７月８日	平成30年７月豪雨	271人
2019（令和元）年10月10日〜10月13日	令和元年東日本台風	94人

出典　内閣府「令和２年版防災白書」2020年９月７日を一部改変

れている。またわが国は、国土の70％を山地が占めており、急峻な山地が多い
ため土砂災害が発生しやすく、さらにこうした地形により、急流河川も多く、
河川氾濫による被害を受けやすいことも指摘されている。

　表12－1は、平成の時代に入って以降のわが国における主な自然災害の発生
状況を示したものである。この表に示されているとおり、わが国においては、
毎年のように自然災害によって甚大な被害がもたらされている。こうした自然
災害における被害、とりわけ人的被害を見るうえで重要なことは、東日本大震
災における障害者の死亡率が、被災地における全住民の死亡率と比べ約２倍で
あると報告されていることや[1]、2018（平成30）年７月豪雨災害における被災
地である倉敷市真備町の死者のうち、約９割が65歳以上であると報告[2]されて
いることからわかるように、自然災害は障害者や高齢者により大きな被害をも
たらすと理解しておくことである。

２）直接死と関連死

　自然災害における人的被害については、直接死と関連死の２つに分けること

202

ができる。直接死とは、建物の倒壊や津波の被害など災害による直接的な影響で死亡する状態を指す。1995（平成7）年の阪神・淡路大震災の人的被害における死因については80％以上が建物の倒壊による圧死であり、また2011（同23）年の東日本大震災では死因の90％以上が溺死であるように[3]、一般的に直接死は自然災害における人的被害の多くを占めることになる。

　一方で関連死は、災害による直接的な影響で死亡するのではなく、避難生活における心身の負担等による間接的な影響で死亡する現象を指す。言い換えるならば関連死は、災害による直接的な影響から助かった命が失われてしまう状態を表わしている。そして阪神・淡路大震災及び東日本大震災における関連死の数について見ると、阪神・淡路大震災において919人（2005（平成17）年3月31日時点）[4]、東日本大震災で3,767人（2020（令和2）年9月30日時点）[5]となっている。さらに2016（平成28）年の熊本地震では、197名（2017（同29）年12月末時点）であり[6]、これら3つの自然災害をあわせると、関連死による犠牲者は5000名近くになる。さらに熊本地震では、関連死が直接死の4倍にのぼることも報告されている[7]。

　よって災害における人的被害は、直接死だけでなく、関連死についても目を向けなければならない。また東日本大震災のケースでは、発災から8年が経過した時点においても関連死の発生が報告[8]されていることからもわかるように、自然災害のリスクは発災直後だけでなく、長期間にわたって被災者の生活に影響を及ぼすものである。

（2）被災者の生活課題

1）災害時における被災者のニーズ

　大規模な自然災害が発生した後の被災者の生活については、表12-2で示すように、避難した後、まず避難所における避難生活を送ることになる。またその後、仮設住宅による避難生活に移行し、次いで復興住宅による生活もしくは自宅再建に至る流れをたどることが一般的である。

　そして避難所における避難生活については数週間から半年程度続くケースが多いが、東日本大震災では約2年9カ月間の避難所生活を送る被災者も見られた[9]。避難所における避難生活において見られる被災者の主なニーズとしては、避難生活を送るうえで物資が不足することや、医療や介護といった専門的サービスの確保が困難となることなどがある。また集団生活が長期に及ぶことから、プライバシー確保の問題や集団生活のストレスに関する問題、感染症に関する問題などもあげられる。

表12-2　震災時に想定される被災者ニーズの時系列的変化（例示）

時期 ニーズの大分類	被災直後〜1週間 救出・避難	〜半年 避難所生活	〜数年 仮設住宅生活	〜長期 復興住宅生活・自宅再建
住む・暮らす	・住居の喪失 ・水、食料、電気、通信、衣服、寝具等の喪失 ・家族の喪失（葬儀等も含む）	・生活上の諸物資の不足 ・将来生活への不安 ・集団生活の不便 ・母親喪失による衣食機能の低下・喪失	・引っ越しの負担 ・新たな生活環境の学習 ・母親喪失等による衣食機能の低下・喪失 ・便乗詐欺や宗教勧誘 ・移動・交通手段の不自由 ・通院、施設利用、通学等への対処 ・行政諸手続きのための頻繁な公的機関通い	・引っ越しの負担 ・新たな生活環境の学習 ・母親喪失等による衣食機能の低下・喪失 ・便乗詐欺や宗教勧誘 ・移動・交通手段の不自由 ・通院、施設利用、通学等への対処 ・行政諸手続きのための頻繁な公的機関通い
費やす	・財産（動産・不動産）の喪失	・衣食生活費の不足 ・動産（車等）の購入費用	・家計の再構築 ・借金返済の見直し ・金融機関との交渉や公的助成制度の探索、発見、申請 ・教育費の捻出	・家計の再構築 ・多重債務の負担 ・金融機関との交渉や公的助成制度の探索、発見、申請 ・教育費の捻出
働く	・仕事（家業・会社）の喪失	・仕事の再開・復帰 ・求職	・仕事の再開・復帰 ・求職 ・新たな仕事への順応	・仕事の再開・復帰 ・求職 ・新たな仕事への順応
育てる・学ぶ	・育児・保育困難 ・学校喪失/休校 ・遊具おもちゃの喪失	・育児・保育困難 ・学齢児の教育保障 ・転校	・学齢児の教育保障 ・転校	・学齢児の教育保障 ・転校
参加・交わる	・知人・友人との死別	・避難に伴う知人・友人との離別	・孤立・孤独・ひきこもり ・転居に伴う知人・友人との離別	・孤立・孤独・ひきこもり ・転居に伴う知人・友人との離別
体の健康	・怪我への対処 ・持病等への対処（薬や医療機器の確保） ・排泄や入浴	・介護や保育困難 ・療養者の医療保障 ・エコノミー症候群 ・要介護者の排泄入浴の配慮 ・感染症のリスク軽減	・介護等家族の孤立 ・ハイリスク者や持病者の管理	・介護等家族の孤立 ・ハイリスク者や持病者の管理
心の健康	・家族の喪失 ・ペットの喪失や離別	・プライバシー確保 ・人間関係調整 ・集団生活のストレス、他者への遠慮 ・集団生活上のルールへの服従ストレス ・PTSDやノイローゼ	・新たなコミュニティ・環境への不安・負担 ・孤独・ひきこもり ・自殺/自殺企図 ・アルコール等への依存 ・介護等家族の孤立	・新たなコミュニティ・環境への不安・負担 ・孤独・ひきこもり ・PTSDやノイローゼ ・自殺/自殺企図 ・アルコール等への依存 ・介護等家族の孤立
その他		・避難所内での差別問題 ・被災者への差別問題	・被災者への差別問題	・被災者への差別問題

注：災害の種類や規模などによって、時期・場面の区切りやニーズは大きく変わってくる。
ここにある例示のほかにも、被災前からの生活の連続性欠如によるあらゆるニーズに対応する必要がある。

出典　川上富雄「災害ソーシャルワークの対象」上野谷加代子監修、社団法人日本社会福祉士養成校協会編『災害ソーシャルワーク入門―被災地の実践知から学ぶ』中央法規出版　2013年

　仮設住宅における避難生活については、災害救助法において、応急仮設住宅の提供期間は原則2年とされているが、復興住宅の建設や自宅再建が遅れていることなどを理由に延長され、東日本大震災においては発災後9年を経過しても、なお仮設住宅で避難生活を送ることを余儀なくされている被災者も見られる[10]。

　仮設住宅における避難生活で見られる被災者のニーズとしては、集団生活を余儀なくされた避難所生活とは異なり、世帯ごとでの生活に移行することから、プライバシー確保の問題は解消する一方で、周囲とのつながりがもてない孤立の問題が取り上げられることが多い。また生活再建に向けて、被災者間での格差が目立つようになることも、この段階の課題としてあげられる。

　その後の被災者の生活については、復興住宅に移ることや自宅再建をすることで、新たな生活を再開することになる。大規模災害が発災した場合、仮設住宅における避難生活が長期に及ぶことはすでに見てきたとおりであるが、その状況は被災者に対して一律に見られるものではなく、生活を再建することが困難な状況にある者ほど、避難生活は長期化する傾向にある。そのため、復興住宅においては、入居者の高齢化率が高いことや、単身の高齢者世帯が多い傾向がある[11]。例えば、阪神・淡路大震災において復興住宅の入居については、2001（平成13）年に完了しているが、この時点の一般の公営住宅における高齢化率および単身高齢者世帯の割合と、復興住宅のものを比較すると、復興住宅の高齢化率および単身高齢者世帯率はともに、一般の公営住宅の2倍以上となっている。したがって、復興住宅における被災者のニーズとしては、主に高齢者の孤立や見守り体制の確保といった課題が取り上げられることが多い。

2）災害時における被災者の心理

　被災者における心理について目を向けて見ると、4つの段階に分けてとらえることができる[12]。まずは、発災直後に見られる、目の前で行っている出来事を現実のこととして受け入れることのできない「茫然自失期」である。次いで、生き延びた被災者同士が互いに助け合い、被災者同士の連帯感が現れる「ハネムーン期」が見られる。

　そして被災後の疲れがピークに達するとともに、災害直後の混乱がおさまりはじめ、生活再建に向けた現実的な課題が明らかとなってくる「幻滅期」がおとずれる。その後、復興が進み、生活再建の目途が立ちはじめ、被災者は生活再建に対する自信を取り戻していく「再建期」に至るとされている。

　こうした段階のなかで注目すべきは、「幻滅期」にある。この段階においては、被災者は疲労や忍耐の限界を迎え、行政等の対応に対する不満が噴出すること

や被災者同士のトラブルも生じることがある。また生活再建に向けた種々の課題が表面化してくるとともに、生活再建における個人差も見られるようになることで、今後の生活に対する不安を感じ、取り残されているような感覚や無力感にさいなまれる被災者も見られ、うつやアルコールの乱用などのメンタルヘルスの課題が表出するようになる。

　また被災者が生活再建に対する自信を取り戻していく「再建期」においても、復興から取り残される被災者が一定数いることを忘れてはならない。平常時から何らかのハンディキャップのある人々は、とりわけその傾向が強く、彼らの生活について長期にわたって見守っていくことが必要となる。

２．非常時・災害時の支援の実際──被災した軽度の認知症を患う母親と息子への支援

（１）事例の概要

■クライエントのプロフィール

Ａ男さん　性別：男　年齢57歳

　Ａ男さんは、Ｃ市にて母親と二人暮らしをしていた。母親は、軽度の認知症を患っていたが、身の回りのことは一人でできるため、Ａ男さんは仕事を続けながら、母親の生活をサポートしていた。そうしたなか、令和〇年１月20日午後10時46分にＢ地方の深さ24kmを震源とするマグニチュード7.3の地震が発生した。この地震により、Ｃ市は震度７を観測し、人的被害、住家被害、道路損壊等の甚大な被害が発生した。発災後、人々は近くの公園や広場といった避難場所へ一時的に避難し、その後、その多くは小中学校等の公共施設をはじめとする避難所に移動した。避難所では、想定されていた収容定員を大幅に超える被災者が集まっており、たいへん混乱した状況にあった。Ａ男さんと母親も暮らしていたアパートが被災し、避難所として開設された近隣の公民館に身を寄せることになった。

■支援者のプロフィール

Ｃ市地域包括支援センター　Ｄワーカー

職歴：10年　資格：社会福祉士　性別：男　年齢：32歳

　福祉系の大学を卒業後、社会福祉法人が運営するデイサービスの生活相談員として勤務し、現在は同法人が運営する地域包括支援センターに勤務している。

（2）事例の展開

1）避難所での葛藤

　発災後、多くの被災者が押し寄せた避難所では、一人につき、たたみ一畳分のスペースを確保することがやっとであり、避難所に入りきれなかった被災者は廊下で雑魚寝をしている状態であった。余震が続くなかで、不安がる母親の手をA男さんはにぎり、大丈夫と声をかけ続け、避難所での一晩を過ごした。

　A男さんと母親の避難所による避難生活は、その後も続いた。繰り返し起こる余震の恐怖と混乱した避難所の騒々しさで、母親のストレスが募り、不穏な状態が見られていた。またこの頃、避難所のなかでは、避難をしている被災者が自ら掃除を行ったり、物資の配給を手伝ったりと、それぞれ役割を担いはじめていたが、A男さんは不安がる母親の側を離れられないため参加できずにいた。そして避難所生活が続くなか、A男さんは次第に周囲の被災者に迷惑をかけていると思うようになり、母親とともに避難所を出て、所有している軽自動車での車中泊による避難生活を送ることを決心した。

　この頃、被災地であるC市では、車中泊の問題が注目されはじめていた。車中泊については、狭い車内での避難生活において十分に体を動かせないことから、血液の塊である血栓が体内に発生し、これが肺の動脈に詰まる肺塞栓症（エコノミークラス症候群）を引き起こすことが、過去の災害経験から知られていた。また車中泊をしている被災者は、避難所に避難する被災者と異なり、さまざまな場所に点在しながら避難生活を送っていることから、行政もその実態を把握できず、支援が行き届いていないことが指摘されていた。そのため、C市地域包括支援センターのDワーカーは、車中泊を行う被災者に対する相談活動を行うことになった。

2）車中泊で避難生活を送る被災者への支援
A男さん親子との出会い

　避難所周辺の駐車場や大型ショッピングセンターの駐車場などには、収容台数を超える多くの車が駐車しており、そのなかで被災者たちが車中泊を行っていた。車中泊をしている被災者は、余震が続くなかで建物の倒壊を恐れ、車での避難を選択した人、集団生活を余儀なくされる避難所においてプライバシーを保つことができないことを嫌った人や、避難所の集団生活により感染症が広がることを懸念して車中泊を選択している人などもいた。そして避難所周辺の駐車場や大型ショッピングセンターの駐車場といった多くの被災者が集まる場所については、他府県からの外部支援者によるニーズ把握のための実態調査が

すでに実施されはじめていた。そこでＤワーカーは、重複を避けるため、外部の支援団体と連絡を取り、調査を行う区域の住み分けを行ったうえで、彼らの目の行き届かない小さな駐車場や公園の周辺といった比較的駐車しやすいスペースのある場所を中心に、アウトリーチによる相談活動を行うことにした。

　相談活動を開始してしばらく経ったころ、Ｄワーカーは車中泊を行うＡ男さんに声をかけることとなった。Ａ男さんが車中泊を行う軽自動車はすべての窓が目隠しされており、車内の様子はうかがえなかった。ＤワーカーはＡ男さんに困りごとはないかと声をかけるが、Ａ男さんは「大丈夫」と繰り返すばかりであった。Ａ男さんの身なりや表情から、困りごとを抱えていると感じたＤワーカーは持参していた支援物資を渡し、何か困りごとがあればいつでも連絡してほしいと連絡先を伝え、その場を後にした。

信頼関係を得るためのかかわり

　翌日もワーカーは支援物資をもってＡ男さんが車中泊を行っている場所に向かった。またこの日は、支援物資以外にＡ男さんが避難生活を送るなかで必要であると思われる情報を整理した冊子も持参した。そして支援物資と情報をまとめた冊子を手渡し、しばらく話していると、Ａ男さんの口から、車のなかで認知症の母親と避難生活を送っていることや、母親へのサポートと将来の不安から十分な睡眠がとれていないことなどが語られた。また避難所を離れてから、支援物資や必要となる情報を入手することが困難になったと漏らしていた。しかし一方で、「自分はまだ頑張れる。自分たちよりも、もっとたいへんな思いをしている人たちはいる。この程度で音を上げていてはだめだ」とも話していた。

　こうしたやりとりから、Ｄワーカーは、Ａ男さんについて周囲に迷惑をかけたくないという思いが人一倍強い人であると理解した。しかし、現状のままの避難生活を続けることで、親子が共倒れとなる危険性もあると感じていた。そこでＤワーカーは、その後もＡ男さん親子と継続的にかかわり、見守りを行うとともに、彼らとの信頼関係の形成に努めた。そしてＤワーカーは、Ａ男さんとその母親との関係も次第に良好なものとなり、先々の避難生活における見通しについても率直に話すことができるようになった。そのなかで、車中泊による避難生活が続くことで、母親の体調も含め、さまざまな点に影響が及ぶことが懸念されることから、Ａ男さん親子は車中泊をやめ、再び避難所に戻って避難生活を送ることになった。

支援の引き継ぎ

　A男さん親子が避難所での避難生活を再開するにあたって、まずDワーカーは母親が大勢の被災者と共同生活を送ることが困難であると考え、避難所の運営を行うスタッフと相談し、落ち着くことのできる静かな環境をつくるため、避難所のなかに福祉スペースを設けた。また母親の話し相手をしながら、見守りを行うボランティアも見つけ、調整を行った。これにより、A男さんはボランティアが母親の話し相手となってくれている時間帯に、避難所運営の手伝いができるようになり、気兼ねなく、避難所での避難生活を送ることができるようになった。またこの時間を利用して、自宅の片づけも進めることができた。

　その後、A男さん親子の避難所での避難生活も安定してきたことから、Dワーカーは避難所の運営を行うスタッフや支援活動を行う団体に彼らの支援を引き継ぎ、A男さん親子の支援からいったん離れることになった。

3）仮設住宅で避難生活を送る被災者への支援
みなし仮設住宅での避難生活

　DワーカーがA男さん親子の支援から離れ、数か月が経ったころ、Dワーカーが所属する地域包括支援センターにA男さんから連絡が入った。A男さん親子は、避難所での避難生活を約1か月送ったのち、隣町のE市の借上型仮設住宅（みなし仮設住宅）に移っていた。仮設住宅は、一般的に発災後に建設されるプレハブ型の「建設型仮設住宅」と、行政が既存の民間の賃貸住宅を借り上げて被災者に提供する「借上型仮設住宅（以下、みなし仮設住宅とする）」の2種類がある。後者のみなし仮設住宅は、既存の建物を活用することから、建設型仮設住宅と比べ短期間で入居できることや、民間の賃貸住宅を活用することからプレハブ型の前者よりも居住性が高く、多くの被災者がみなし仮設住宅による避難生活を送っていた。

　A男さんからの連絡を受け、Dワーカーは親子が避難生活を送るみなし仮設住宅へと足を運んだ。親子が避難生活を送るみなし仮設住宅は、彼らがもともと暮らしていたC市から15キロほど離れた場所にあり、閑静な住宅街のなかにあるアパートだった。A男さんは、母親のこともあり、建設型の仮設住宅は入居まで時間がかかることから、みなし仮設住宅への入居を選択したが、地元で物件が見つからず、焦って隣町の仮設住宅に入居してしまったことを後悔していた。

　親子の入居するアパートは、みなし仮設住宅として指定されているものの、住民のなかで被災者は彼らだけであり、また地元を離れたことにより、近隣に顔見知りもいなかった。そして避難所では、さまざまな団体や機関による支援

を受けることができたが、みなし仮設住宅に移ってからは、それらも途切れ、行政からの情報も届かなくなり、自分たちだけが取り残されているみたいだとA男さんは漏らした。また見知らぬ土地での避難生活が続くことにより、外出や会話が減り、以前と比べ、母親の心身機能が低下したように感じるとも訴えていた。さらにDワーカーが、母親の病院への受診状況を尋ねると、地元を離れたことにより、かかりつけの医療機関が遠くなったことから、受診もできていないことがわかった。

　これを受け、Dワーカーは、A男さん親子について行政等の関係機関と情報共有を行い、今後の支援策について検討を行った。またみなし仮設住宅のあるE市の地域包括支援センターと連携し、転居先の地域における民生委員に、アパートがみなし仮設住宅として指定されており、そこに被災者が暮らしていることを伝え、定期的に声をかけてもらうことや、地域での行事の際も参加を促してもらうよう依頼した。

みなし仮設住宅特有の課題

　A男さんへの支援を進めるなかで、被害の大きかったC市ではみなし仮設住宅として活用できる賃貸住宅が少なく、周辺の他市に移った被災者が多いことや、被災者の集まる建設型仮設住宅では見守り活動やさまざまな支援が展開されている一方で、みなし仮設住宅においては十分な支援が行われておらず、仮設住宅間で格差が生じていることがわかってきた。また、建設型仮設住宅は入居までに時間を要することから、避難生活に不安を抱える高齢者や障害者といった人々は、A男さん親子のように建設型仮設住宅の完成を待てずに、早期に入居できるみなし仮設住宅を選択する傾向にあり、みなし仮設住宅における避難生活のなかで、多くの福祉的なニーズが潜在化していることが見えてきた。

　そこでDワーカーは、点在化するみなし仮設住宅に対する支援状況や、避難生活を送る被災者の情報等について整理を行うため、さまざまな支援機関および団体に声をかけ、関係機関による情報共有のための会議を開催した。またそのなかで、みなし仮設住宅において避難生活を送る被災者のうち、優先的に支援を行う必要がある人、また見守りを優先的に行う必要がある人を検討し、個別のケース会議を開催し、各々の支援計画を作成した。

　さらに地元を離れ、他市のみなし仮設住宅で避難生活を送る被災者と地元の人々との分断を回避し、つながりを維持するため、各地に点在するC市を地元とするみなし仮設住宅で生活する被災者が集うことのできる同郷サロンを開催した。サロンでは、C市に残った被災者も多く参加し、にぎわいをみせた。A男さん親子も、このサロンに参加し、同じ境遇の人たちと語り合えることで安

心できたこと、つらかった経験を分かち合えたことで、少しだけ楽になれた気がしたと語った。この日に開催した同郷サロンは、盛況に終えることができたが、参加を呼びかけても参加をしない被災者も一定数おり、彼らへの働きかけが今後の課題として残された。

（3）災害に強いまちづくりの推進

　発災から数年が経過し、C市の復興も進み、少しずつ普段の落ち着きを取り戻しつつあった。Dワーカーが所属する地域包括支援センターでは、復興を単にまちをもとの状態に戻すのではなく、よりよいものに変えていく過程としてとらえており、今後来る災害に備えて、より災害に強いまちにするため、今回の災害時の対応についてのふり返りを行っていた。そのなかで、高齢者、障害者などの避難行動要支援者[1]における避難支援が適切に行われなかったことが課題としてあげられていた。避難行動要支援者については、災害対策基本法により避難行動要支援者名簿の作成が市町村に義務づけられており[2]、C市においても名簿の作成は進められていたが、災害時における一人ひとりの避難支援の方法や避難場所等を示した個別避難計画については策定に至っていなかった[3]。

　個別避難計画は、市町村によって作成された避難行動要支援者名簿について、民生委員や地域における自主防災組織などが提供を受け、作成することとなっていた。しかし個別避難計画に定める支援者を決定する段階になると、責任が重いという意見や支援を行うことへの不安の声があがり、支援者を見つけることができず作成に至らなかった。また避難行動要支援者名簿に記載される一部の要支援者のなかには、病気や障害といった個人情報を民生委員や自主防災組織の関係者に知られたくないと、情報の提供を拒んだ人もいた。

　地域包括支援センターのふり返りのなかでは、震災前、避難行動要支援者やその家族、近隣住民等関係者によって個別避難計画の策定のための取り組みが進められていたが、医療や福祉における専門職の関与が十分でなかったことが反省点としてあげられた。またそのなかで、地域包括支援センターの職員や介護支援専門員（ケアマネジャー）といった、支援をマネジメントする役割を担う専門職の関与がとりわけ重要であることが確認された。

　さらに個別避難計画を作成する過程のなかで、支援を担うことになるはずであった地域住民等の関係者において不安の声があがったこと、避難行動要支援者やその家族から病気や障害といった個人情報を自主防災組織等の関係者に知られたくないとする声があがったことについては、日常生活のなかで両者の間

*1　災害対策基本法第8条第2項15号では、「高齢者、障害者、乳幼児その他の特に配慮を要する者」を「要配慮者」として定義しており、そのうち「災害が発生し、又は災害が発生するおそれがある場合に自ら避難することが困難な者であつて、その円滑かつ迅速な避難の確保を図るため特に支援を要するもの」を「避難行動要支援者」と定義している（同法第49条の10）。

*2　災害対策基本法第49条の10において、市町村長は、避難行動要支援者の把握に努めるとともに、地域防災計画の定めるところにより、避難行動要支援者について避難の支援、安否の確認その他の避難行動要支援者の生命又は身体を災害から保護するために必要な措置を実施するための基礎とする名簿（避難行動要支援者名簿）を作成しておかなければならないとされている。

*3　個別避難計画については、2021（令和3）年5月に災害対策基本法が改正され、その策定が市町村の努力義務となったが（法第49条の14）、それ以前において策定は義務づけられておらず、避難行動要支援者名簿の掲載者全員の個別避難計画を作成した市町村は、全国で9.7％にとどまっていることが消防庁より報告されている（消防庁「避難行動要支援者名簿の作成等に係る取組状況の調査結果」2021年）。

に接点がなかったことが背景にあった。そのことから、地域で開催される防災訓練や避難訓練について、企画の段階から避難行動要支援者の当事者やその家族にかかわってもらうよう働きかけたり、普段から両者が互いにかかわり合うことのできる機会を創り出す必要があることが確認された。

　そして、これらのやりとりのなかでDワーカーは、避難行動要支援者と地域住民との間に立ち、彼らのつながりを構築していくことが自らの使命であると強く自覚するとともに、ハンディキャップの有無にかかわらず、地域住民同士が互いに支え合うことのできる地域社会をつくり上げていくことが、C市を災害に強いまちに成長させていくための道のりでもあると確信した。

【学びの確認】
①災害発生直後から復興住宅もしくは自宅再建への生活に移行するまでの間に見られる代表的な被災者のニーズを、それぞれのフェーズごとに考えてみましょう。
②一部の被災者が、避難所以外の場所で避難生活を送ることを選択している理由について考えてみましょう。
③災害における被災者支援を行うにあたって、アウトリーチによる支援が重要とされる理由について考えてみましょう。

【引用文献】
1）河北新報「3県障害者1655人犠牲　手帳所持者死亡率1.5％全住民の2倍」2012年9月24日朝刊
2）岡山県「平成30年7月豪雨」災害検証委員会「平成30年7月豪雨災害検証報告書」2019年
3）内閣府『平成23年版　防災白書』2011年　p.12
4）兵庫県「阪神・淡路大震災の死者にかかる調査について」2005年
5）復興庁「東日本大震災における震災関連死の死者数」2020年
6）熊本県「震災関連死の概況について」2018年
7）大分合同新聞「熊本・大分地震　関連死200人に　直接死の4倍」2017年11月29日朝刊
8）前掲書5）
9）神奈川新聞「埼玉の旧高校　最後の避難所　全員退去　福島・双葉町民　2年9ヶ月」2013年12月28日朝刊
10）産経新聞「宮城のプレハブ仮設　震災10年で退去完了」2020年4月29日朝刊
11）全国コミュニティライフサポートセンター（CLC）「マンガでわかる災害公営住宅への転居期の課題と地域コミュニティづくり」2014年　p.28
12）金吉晴編『心的トラウマの理解とケア　第2版』じほう　2006年　pp.12-13

【参考文献】
西尾祐吾・大塚保信・古川隆司編著『災害福祉とは何か』ミネルヴァ書房　2010年

上野谷加代子監修『災害ソーシャルワーク入門』中央法規出版　2013年
遠藤洋二・中島修・家髙将明編著『災害ソーシャルワークの可能性』中央法規出版
2017年

索 引

新・社会福祉士養成課程対応
ソーシャルワーカー教育シリーズ❸

新版 ソーシャルワークの理論と方法II
［専門編］

2021年7月15日　初版第1刷発行

監　　修　相　澤　譲　治
編　　集　大　和　三　重
発 行 者　竹　鼻　均　之
発 行 所　株式会社 みらい
　　　　　〒500-8137　岐阜市東興町40　第5澤田ビル
　　　　　TEL　058－247－1227（代）
　　　　　http://www.mirai-inc.jp/
印刷・製本　西濃印刷株式会社

ISBN978-4-86015-553-7　C3036
Printed in Japan　　乱丁本・落丁本はお取替え致します。